德州学院2021年教材立项项目"民法典案例研习"

德州学院2022年教研立项项目"法学专业民法典案例研习教学设计与讲授方法研习"（编号dzums22－4）

山东省本科教学改革研究重点项目"地方本科高校应用型涉外法治人才培养的研究与实践"（编号Z2021306）

德州学院2022年"四新"研究与改革实践项目"应用型本科高校法学专业人才培养改革与实践研究"（编号2022SX02）

民法典

案例研习

徐丽红／编

西南财经大学出版社

中国·成都

图书在版编目(CIP)数据

民法典案例研习/ 徐丽红编.—成都:西南财经大学出版社,2023.10
ISBN 978-7-5504-5059-2

Ⅰ.①民… Ⅱ.①徐… Ⅲ.①民法—总则—案例—中国
Ⅳ.①D923.15

中国国家版本馆 CIP 数据核字(2023)第 183585 号

民法典案例研习
MINFADIAN ANLI YANXI

徐丽红　编

责任编辑:刘佳庆
责任校对:植　苗
封面设计:墨创文化
责任印制:朱曼丽

出版发行	西南财经大学出版社(四川省成都市光华村街55号)
网　　址	http://cbs.swufe.edu.cn
电子邮件	bookcj@swufe.edu.cn
邮政编码	610074
电　　话	028-87353785
照　　排	四川胜翔数码印务设计有限公司
印　　刷	郫县犀浦印刷厂
成品尺寸	185mm×260mm
印　　张	15.5
字　　数	380 千字
版　　次	2023 年 10 月第 1 版
印　　次	2023 年 10 月第 1 次印刷
书　　号	ISBN 978-7-5504-5059-2
定　　价	48.00 元

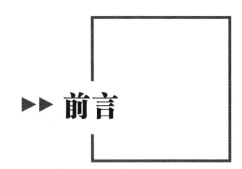

▶▶ 前言

　　大学教育之目标是为社会培养专业人才。无论是理论传授还是实践教学，共同指向大学生专业技能的培养。社会有职业分工，行行都需要工匠与专业的技师，无论是教书育人的教师、替人打官司的律师、代表国家行使审判权的法官及监督权的检察官，还是广大的基层法律工作者，都是职业者和执业者的代表。再高深的理论、再广博的知识，终究都要转化为解决问题的能力。"纸上得来终觉浅，绝知此事要躬行"，实践出真知，理论知识又在实践中得到验证及提升，因此，对大学生进行实践能力的培养，是大学教育人才培养中必不可少的内容。

　　案例的研习，在各大政法院校都有开展。基于法律实务性的特性，通过案例教学提升学生解决问题的能力，这是其共性。但现有的有关民事案例研习的教材或教辅，是为了配合民法学的教学所需及增强学生学习效果而编写的具有作业或练习册性质的辅助参考书，而不是案例研习的专门教材，其所使用的案例是改编的教学案例，且基本不是教师自己亲自办理的案例，此类案例犹如剧本，具有更多的故事性、明确的目的性、包装性，而本教材则具有更多的实战性及专业性，有利于培养学生法学逻辑思维能力和解决问题的能力，是教师团队反复实践并不断总结创新的结果。

　　本教材的特色有以下两点：

　　(1) 内容上与《中华人民共和国民法典》相吻合

　　本教材在体例的安排、章节的名称和内容都与《中华人民共和国民法典》(以下简称《民法典》) 对应，且章节名称都很统一。每一章都是先概括《民法典》对该章的相关规定，然后以典型案例的形式呈现，且每一个典型案例都分成案情简介、案情分析、法律文书习作指导、《民法典》法律条文引用四个部分。因为每个案子介入时由于委托人的身份不同，在文书的写作上各有不同，但都完全忠于案情和律师承担的角色，旨在原汁原味地再现当时笔者办理案件的办案场景，将学生带入真实的场景和真实角色中，体会到研习的乐趣。需说明的是：因部分案例来自真实生活案情，为保护当事人隐私，案例中的人名、数额、日期等信息作了模糊处理，不可深究。

（2）方式上以法律文书为承载

法律文书是司法行政机关及当事人、律师等在解决诉讼和非讼案件时使用的文书，也指司法机关的文件，包括规范性和非规范性两种。法律文书是办理法学案件解决纠纷的载体。站在临时代理人的角度，文书不仅是代理人表达与辩驳对方的观点呈递给公检法机关的书面材料，更承载着处理此类型案件的方法与技巧，是法学实践内容的载体。作为法科生，需熟练掌握各类文书的习作技巧，培养执业能力。本教材以代理人为视角，精心选择有针对性的案例，并以各类文书的形式呈现出来，旨在向学生传授法律纠纷的处理技巧。

本教材的适用对象是大学三年级以上的学生，这个阶段的学生，经过两年多法学专业课程的学习，已经具备相当的法律知识，储备了一定的法学理论，也具有了一定的法学思维，输入与积累都有了一定的基础，但依然欠缺实操性的技巧，需要实操的专业培养及缩短理论向实务的转化距离。本教材能轻松助力学生实现理论向实操的跨越，具有相当的实用价值。

徐丽红

2023 年 3 月

▶▶ 目录

105/ 第四编　人格权编案例研习

111/ 第五编　婚姻家庭编案例研习

138/ 第六编　继承编案例研习

146/ 第七编　侵权责任编案例研习

民法典

案例研习

第一编

总则编案例研习

一、《民法典》总则的相关规定

《民法典》总则编规定了民事活动必须遵循的基本原则和一般性的规则，统领《民法典》的各分编。第一编是总则，为民法总则，在基本保持了民法总则的结构和内容不变的前提下，根据法典编纂体系化原则，对个别条款做了文字的修改，并将"附则"部分移到了《民法典》的最后，第一编共10章204条，主要内容有：

1. 关于基本规定

第一编规定了民法典的立法目的和依据。为适应时代需要，将"弘扬社会主义核心价值观"作为一项重要的立法目的，体现坚持依法治国与以德治国相结合的鲜明中国特色。同时，规定了民事权利和其他合法权益受法律保护，确立了平等、自愿、公平诚信、守法和公序良俗等民法等基本原则。为贯彻习近平生态文明思想，将绿色原则确立为民法的基本原则之一，规定民事主体从事民事活动，应当有利于节约资源、保护生态环境。

2. 关于民事主体

民事主体是民事关系的参与者、民事权利的享有者、民事义务的履行者和民事责任的承担者。具体有三类：一是自然人。包括自然人是最基本的民事主体，自然人的民事权利能力及行为能力制度、监护制度、宣告失踪和宣告死亡制度等，并对个体工商户和农村承包经营户作了规定，在特殊情况下，村民委员会和民政部门应当为监护人安排必要的临时生活照顾措施。二是法人。法人是依法成立的，具有民事权利能力和民事行为能力，依法独立享有民事权利和独立承担民事义务的组织。民法典对法人的定义、成立原则、条件、住所等作了一般性的规定，并对营利法人、非营利法人、特别法人三类法人分别进行了具体的规定。三是非法人组织。非法人组织是不具有法人资格，但能够依法以自己的名义从事民事活动的组织。《民法典》对非法人组织的设立、承担责任、解散、清算等作了规定。

3. 关于民事权利

民事权利制度包括各种人身权利和财产权利。《民法典》对知识产权作了概括性的规定，以统领各个单行的知识产权法律。同时，对数据网络虚拟财产的保护作了原则性的规定。《民法典》规定了民事法律行为和代理，民事法律行为是民事主体通过意思表示，设立、变更、终止、民事法律关系的行为。《民法典》对民事代理行为制度作了一系列的规定，包括民法民事法律行为的定义、成立、行使和生效时间，对意思表示的生效方式、撤回解释等作了规定。代理是民事主体通过代理人实施民事法律行为的制度，《民法典》对代理的适用范围、效力、典型类型都作了相应的规定。

4. 民事法律关系的产生，是最重要的民事基本制度之一

民事责任是民事主体违反民事义务的法律后果，是保障和维护民事权利的重要制度。诉讼时效是权利人在法定期间内不行使权利，义务人有权提出拒绝履行的抗辩的法律制度，其功能主要是促使权利人及时行使权利，维护交易安全，稳定法律秩序。《民法典》还规定了民事法律责任诉讼时效以及期间的计算制度、计算单位的起算、结束和顺延等内容。

二、代理案件需要的文书及手续

在发生民事争议后，当事人可以自己行使请求权，也可委托专业的律师或法律工作者代其行使。当事人为委托人，律师是受委托人，律师基于当事人的委托授权及当事人所享有的请求权，代理当事人提起诉讼或应诉，进行书面或口头答辩与辩论，表达委托人的诉求，并运用证据对该诉求加以证明或辩驳，从而达到维护委托人合法权益的目的。如果当事人委托代理人代其行使权利，需要向法院或仲裁院提交当事人的授权委托书、律师事务所与当事人签订的委托代理合同、律师事务所或法律服务所的公函，及当事人身份证复印件或营业执照副本及法人代表的身份证及法人代表证明书一份。在立案时，需要在原告、被告资料中填写详细信息及上传以上证件，但有些省份对被告的身份证明不作要求。必须注意，律师必须以律师事务所的名义从事代理行为，而不是以律师个人的名义接受委托代理。

（一）法律文书写作指导

××××事务所/服务所公函

20××（年）××（律所或服务所简称）民（行/刑）代字第××号

×××人民法院：

贵院受理的原告×××/公司诉被告×××/公司××××纠纷一案，现原告已委托本所×××律师为其诉讼代理人。

特此函告。

××××事务所

20×× 年 ××月××日

附件：授权委托书一份

委托代理合同

（20××）年××（律所或服务所简称）民（行）代字第×号

本合同由××律师事务所（以下简称甲方）和×××公司（以下简称乙方），根据《中华人民共和国律师法》和有关法律、法规协商订立：

一、甲方接受乙方的委托，指派××律师为乙方与×××集团有限公司×××纠纷一案的代理人。

二、甲方的代理权限为：（见授权委托书）。

三、甲方指派的承办律师因其他原因无法代理乙方办理案件，甲方可以与乙方协商另行指派其他律师办理案件。

四、乙方须向甲方支付律师服务费＿＿＿＿＿＿元人民币。乙方按下述方式向甲方支付律师服务费：

待该案件办理完毕时乙方向甲方一次性支付律师服务费＿＿＿＿＿＿元人民币。

五、律师异地办案差旅费、代委托人支付的费用等预计＿＿＿＿＿＿元人民币，不包含在上述律师服务费内，由乙方另行承担，在办理委托手续时预交，待结案后十五日内据实结算。

六、甲方应承担的义务：

1. 甲方及承办律师必须遵守律师职业道德和执业纪律。

2. 甲方及承办律师应当勤勉尽责，根据乙方授权结合案情认真开展工作，最大限度地保护乙方的合法权益。

3. 甲方及承办律师无权超越乙方授权行事。如果确有需要，应当由乙方另行给予明确的书面授权。

4. 甲方及承办律师除本合同约定的律师费和其他费用以外，无权要求乙方支付任何其他款项。

七、甲方及承办律师在乙方授权范围内如不适当履行职责，有下列情况之一，给乙方造成经济损失的，应承担赔偿责任：

1. 接受委托后延误起诉，以致超过法定诉讼时效的；

2. 接受委托后延误上诉，使乙方丧失上诉权，已无法获得其他司法救济的；

3. 因丢失、毁损乙方向其提供的能够直接影响案件结果的有效证据，导致司法、行政机关或仲裁机构作出对乙方不利生效裁决后果的；

4. 无正当理由，不准时出庭参加诉讼或仲裁活动，延误有利时机，导致司法、行政机关或仲裁机构作出对乙方不利生效裁决后果的；

5. 与对方当事人恶意串通，向其披露与案件有关的秘密，为其制造有利抗辩条件，损害乙方合法利益的。

八、乙方应承担的义务：

1. 乙方必须与甲方诚实合作，如实地向甲方及承办律师陈述案情，提供与案件有关的相关证据等资料信息；

2. 乙方按照本合同约定支付律师服务费及其他费用；

3. 遇有与案情有关的事实和情况发生变化，应及时告知甲方及承办律师；

4. 乙方向甲方提出的要求，均不得违反法律、法规及律师职业道德和执业纪律规范的规定。

九、甲方及承办律师在提供法律服务时，应当就已存在的或可能存在的，代理与乙方有利益冲突方的情况如实告知乙方。在发生利益冲突的情况下，乙方有权撤销对甲方及承办律师的授权；甲方有权作出回避的安排或解除本协议；任何一方不得因此提出索赔请求。

十、乙方如有违反本合同第八条所述情形之一的，甲方有权终止本合同的履行，乙方应按本合同约定支付律师服务费。

十一、乙方有权书面通知甲方终止本合同的履行。

十二、本合同解除后，甲方不退还已收取的律师费。

十三、乙方如要求甲方及承办律师为其提供本合同约定法律服务范围外的法律服务，应另行签订委托合同，并支付律师服务费用。

十四、甲方及承办律师向乙方提供的分析、判断和意见，均不可理解为甲方及承办律师就案件结果的承诺。

十五、双方同意，有关本合同在签订、履行过程中所发生的争议应协商解决，协商不成的可到律所所在地的仲裁委员会进行仲裁，对仲裁裁决不服的，可起诉律所所在的人民法院。

十六、本合同由甲、乙双方共同签署后生效。

十七、本合同一式两份，甲乙双方各执一份，具有同等法律效力。

甲方：×××律师事务所　　　　　　　　　　20××年××月××日
乙方：×××/×××公司　　　　　　　　　　20××年××月××日

授权委托书

委托人：×××，男/女，汉族，××××年××月××日出生，住址：××省××市××区××大街×××园×号楼×单元×××室（注：以上内容应以身份证记录信息为准），送达地址：同住址，或现在的经常居住地，××省××市××区××大街×××园×号楼×单元×××室，身份证号：×××××××××××××××，联系电话：×××××××××××

受委托人：×××，××律师事务所（注：律师事务所不写"省"字，如山东××律师事务所），律师（适用律师作委托代理人，也可以换成单位员工，社区或单位推荐的人）

或×××，××法律服务所（注：法律服务所不写"省"字，如山东××法律服务所），法律工作者（适用法律工作者作委托代理人）（适用公民作委托代理人，一般要求具有亲属关系或者是劳动关系或者是社区居委会推荐的人）

或×××，男/女，汉族，××××年××月××日出生，住址：××省××市××区××大街×××园×号楼×单元×××室（注：以上内容应以身份证记录信息为准），送达地址：同住址，或现在的经常居住地，××省××市××区××大街×××园×号楼×单元×××室，身份证号：×××××××××××××××，联系电话：××××××××××联系电话：×××××××××××

现委托受委托人在我与×××（被告）××纠纷（以最高人民法院民事案由所列为准）一案中，作为我方参加诉讼的委托代理人。

委托代理人×××的代理权限为以下2项。

1. 一般代理；

2. 特别授权：参加诉讼、调解，有权代为承认、变更、放弃诉讼请求，进行和解，提起上诉、反诉，代收法律文书。

委托人：×××/×××公司
20××年××月××日

法定代表人身份证明书
（法人当事人需提供）

×××在我单位任经理职务，是我单位的法定代表人（负责人）。

特此证明。

×××有限公司

（公章）

20××年××月××日

解除委托代理合同协议

甲方：×××律师事务所

乙方：×××，××省××市××区××大街×××园×号楼×单元×××室，身份证号：×××××× ××××××××××××，联系电话：××××××××××

甲乙双方于20××年××月××日签订委托代理合同，约定甲方代理乙方与×××的××纠纷一案的执行代理阶段。目前甲方已经为乙方追回第一笔×××元的执行款项，因被执行人×××无可执行的财产，导致案件无法在短期内执行到位，但是代理人已经将×××申请为失信人。现经甲乙双方友好协商，达成如下协议：

一、甲乙双方于20××年××月××日解除双方签订的委托代理合同。

二、律师费×××元，因甲方律师已经提供法律服务，该费用不再退还。

三、本签订合同时，甲方已经退还乙方涉案的所有证据材料。

四、本协议生效后，甲乙双方权利义务终止，甲乙双方不存在任何未了结事项。

五、甲乙双方无其他争议。

六、本合同自双方签字或盖章之日起生效。

甲方：   乙方：

20××年××月××日   20××年××月××日

诉讼风险告知书

尊敬的委托人×××：

感谢您委托××律师事务所律师承办您的法律事务。为了使您正确理解律师在诉讼（非诉讼）活动中的地位，在委托代理协议签订前，特将在诉讼或非诉讼活动中委托人应承担的风险告知如下：

一、任何诉讼/仲裁、非诉案件均具有法律风险，案件进程和案件结果可能受到各种客观因素的影响，在聘请律师前您应具有承受法律风险之负担能力及合理预见。

二、您的请求/申请/答辩/辩护意见，存在部分或全部不被司法机关或其他相关国家机关支持的可能；或者某些陈述、辩解成为法律上的自认。

三、律师在其代理活动中，运用其专业知识和专业技巧努力维护委托人的合法权益，力争使委托人的合法权益在法律上得到最大程度的保障，律师的代理不能保证案件的最终结果，即不是"包打官司"和"包揽诉讼"。

四、律师对法律的解释及案件的分析，不应理解为对案件结果的承诺。

五、律师基于当事人的委托从事代理活动，委托人是诉讼有利或不利结果的承担者。您应当向承办律师如实提供全面准确的事实和证据，以便承办律师依法维护您的合法权益。

六、律师接受委托后须尽职尽责地维护委托人的合法权益。

委托人声明：委托人已全部阅读以上条款，接待律师已向我作出了必要的解释，我愿意在承担以上风险的前提下委托律师办理。

委托人：×××

20××年××月××日

××××律师事务所调查专用证明

（20××）（律所简称，如大公）调字第×××号

××市住房保障和房产管理局：

根据《中华人民共和国律师法》第三十五条的规定，特指派本所×××、×××律师赴贵处，调查×××名下位于×区××路××号××××小区××号楼×××、×××和位于××区××路×××号××××小区 1-1××1 至 1-1××4 共××套房产的共有情况。

请予支持。

××××律师事务所（章）

20××年××月××日

注：本证明有效期到 20××年××月××日止。

（二）《民法典》法律条文指引

第一百六十五条【授权委托书】委托代理授权采用书面形式的，授权委托书应当载明代理人的姓名或者名称、代理事项、权限和期限，并由被代理人签名或者盖章。

第一百六十六条【共同代理】数人为同一代理事项的代理人的，应当共同行使代理权，但是当事人另有约定的除外。

第一百六十七条【违法代理及其法律后果】代理人知道或者应当知道代理事项违法仍然实施代理行为，或者被代理人知道或者应当知道代理人的代理行为违法未作反对表示的，被代理人和代理人应当承担连带责任。

第一百六十八条【禁止自我代理和双方代理及例外】代理人不得以被代理人的名义与自己实施民事法律行为，但是被代理人同意或者追认的除外。

代理人不得以被代理人的名义与自己同时代理的其他人实施民事法律行为，但是被代理的双方同意或者追认的除外。

第一百六十九条【复代理】代理人需要转委托第三人代理的，应当取得被代理人的同意或者追认。

转委托代理经被代理人同意或者追认的，被代理人可以就代理事务直接指示转委托的第三人，代理人仅就第三人的选任以及对第三人的指示承担责任。

转委托代理未经被代理人同意或者追认的，代理人应当对转委托的第三人的行为承担责任；但是，在紧急情况下代理人为了维护被代理人的利益需要转委托第三人代理的除外。

第一百七十条【职务代理】执行法人或者非法人组织工作任务的人员，就其职权范围内的事项，以法人或者非法人组织的名义实施的民事法律行为，对法人或者非法

人组织发生效力。

法人或者非法人组织对执行其工作任务的人员职权范围的限制，不得对抗善意相对人。

第一百七十三条【委托代理终止的情形】有下列情形之一的，委托代理终止：

（一）代理期限届满或者代理事务完成；

（二）被代理人取消委托或者代理人辞去委托；

（三）代理人丧失民事行为能力；

（四）代理人或者被代理人死亡；

（五）作为代理人或者被代理人的法人、非法人组织终止。

第一百七十四条【委托代理终止的例外】被代理人死亡后，有下列情形之一的，委托代理人实施的代理行为有效：

（一）代理人不知道且不应当知道被代理人死亡；

（二）被代理人的继承人予以承认；

（三）授权中明确代理权在代理事务完成时终止；

（四）被代理人死亡前已经实施，为了被代理人的继承人的利益继续代理。

作为被代理人的法人、非法人组织终止的，参照适用前款规定。

第一百七十五条【法定代理终止的情形】有下列情形之一的，法定代理终止：

（一）被代理人取得或者恢复完全民事行为能力；

（二）代理人丧失民事行为能力；

（三）代理人或者被代理人死亡；

（四）法律规定的其他情形。

三、典型案例研习

典型案例一　民事主体身份的确认纠纷

（一）案件简介

被告2涉嫌催款获取不当得利，被宋××起诉至××法院，宋××要求被告1、被告2还钱，但被告2根本不认识宋××，也没有从事过以上催款及索要欠款的行为。被告2怀疑自己的身份信息被他人冒用，并认为宋××起诉于法无据，向律师寻求帮助，以维护其合法权益。

（二）案情分析

（1）原告仅凭名字就贸然起诉了被告2，但事实上，被起诉的被告2与真实的被告2仅仅是名字相同，身份证号、居住地都不同，尤其是接收原告还款的银行账户也不相同。因此，原告认错了被告，起诉了同名的被告。真正的被告与本案被起诉的被告2不在同一个区域，法院所在地是真正被告所在地，而不是被告2所在的区域，依据原告就被告的原则及合同履行地的原则，受诉法院没有管辖权。

（2）被告2在接到法院传票时发现搞错了，随即找到律师，讲明事实。律师及时向法院提出被告主体错误，律师向法院提出向银行调取被告的开户身份证、户籍及账户等信息以便于法院查明被告 2 身份。法院调取信息后，确定原告起诉的被告 2 是对被告认识发生了错误所致，法院建议原告撤回诉讼，待真实的被告确定后再另行起诉。

（3）为防止类似的因身份信息被冒用或盗用而导致的各项损失等事件的再次发生，被告 2 在报纸上特意刊登了声明，从而最大限度地保护了自己的各项权益。

（三）法律文书研习指导

答辩状

一、请驳回原告对本案被告 2 的起诉

1. 原告所起诉的被告 2 不是本案的被告 2。

2. 原告仅凭一张银行卡信息查到的持卡人的信息是不准确的，甚至是错误的，中国同名同姓的人很多，仅凭一张银行卡号不能证明被害者身份。

3. 原告在起诉时没有尽到谨慎义务，更或许是有意而为之的恶意诉讼，严重损害了被告 2 的个人名誉和银行信誉。

二、本案的几个疑点

1. 本案的诉状并没有描述清楚被告 2 与原告之间的关系，两人之前认识吗？被告 2 亲自去向他索要过款项吗？理由与依据是什么？

2. 既然原告是向××典当行借款，为何不直接把款项归还典当行，而是向二位被告打款？是典当行告知原告向二被告打款的吗？典当行与二位被告之间是什么关系？典当行在本案中又起到了什么作用，为何原告不直接起诉典当行，而是起诉不相关的无辜的被告？

3. 既然原告是借款，本案也是因为索要借款所产生，为何原告不提供本案的合同作为证据，也即原告给他人账户转款，是基于借贷合同关系，怎么最后却以"不当得利"来起诉无辜的二被告？

4. 原告本案"不当得利"的案由是否选择恰当？

5. 本案的借贷行为发生在××市，履行地也在××市，为何被告要选择在很远的××县法院起诉？

6. 原告因为贷款行为最后究竟还了多少钱？这些多还的钱可否主张不当得利？甚至可否揭发对方构成诈骗罪？

7. 典当行是从事质押、抵押和典当业务，并不具有直接借款的资格，原告为何会向典当行借钱且不起诉典当行，难道二者之间没有串通行骗的可能？

总之，本案有很多疑点让人捉摸不透。

综上，请法庭驳回原告对被告 2 的诉讼请求，并责令原告向被告 2 赔礼道歉，赔偿因此产生的一切经济损失。

调查取证申请书

申请人：×××，男，汉族，19×× 年 1× 月 × 日，××××员工，住址：×× 省 ×× 县 ××× 镇 ×× 村 ××× 号，联系电话：1××××××20××

请求事项：

1. 恳请人民法院依法调取崔××（身份证号码：××××××××××××××××）名下的 ×× 银行卡号、开户时间及地点等基本信息。

2. 恳请法院调取××17××2××00××05××××的××银行卡号开户人的基本信息。

事实与理由：

原告宋××诉被告1、被告2不当得利纠纷一案正在贵院审理中，为证实原告提供接收其还款账号不是被告崔××的银行卡号。根据《中华人民共和国民事诉讼法》第六十四条、《最高人民法院关于民事诉讼证据的若干规定》十五条、十六条、十七条之规定，为维护申请人的合法权益，便于法庭查清事实，辨别真相，特申请法院调取该账号的基本信息及申请人名下的所有建设银行账号的基本信息，以确定申请人没有获得不当利益。

此致

×××县（区）人民法院

申请人：×××

20××年××月××日

证据目录

一、证据一：崔××的身份证明

1. 身份证

2. 户口本信息

证明：被告2的身份证号码：×××××××××××××××，生日为19××年××月×日，住址为××省××县×××镇×村×××号。

二、证据二：法院到建行调取被告（被告2）的开户信息

身份证号码为×××××××××××××××××的被告2名下××银行的开户信息：卡号为××17002××00××05××××；存折账号为22××0××××8×3××××2××；被告2名下曾经和现在再无其他建设银行卡号和存折。证明被告（被告2）没有收到原告的打款，并未获得经济利益。

三、证据三：法院到建设银行调取的原告提供被告账户的开户信息

证实：原告提供的被告2收款的建设银行卡号为××1××02××00××05××××的开户人基本信息查询情况，证明该卡号的开户人也叫被告2，其身份证号码为××××××××××××××××17，与被告（被告2）虽然同名同姓，但二个被告2的身份证号不同，户籍所在地不同，说明原告所起诉的被告2另有其人，不是本案的被告2。

四、证据四：被告2在20××年××月××日第××版中缝××日报刊发的声明

证明：就此类被冒用和诬告事件，被告2已经通过大众日报公开向社会做出郑重声明：此类借贷与其他经济行为和事件不是被告2本人所为，概与被告2本人没有任何关系，应由冒用者直接承担法律责任。

（四）《民法典》法律条文指引

第二条【调整范围】民法调整平等主体的自然人、法人和非法人组织之间的人身关系和财产关系。

第三条【民事权益受法律保护】民事主体的人身权利、财产权利以及其他合法权益受法律保护，任何组织或者个人不得侵犯。

第十条【法律适用】处理民事纠纷，应当依照法律；法律没有规定的，可以适用习惯，但是不得违背公序良俗。

典型案例二　指定监护人纠纷

（一）案件简介

20××年7月，×××（子）因交通事故深度昏迷，至今未苏醒，被医生诊断为植物人，完全丧失行为能力，属于无民事行为人。×××（子）的妻子×××（媳）置其不顾，作为第一顺序监护人，未尽到监护资格及扶养义务，反而是×××的父亲在尽监护责任。

（二）案情分析

无民事行为人需要监护人增强其行为能力，但如果监护人不尽监护职责，需要重新指定监护人，本案是指定监护纠纷的典型。

（三）法律文书研习指导

指定监护人申请书

申请人：原审：×××，男，19××年××月××日出生，汉族，住××市××县××镇××村。

法定代理人：×××　联系电话：135××44××××

被申请人：×××，男，19××年××月××日出生，汉族，住×市××县××××镇××村。

请求事项：

请求依法指定×××（父）为×××（子）的法定监护人。

事实与理由：

20××年7月份，×××（子）因交通事故深度昏迷，至今一直未苏醒，被医生诊断为植物人，完全丧失行为能力，属于无民事行为人。×××（子）的妻子×××（媳）置其不顾，作为第一顺序监护人，并未尽到监护资格及扶养义务，反而是×××（子）的父亲×××（父）在尽监护责任。为维护被申请人及合法权益，特诉至贵院，恳请依法维护申请人的请求。

此致

××县人民法院

申请人：×××

20××年××月××日

（四）《民法典》法律条文指引

第二十六条【父母子女之间的法律义务】父母对未成年子女负有抚养、教育和保护的义务。

成年子女对父母负有赡养、扶助和保护的义务。

第二十八条【无、限制民事行为能力的成年人的监护人】无民事行为能力或者限制民事行为能力的成年人，由下列有监护能力的人按顺序担任监护人：

（一）配偶；

（二）父母、子女；

（三）其他近亲属；

（四）其他愿意担任监护人的个人或者组织，但是须经被监护人住所地的居民委员会、村民委员会或者民政部门同意。

第三十条【协议确定监护人】依法具有监护资格的人之间可以协议确定监护人。协议确定监护人应当尊重被监护人的真实意愿。

第三十一条【监护争议解决程序】对监护人的确定有争议的，由被监护人住所地的居民委员会、村民委员会或者民政部门指定监护人，有关当事人对指定不服的，可以向人民法院申请指定监护人；有关当事人也可以直接向人民法院申请指定监护人。

居民委员会、村民委员会、民政部门或者人民法院应当尊重被监护人的真实意愿，按照最有利于被监护人的原则，在依法具有监护资格的人中指定监护人。

依据本条第一款规定指定监护人前，被监护人的人身权利、财产权利以及其他合法权益处于无人保护状态的，由被监护人住所地的居民委员会、村民委员会、法律规定的有关组织或者民政部门担任临时监护人。

监护人被指定后，不得擅自变更；擅自变更的，不免除被指定的监护人的责任。

第三十二条【公职监护人】没有依法具有监护资格的人的，监护人由民政部门担任，也可以由具备履行监护职责条件的被监护人住所地的居民委员会、村民委员会担任。

第三十三条【意定监护】具有完全民事行为能力的成年人，可以与其近亲属、其他愿意担任监护人的个人或者组织事先协商，以书面形式确定自己的监护人，在自己丧失或者部分丧失民事行为能力时，由该监护人履行监护职责。

第三十四条【监护人的职责与权利及临时生活照料措施】监护人的职责是代理被监护人实施民事法律行为，保护被监护人的人身权利、财产权利以及其他合法权益等。

监护人依法履行监护职责产生的权利，受法律保护。

监护人不履行监护职责或者侵害被监护人合法权益的，应当承担法律责任。

因发生突发事件等紧急情况，监护人暂时无法履行监护职责，被监护人的生活处于无人照料状态的，被监护人住所地的居民委员会、村民委员会或者民政部门应当为被监护人安排必要的临时生活照料措施。

第三十五条【监护人履行职责的原则与要求】监护人应当按照最有利于被监护人的原则履行监护职责。监护人除为维护被监护人利益外，不得处分被监护人的财产。

未成年人的监护人履行监护职责，在作出与被监护人利益有关的决定时，应当根据被监护人的年龄和智力状况，尊重被监护人的真实意愿。

成年人的监护人履行监护职责，应当最大程度地尊重被监护人的真实意愿，保障并协助被监护人实施与其智力、精神健康状况相适应的民事法律行为。对被监护人有能力独立处理的事务，监护人不得干涉。

第三十六条【撤销监护人资格】监护人有下列情形之一的，人民法院根据有关个人或者组织的申请，撤销其监护人资格，安排必要的临时监护措施，并按照最有利于被监护人的原则依法指定监护人：

（一）实施严重损害被监护人身心健康的行为；

（二）怠于履行监护职责，或者无法履行监护职责且拒绝将监护职责部分或者全部委托给他人，导致被监护人处于危困状态；

（三）实施严重侵害被监护人合法权益的其他行为。

本条规定的有关个人、组织包括：其他依法具有监护资格的人、居民委员会、村民委员会、学校、医疗机构、妇女联合会、残疾人联合会、未成年人保护组织、依法设立的老年人组织、民政部门等。

前款规定的个人和民政部门以外的组织未及时向人民法院申请撤销监护人资格的，民政部门应当向人民法院申请。

第三十七条【监护人资格被撤销后负担义务不免除】依法负担被监护人抚养费、赡养费、扶养费的父母、子女、配偶等，被人民法院撤销监护人资格后，应当继续履行负担的义务。

第三十八条【恢复监护人资格】被监护人的父母或者子女被人民法院撤销监护人资格后，除对被监护人实施故意犯罪的外，确有悔改表现的，经其申请，人民法院可以在尊重被监护人真实意愿的前提下，视情况恢复其监护人资格，人民法院指定的监护人与被监护人的监护关系同时终止。

第三十九条【监护关系终止的情形】有下列情形之一的，监护关系终止：

（一）被监护人取得或者恢复完全民事行为能力；

（二）监护人丧失监护能力；

（三）被监护人或者监护人死亡；

（四）人民法院认定监护关系终止的其他情形。

监护关系终止后，被监护人仍然需要监护的，应当依法另行确定监护人。

典型案例三　宣告失踪纠纷

（一）案件简介

申请人与被申请人于19××年××月××日登记结婚，双方都是二婚，婚姻基础本来就不牢固，且被申请人一直没有固定的收入，特别是在20××年女儿出生后，双方的经济更加窘迫，矛盾进一步激化。后来被申请人以外出打工挣钱为由离家出走，至今未归，在其外出期间，他甚至逢年过节都不与申请人及其女儿联系，更没有尽到一个丈夫及父亲的责任。申请人选择原谅被申请人抛弃妻女的行为，历经十多年的等待与坚守，依然没有等到被申请人回心转意及回家的任何消息，无奈，原告只能向贵院起诉离婚，请依法维护申请人的合法权益。

（二）案情分析

（1）程序上，因一方长期杳无音信，申请人想解除与其婚姻关系的话，只能先进行死亡宣告。

（2）一旦被宣告死亡，婚姻关系自动解除，申请人不需要再起诉离婚，但宣告死亡并不是真的死亡，不影响被宣告人在被宣告死亡期间实施的民事法律行为的效力。

（3）如果宣告死亡人再次出现，死亡宣告被撤销的，婚姻关系自撤销死亡宣告之日起自行恢复。但是，其配偶再婚或者向婚姻登记机关书面声明不愿意恢复的除外。

(三) 法律文书研习指导

宣告死亡申请书

申请人：陈××，女，汉族，19××年××月生，自由职业，住××市××区××路××保障小区××号楼××单元×××室，身份证号：××××01××××100××××，联系电话：1××10××85××

申请事由：

请求人民法院宣告张××死亡。

事实和理由：

申请人陈××与被申请人张××系夫妻关系，因张××2005年外出打工至今未回，下落不明满四年。根据《中华人民共和国民法典》之规定，特向贵院提出申请，请求宣告张××死亡。

此致

×××区人民法院

申请人：×××

20××年××月××日

(四)《民法典》法律条文指引

第四十六条【宣告死亡的条件】自然人有下列情形之一的，利害关系人可以向人民法院申请宣告该自然人死亡：

（一）下落不明满四年；

（二）因意外事件，下落不明满二年。

因意外事件下落不明，经有关机关证明该自然人不可能生存的，申请宣告死亡不受二年时间的限制。

第四十七条【宣告死亡的优先适用】对同一自然人，有的利害关系人申请宣告死亡，有的利害关系人申请宣告失踪，符合本法规定的宣告死亡条件的，人民法院应当宣告死亡。

第四十八条【被宣告死亡的人死亡日期的确定】被宣告死亡的人，人民法院宣告死亡的判决作出之日视为其死亡的日期；因意外事件下落不明宣告死亡的，意外事件发生之日视为其死亡的日期。

第四十九条【被宣告死亡期间的民事法律行为效力】自然人被宣告死亡但是并未死亡的，不影响该自然人在被宣告死亡期间实施的民事法律行为的效力。

第五十条【死亡宣告的撤销】被宣告死亡的人重新出现，经本人或者利害关系人申请，人民法院应当撤销死亡宣告。

第五十一条【宣告死亡、撤销死亡宣告对婚姻关系的影响】被宣告死亡的人的婚姻关系，自死亡宣告之日起消除。死亡宣告被撤销的，婚姻关系自撤销死亡宣告之日起自行恢复。但是，其配偶再婚或者向婚姻登记机关书面声明不愿意恢复的除外。

第五十二条【撤销死亡宣告对收养关系的影响】被宣告死亡的人在被宣告死亡期间，其子女被他人依法收养的，在死亡宣告被撤销后，不得以未经本人同意为由主张收养行为无效。

第五十三条【死亡宣告撤销后的财产返还】被撤销死亡宣告的人有权请求依照本法第六编取得其财产的民事主体返还财产；无法返还的，应当给予适当补偿。

利害关系人隐瞒真实情况，致使他人被宣告死亡而取得其财产的，除应当返还财产外，还应当对由此造成的损失承担赔偿责任。

第二编

物权编案例研习

一、《民法典》物权编的相关规定

2007 年我国通过了《中华人民共和国物权法》（以下简称《物权法》），现行的《民法典》在原来《物权法》的基础之上修改并将其纳为第二编，并按照国家对现代产权制度的要求——健全归属清晰、权责明确、保护严格、流转顺畅的现代产权制度。结合现实需要，进一步完善的物权编也分为总论与分论。

（一）物权的通则

《民法典》规定了物权制度基础性的规范，包括平等保护等物权基础基本原则，物权变动的具体规则以及物权保护制度，很好地贯彻了党的十九届四中全会通过的《中共中央关于坚持和完善中国特色社会主义制度推进国家治理体系和治理能力现代化若干重大问题的决定》，对社会主义基本制度有了新的表述，为贯彻会议精神，《民法典》将有关基本制度的规定修改为：国家坚持和完善公有制为主体，多种所有制经济共同发展，按劳分配为主体，多种分配方式并存，社会主义市场经济体制等社会主义基本经济制度。

（二）所有权

所有权是物权的基础，是所有权人对自己的不动产或者是动产依法享有的占有、使用、收益和处分的权利。《民法典》第二编的第二分编规定了所有权制度，包括所有权人的权利、征收征用归国家集体和私人的所有权、相邻关系、共有等所有权基本制度。针对近年来群众普遍反映的成立业主大会难、公共维修资金使用难等问题，尤其是应新型冠状病毒感染疫情防控工作的需要增加规定紧急情况下使用维修基金的特别程序，《民法典》结合疫情防控工作，在征用组织个人的不动产或者是动产时，明确物业服务企业和业主的相关责任和义务，增加规定业主、物业服务企业或者其他管理人应当执行政府依法实施的应急处理措施和其他管理措施，积极地配合开展相关的工作，业主应当依法予以配合等内容。

（三）用益物权

用益物权是权利人依法对他人的物享有占有，使用收益的权利。该编规定了用益物权制度，明确了用益物权的基本权利和义务，以及建设用地使用权、宅基地使用权、地役权等用益物权，并在现行《物权法》规定的基础之上，做了进一步的完善：一是落实党中央关于完善产权制度依法保护产权的要求，明确住宅建筑的建设用地使用权期限届满的自动续期，续期费用的缴纳或者是减免，依照法律、行政法规的规定办理（第三百五十九条第一款）。二是完善农村集体所有权相关制度，落实农村承包地的"三权分置"改革，增加了土地承包经营权的规定，删除了耕地使用权不得抵押的规定，以适应"三权分置"后土地经营权入市（第二编的第十一章第三百九十九条），考虑到农村集体建设用地和宅基地制度改革正在推进过程当中，《民法典》与《中华人民共和国土地管理法》作了衔接性的规定（三百六十一条和三百六十三条）。三是为了贯彻党的十九大提出的加快建设用地供给、多渠道保障住房制度的要求，增加了居住权这一个新型的用益物权，明确居住权原则上无偿设立，居住权人有权按照合同的约定或者遗嘱，对他人房屋占有、使用（第二编第十四章）。

（四）担保物权

《民法典》第二编的第四分编对担保物权做了规定，明确了担保物权的含义、适用范围、担保物权等共同规则以及抵押权、质押权、留置权的具体规则。担保物权是指为了确保债务履行而设立的物权，包括抵押权、质权和留置权。与2007年的《物权法》相比，《民法典》在现行物权规定的基础之上，进一步完善了担保物权制度。为优化营商环境提供法治保障：一是扩大了担保合同的范围，明确了融资租赁、所有权保留等非典型担保合同的担保功能增加，规定了担保合同包括抵押合同、质押合同其他具有担保功能的合同（第三百八十八条第一款）；二是删除了有关担保物权具体登记机关机构的规定，为建立统一的动产抵押和权利质押登记制度留下了空间；三是简化了抵押合同和质押合同的一般条款（第四百条第二款，第四百二十七条第二款）；四是明确了实现担保物权的统一受偿规则（第四百一十四条）。

（五）占有

占有是指不动产或者是动产事实上的控制和支配，第二编的第五分编对占有的调整范围，无权占有情形下的损害赔偿责任，原物及孳息的返还以及占有保护等作了规定（第二编第二十章）。

二、典型案例研习

典型案例一 土地确权纠纷

（一）案情简介

根据闫××村对土地的情况说明及仲裁委调查的情况而知，闫××村在2003年依据当时的客观情况，经村委会研究决定，以质论价，将闲置的土地以家庭承包以外的方式分配了给原告王××1等人，约定的土地使用期限为10年。在2013年，由于国家征地需要、均衡土地分配不均等情况，经××村委会研究决定，民主选举21位代表，并经三分之二以上村户的代表同意，依据法律规定，将王××1等的土地进行了分割，与包括被告王××2在内的10个被告签订了承包合同，并报土地部门备案，获得了××市政府颁发的土地承包经营权证。所以，从 2013 年开始，原告王××1 等人已经丧失了占有涉案土地的合法基础，但是原告每年都抢种抢收，一直占有涉案土地及其收益，拒不退还给被告王××2 等土地的合法所有人，所以，原告的行为已经严重侵犯了被告的合法权益。

（二）案情分析

（1）土地承包者的合法权益应该得到保障。

（2）发生土地权属争议的，应先到土地管理部门进行行政仲裁，且该仲裁是必经程序。对仲裁裁决不服的，才能启动民事诉讼程序。仲裁是诉讼的前置程序。

（三）法律文书研习指导

对原告王××1 诉被告王××2 等 10 人和贾××

诉王××3 农村土地承包经营权案的总体说明和代理意见

一、结合相关法律对王××1 诉王××2 等 10 人和贾××诉王××3 土地承包纠纷案情的分析

（一）被告与村委会签订了农村土地承包合同

村委会与被告在平等协商的基础上，根据本村的具体情况，在广泛征求意见的基础上，经村委会民主选举 21 位村民代表，并经 2/3 以上的村民代表同意，签订了该合同。因此，该合同是合法有效的。法律依据为《民法典》第三百三十一条和《中华人民共和国农村土地承包法》第二十二条的规定"承包合同自成立之日起生效。承包方自承包合同生效时取得土地承包经营权"。

（二）××市人民政府颁发给被告土地承包经营权证

根据《民法典》第三百三十二条、《中华人民共和国农村土地承包法》第二十三条的规定"县级以上地方人民政府应当向承包方颁发土地承包经营权证或者林权证等证书，并登记造册，确认土地承包经营权。颁发土地承包经营权证或者林权证等证书，除按规定收取证书工本费外，不得收取其他费用"。《中华人民共和国农村土地承包经营权证管理办法》第四条，依据双方的承包合同，××市人民政府颁发其承包经营权证。因此，该土地承包经营权证是合法的，是对承包经营权的巩固。

（三）××市土地部门的仲裁委员会已经就涉案的土地承包合同纠纷做了充分的调查并做出了有效的仲裁裁决。

在争议发生后，××市土地仲裁委员会就双方的土地争议及整个×镇闫××村土地承包经营的情况做了调查，并由村委会出具了调查情况说明书，就 2003 年原告承包土地的情况和 2013 年土地承包变更情况和王××2 等被告通过签订土地承包合同等情况进行了核实、调查和说明后，并在充分听取争议双方的意见，经过双方充分举证、质证的基础上下达了仲裁裁决书。所以，该裁决书遵守了合法程序，其效力应当得到维护。

二、原告王××1 非法占有被告王××2 等的土地拒不返还，严重侵犯了被告的合法权益

根据闫××村对土地的情况说明及仲裁委调查的情况而知，闫××村在 2003 年依据当时的客观情况，经村委会研究决定，以质论价，将闲置的土地以家庭承包以外的方式分配了给原告王××1 等人，但约定的土地使用期限为 10 年。2013 年，由于国家征地需要、均衡土地分配不均等情况，经村委会研究决定，并经三分之二以上的村民同意，

依据法律规定，将王××1 等的土地进行了分割，并与包括被告王××2 在内的 10 个被告签订了承包合同，并报土地部门备案，获得了××市政府颁发的土地承包经营权证。所以，从 2013 年开始，原告王××1 等人已经丧失了占有涉案土地的合法基础，但是原告每年都抢种抢收，一直占有涉案土地及其收益，拒不退还给被告王××2 等土地的合法所有人，所以，原告的行为已经严重侵犯了被告的合法权益。

请法院驳回原告的诉讼请求，责令原告返还被告土地。

代理人：×××律师
20××年××月××日

（四）《民法典》法律条文指引

《民法典》第二百四十四条【耕地保护】国家对耕地实行特殊保护，严格限制农用地转为建设用地，控制建设用地总量。不得违反法律规定的权限和程序征收集体所有的土地。

《民法典》第二百四十五条【征用】因抢险救灾、疫情防控等紧急需要，依照法律规定的权限和程序可以征用组织、个人的不动产或者动产。被征用的不动产或者动产使用后，应当返还被征用人。组织、个人的不动产或者动产被征用或者征用后毁损、灭失的，应当给予补偿。

《民法典》第三百三十一条【权利】土地承包经营权人依法对其承包经营的耕地、林地、草地等享有占有、使用和收益的权利，有权从事种植业、林业、畜牧业等农业生产。

《民法典》第三百三十三条【土地承包经营权】土地承包经营权自土地承包经营权合同生效时设立。登记机关应当向土地承包经营权人发放土地承包经营权证、林权证、草原使用权证，并登记造册，确认土地承包经营权。

典型案例二　房屋产权确认纠纷

（一）案情简介

×××男起诉×××女离婚，但因为双方共同的房屋目前登记在婚生××子的名下，于是，×××男将离婚诉讼中止，并将××子作为被告，×××女作为第三人，向法院提起了产权确认之诉，要求确认该房屋为夫妻共同财产。一审法院做出了判决，判决该房屋归×××男、×××女和××子三人共同共有，×××男不服，遂提起了上诉。

（二）案情分析

（1）本案是离婚诉讼引起的财产确认之诉，因此，应该属于物权法的调整范围，而不是继承法的范围。

（2）本案由家事法庭审理，注重调解及对亲情的维护。

（3）涉及家庭财产纠纷的案件，家庭成员之间的亲情被撕得粉碎，调解无效，最终，法院不得不进行判决。

（三）法律文书研习指导

上诉状

上诉人（一审被告）：××子，男，19××年××月××日生，汉族，住址：××市××县×

区××路××号内 17 号，身份证号：×××××××××××××××××，联系方式：××××××××××

被上诉人（一审原告）：×××父，男，19××年××月××日，汉族，汉族，住址：××市××县×区××路××号内 17 号，身份证号：×××××××××××××××××，联系方式：××××××××××××

被上诉人：（一审第三人）：×××母，女，19××年××月××日生，汉族，住址：××市××县×区××路××号内 17 号，身份证号：×××××××××××××××××，联系方式：××××××××××

上诉人与被上诉人共有权确认纠纷一案，上诉人不服××省××县人民法院（20××）鲁××××民初××××号民事判决书，现依法提出上诉。

上诉请求：

1. 请求贵院依法撤销××省××县人民法院做出的（20××）鲁××××民初××××号民事判决书的内容，发回重审，或在查清事实的基础上直接依法改判，并依法支持上诉人对该房产享有独立所有权。

2. 请求贵院依法判令本案一审、二审的诉讼费及其他费用全部由被上诉人×××父承担。

事实与理由：

一审判决认定事实错误，适用法律错误，据以判定的证据不足，应发回重审，或者在查清事实的基础上直接依法改判。具体理由如下：

一、一审法院认定事实严重错误

（一）一审法院对本案当事人的是否适格存在认定错误

1. 上诉人应该是有独立请求权的第三人

（1）该诉讼是由二被上诉人的离婚诉讼引发的共有财产分割诉讼，离婚案件具有严格的相对性，所以，该案的被告不应该是上诉人。

（2）上诉人对该房产享有独立的产权，是该房产公示公信的所有权人，所以，上诉人应是独立请求权的第三人。

（3）基于本案起因及房产为××子所有权的实际情况，上诉人××子应是有独立请求权的第三人，而不是本案的被告，且如果是被告，上诉人×××父无法对抗被上诉人×××母，而×××母也无法对抗上诉人××子。

2. 一审法院将被上诉人母亲作为第三人的定性不准

（1）本案的起因是因为二被上诉人之间的离婚事宜引发的，是为了清理和确认夫妻共同财产，所以，在本案中，被上诉人×××父应以被上诉人×××女为被告。

（2）×××母不是房屋的产权人，所以，处在第三人的位置无法与父亲进行夫妻共同财产的对抗。

（3）×××母只能是无独立请求权的第三人，且只能附在被上诉人的权利上，与××子进行对抗，基于离婚分割夫妻共同财产，×××母不可能支持父亲的主张，基于该房产真实的产权关系，×××母也无法支持孩子的主张，但自身又对该房产不享有所有权，所以，事实上被上诉人×××母在本案中地位十分受限制，无法享受到第三人应该享有的权利。

总之，一审法院对本案的被告和第三人的主体地位认识发生错误，从而导致最终将登记在上诉人个人名下且已经向社会公开公示的房屋产权界定为三人所有，而在判决结果上只能驳回被上诉人父亲的诉讼请求。

（二）对××子房屋的产权认定与购买房屋的事实过程及现有的产权真实状态的事实严重不符

1. 被上诉人父亲所述的房屋与上诉人所实际拥有的房屋明显不对应

（1）支持被上诉人主张的核心证据是其出售的购房合同，无论是房屋坐落的位置、面积、每平方米单价、房屋总价款、交款方式、签订时间，还是签订流程方面，都存在巨大的差异。即被上诉人所主张房屋与上诉人拥有产权的房屋不是同一个对象及客体。

（2）被上诉人×××父主张的核心证据购房合同是被上诉人×××父与开发商丰禾公司签订的，其已经交款给××公司，但是并没有得到房屋，所以，其争议对象应该是开发商，而不是被上诉人×××母和上诉人××子。

（3）被上诉人×××父并没有提供房款的来源以证实其购买该房屋的房款是其独立所有或者是与女方的夫妻共同出资，或者与上诉人的共同出资，一审法院掐头去尾，断章取义，仅凭借该购房合同做出了家庭共有的错误认定。

2. 该房屋产权确定清晰，且在房管部门正式备案登记，对外具有较强的公示公信效力，产权人只有上诉人一个人，并不存在共有人登记的情况。既然该房屋产权确定，根本不需要进行确权，那么一审法院将该房屋做了家庭共有的认定，就是明显不顾房屋的真实状态与事实依据的错误做法。

3. 一审法院对该房产的实际占有和使用情况认定发生错误

（1）上诉人××子购买房产是为了自己经营和居住所用。涉案房产具有商住两用的性质。

（2）二被上诉人只是借住在上诉人家。二被上诉人是因为××市场不让居住又没经济能力购房才搬到××子家同住的。且××子为父母有独立的居住空间，对该房屋的后院进行了装修，为的是能让二被上诉人住得舒服些。第三人因为身患重病，并查出有重大疾病，为方便侍奉被上诉人，并同时兼顾生产保障收入来源，才让二被上诉人一起居住。当时，被上诉人×××父招商引资已经结束，返回××县第×中学上班，无法对被上诉人进行照料。依据一审法院的认定，上诉人××子收留二被上诉人的行为显然是将自己置于危险的境地，超乎常人的思维能力与想象。

（3）上诉人自己出资购买了房产，二被上诉人并未出资，一审法院将该房产认定为共同财产，明显存在事实认定错误。

（4）涉案房产一直是上诉人的自有房产，从购买到现在，一直是上诉人在实际居住和使用该房产并将该房产作为其居住和工作的唯一场所。

（三）一审法院认定共同产权人发生事实错误

1. 第三人并未给××子的房屋出资；

2. 第三人只是因为身体原因，在身患重疾的情况下，搬到×××子住处，为方便儿子××子照顾，因为第三人与被上诉人夫妻关系一直很不好，被上诉人不愿意尽一个配偶的照顾义务，同时需要由上诉人××子为其花钱治病。

3. 房屋的产权证并没有将×××（女）作为共同产权人。

（四）××子在交款十多年后不去主张房屋的产权，明显是超过了诉讼时效。一审法院对该诉讼时效并没有进行法庭调查与认定。

二、本案据以做出家庭共有认定的证据不足

（一）核心证据是被上诉人×××父提供的购房合同，该合同是×××父与房产开发公司签订的，与上诉人所有的房屋在坐落位置、面积、单价、付款方式、签订时间等方面都存在根本的分歧，无法对应，所以，该合同与上诉人×××子的房产没有任何关联。

（二）被上诉人×××女与×××男在房产争议上存在根本分歧，×××女对×××男的主张不予支持。

（三）×××男并没有提供购买房屋的房款来源，不足以证实该房屋是其出资购买。

（四）×××男提供的收款凭证是收据而不是正规的发票。

（五）一审法院仅凭×××男与×××女是夫妻关系，为上诉人××子的父母，就因此认定该房屋属于家庭共有，明显证据不足。

（六）签订该购房合同及办理房产证时××子已经成年，享有完全的民事行为能力，一审法院对××子的民事能力认定与××子的经济能力胡乱联系，得出其不具有购房能力的证据不足。

三、本案存在程序错误

（一）本案的审理程序多次因为被上诉人×××男而随意中断，直至五次庭审才结束。

（二）一审法院为被上诉人×××男提供便利，两次为其到房管部门调取同一证据，并借故休庭让后立案的析产案先进行庭审，为其提供收集证据的时间，并允许其在庭审同时出示两份相同的证据。

（三）一审法院没有让被上诉人×××男把已经举证的证据交到法庭，允许其再次带出法庭进行补正和修改，在下次开庭偷换已经质证的证据。一审法院并没有对被上诉人×××父的行为加以制止、纠正并给出警告处分。

四、本案适用法律明显存在错误

（一）依据《民法典》的第二百零九条，第二百一十七条，第二百一十七条，无法得出房屋为家庭共有的结论。《民法典》第二百零九条："不动产物权的设立、变更、转让和消灭，经依法登记，发生效力；未经登记，不发生效力，但法律另有规定的除外。"《民法典》第二百一十七条："不动产权属证书是权利人享有该不动产物权的证明。不动产权属证书记载的事项，应当与不动产登记簿一致；记载不一致的，除有证据证明不动产登记簿确有错误外，以不动产登记簿为准。"这两条规定恰恰是要求以登记为准，维护产权人×××男的权属，所以，无法得出房屋为家庭共有的结论。

（二）《民法典》第二百三十四条："因物权的归属、内容发生争议的，利害关系人可以请求确认权利。"《最高人民法院关于适用〈中华人民共和国物权法〉若干问题的解释（一）》第二条："当事人有证据证明不动产登记簿的记载与真实权利状态不符、其为该不动产物权的真实权利人，请求确认其享有物权的，应予支持。"也与一审法院作出共同共有认定无关联。

本案适用法律明显错误，该法律适用无法支撑其得出××子的房产作为家庭共有财产的结论。

综上，请求贵院在依法查清事实、分清是非、补充证据、正确适用法律的基础上，撤销原判决，或直接改判，或发回重审，以维护上诉人的合法权益。

此致

××市中级人民法院

上诉人：××

20××年××月××

（四）《民法典》法律条文指引

第二百零九条【不动产物权登记的效力】不动产物权的设立、变更、转让和消灭，经依法登记，发生效力；未经登记，不发生效力，但是法律另有规定的除外。

依法属于国家所有的自然资源，所有权可以不登记。

第二百一十七条【不动产登记簿与不动产权属证书的关系】不动产权属证书是权利人享有该不动产物权的证明。不动产权属证书记载的事项，应当与不动产登记簿一致；记载不一致的，除有证据证明不动产登记簿确有错误外，以不动产登记簿为准。

第二百三十四条【物权确认请求权】因物权的归属、内容发生争议的，利害关系人可以请求确认权利。

第二百四十条【所有权的定义】所有权人对自己的不动产或者动产，依法享有占有、使用、收益和处分的权利。

第二百九十七条【共有及其类型】不动产或者动产可以由两个以上组织、个人共有。共有包括按份共有和共同共有。

典型案例三　物业服务纠纷

（一）案情简介

被告×××租住××××小区的沿街门市，该房屋为房东所有。×××与房东签订租赁合同关系，约定物业费等由×××交付，但因为原物业公司服务不到位，且该房屋屋顶漏水导致×××受到损失，原物业公司对此并没有履行维修义务，×××因此拒绝缴纳物业费。当新物业公司入驻接手后，原物业公司起诉了×××，索要房租及迟延支付利息。

（二）案情分析

（1）近年来物业与业主之间的纠纷逐渐增多，大多是因为业主对物业的服务不满，业主以拒交物业费进行对抗，矛盾激化。

（2）在缴纳物业费诉讼中，依据物业合同，物业公司的主张一般会得到支持，但对业主因为物业服务或管理不到位而导致的损失要求进行法律诉讼的请求，却很难得到支持，导致业主对物业公司更加不满。

（3）基于合同的相对性原理，物业服务合同的签订者是业主与物业公司，承租人或使用人不是合同的相对人。但在审判实务中，应该以向第三人履行债务的方式由业主转给租户。《民法典》第二百八十条"业主大会或者业主委员会的决定，对业主具有法律约束力。业主大会或者业主委员会作出的决定侵害业主合法权益的，受侵害的业主可以请求人民法院予以撤销"。在合同编部分，对物业公司提供的服务等法律行为有着更为详尽的规定。

（4）缴纳物业费时承租人是适合的主体，但在因物业疏于管理或者未尽服务义务给业主造成损失，承租人要求赔偿的诉讼中，却以承租人不是物业合同的相对人而不支持其的主张，所以，物业公司往往会大批量起诉抗拒缴纳物业费的业主，借助《民法典》和法院收缴物业费，从而加剧承租人与物业之间的矛盾。

（5）物业与业主之间矛盾的激化，威胁着基层社会治理，应引起足够的重视。

（三）法律文书研习指导

答辩状

一、主体不适格

1. 商铺不是直接从物业租的，而是从业主手中租赁的，所以×××不是房屋的产权人，不是业主。作为物业公司来讲，其直接的服务对象是业主，而不是租客，所以，业主才是物业费的承担者与缴纳者。

2. 被告并没有与×××签订物业服务合同，不存在物业服务合同关系。

3. 被告××物业公司已经不是×××租住小区的物业公司，原告与×××之间没有服务与被服务的项目。

基于合同的相对性原理，原告与被告之间没有直接的法律关系，原告不具有起诉的主体资格。请予以驳回其诉讼请求。

二、收费依据和服务内容问题

1. 原告既然主张物业费，那原告可以提供一下曾经给被告提供过哪些包括专属和公共的物业服务吗？

2. 为何原告从被告的小区撤离，被其他物业公司所取代，原告能自己解释一下吗？

3. 原告能提供与被告相同商铺如期清缴物业费的清单吗？能提供小区住户缴纳物业费的清单吗？

4. 请原告提供收费的依据及计算的办法。

原告因提供物业服务不到位，导致小区物业管理混乱，怨声载道，因此，被业主们所抛弃，新的物业公司早已接手和全面进驻，所以，原告与被告之间不存服务内容，所以，原告的主张没有事实依据。

三、关于24%的利息

本案是物业服务纠纷，是合同关系，即便原告把被告作为被"宰割"的对象，但也应该找到合理的法律依据。本案不属于民间借贷，为何要采用"民间借贷"的利率？请问原告真正明白自己的诉讼请求吗？真正明白本案的法律关系是什么吗？法律依据又是什么？该利息是想说多少是多少吗？请原告予以明确解释。

再者，因为原告与被告之间并没有直接的法律关系，所以，原被告之间连费用都不欠，何来的利息？

总之，请法庭驳回原告的诉讼请求。

答辩人：×××
20××年××月××日

拒缴物业费抗辩书

在我们租住××××小区沿街门市的过程中，因原物业公司经营不善，管理不力，出现如下情况，导致业主和租户们纷纷拒缴物业费，故在此进行抗辩：

一、××××物业管理有限公司服务不到位，表现在垃圾无人清扫、地面积水、安保不力、房屋漏雨无人修缮。同时，在公共区域，××物业不做维护与修缮工作，院内杂草丛生，公共设施损坏无人修理与维护等，导致业主和租户十分不满。

二、租户并不是业主，是否缴纳物业费由租户和业主约定，与物业公司没有直接的法律关系。

三、拒缴服务费在××××小区是很普遍的事情，很多人都以拒缴物业费进行合理抗议，不仅仅租户，还有很多业主也拒缴以此抗议。

四、××××物业管理公司因经营不善，已经于2020年6月30日前全面退出××××小区，由其他物业公司进行接管。目前接管工作正在进一步的交接中，下一步怎么收费，原物业××公司与新物业公司××之间是什么关系，如何在物业费方面进行承接，目前尚未确定，需要业主委员会与新物业公司进行进一步的协商方可确定。

五、物业服务属于合同的范畴，属于双务合同，需要双方支付对价，也即原物业××公司提供积极的物业服务是其收取物业费的前提条件，或者业主通过缴纳物业费享受物业服务，双方互负债务，互为给付。只收物业费而不进行服务，已经严重背离了物业管理法及合同法的规定。

抗辩人：×××

20××年××月××日

证据目录

一、证据一：录音光盘一张

录音一：×××律师与新物业××公司工作人员的对话。

证明被告已经不再是××××小区的物业管理公司，目前正在交接工作中，但原物业××公司已经于2020年6月底退出经营，新的物业公司全面接手并开展工作。原被告之间已经不存在物业服务关系。

录音二：被告配偶与业主的对话。

证明：被告原物业××公司服务差，很多业主不交物业费的事实。

二、证据二：三组照片

证明：公共基础服务不到位的事实，表现在车辆乱停乱放，无人管理，楼道灯光昏暗，不符合公共区域照明要求；小区绿化带杂草丛生，无人管理。

证明：租户屋里漏雨，找物业维修，不予理睬，且得不到回应，无奈只能自己出钱修理的事实。

证明：原物业××公司已经被替代，现在的物业是××公司。

三、证据三：物业费拒缴抗辩书

证明：因原物业××公司的服务不到位，导致业主怨气大，租户拒缴物业费以示意要求提高服务质量和减免物业费的事实。

四、证据四：聊天记录

证明：因原物业××公司的服务质量差，导致业主怨气大，因此拒缴物业费的事实。

（四）《民法典》法律条文指引

第二百八十条【业主大会、业主委员会决定的效力】业主大会或者业主委员会的决定，对业主具有法律约束力。

业主大会或者业主委员会作出的决定侵害业主合法权益的，受侵害的业主可以请求人民法院予以撤销。

第五百二十二条【向第三人履行的合同】当事人约定由债务人向第三人履行债务，债务人未向第三人履行债务或者履行债务不符合约定的，应当向债权人承担违约责任。

法律规定或者当事人约定第三人可以直接请求债务人向其履行债务，第三人未在合理期限内明确拒绝，债务人未向第三人履行债务或者履行债务不符合约定的，第三人可以请求债务人承担违约责任；债务人对债权人的抗辩，可以向第三人主张。

第九百三十七条【物业服务合同定义】物业服务合同是物业服务人在物业服务区域内，为业主提供建筑物及其附属设施的维修养护、环境卫生和相关秩序的管理维护等物业服务，业主支付物业费的合同。

物业服务人包括物业服务企业和其他管理人。

第九百三十八条【物业服务合同内容和形式】物业服务合同的内容一般包括服务事项、服务质量、服务费用的标准和收取办法、维修资金的使用、服务用房的管理和使用、服务期限、服务交接等条款。

物业服务人公开作出的有利于业主的服务承诺，为物业服务合同的组成部分。

物业服务合同应当采用书面形式。

第九百三十九条【物业服务合同的效力】建设单位依法与物业服务人订立的前期物业服务合同，以及业主委员会与业主大会依法选聘的物业服务人订立的物业服务合同，对业主具有法律约束力。

第九百四十条【前期物业服务合同法定终止条件】建设单位依法与物业服务人订立的前期物业服务合同约定的服务期限届满前，业主委员会或者业主与新物业服务人订立的物业服务合同生效的，前期物业服务合同终止。

第九百四十二条【物业服务人的一般义务】物业服务人应当按照约定和物业的使用性质，妥善维修、养护、清洁、绿化和经营管理物业服务区域内的业主共有部分，维护物业服务区域内的基本秩序，采取合理措施保护业主的人身、财产安全。

对物业服务区域内违反有关治安、环保、消防等法律法规的行为，物业服务人应当及时采取合理措施制止、向有关行政主管部门报告并协助处理。

第九百四十四条【业主支付物业费义务】业主应当按照约定向物业服务人支付物业费。物业服务人已经按照约定和有关规定提供服务的，业主不得以未接受或者无须接受相关物业服务为由拒绝支付物业费。

业主违反约定逾期不支付物业费的，物业服务人可以催告其在合理期限内支付；合理期限届满仍不支付的，物业服务人可以提起诉讼或者申请仲裁。

物业服务人不得采取停止供电、供水、供热、供燃气等方式催交物业费。

第九百四十九条【物业服务人的移交义务及法律责任】物业服务合同终止的，原物业服务人应当在约定期限或者合理期限内退出物业服务区域，将物业服务用房、相关设施、物业服务所必需的相关资料等交还给业主委员会、决定自行管理的业主或者其指定的人，配合新物业服务人做好交接工作，并如实告知物业的使用和管理状况。

原物业服务人违反前款规定的，不得请求业主支付物业服务合同终止后的物业费；造成业主损失的，应当赔偿损失。

典型案例四　以房抵债纠纷

（一）案情简介

戴××为了偿债，将其位于××市××区××镇政府驻地××家园北×号楼×单元20×室的房屋及储藏间卖给上诉人，价款是20万元。戴××与上诉人王××签订了买卖合同，戴××将其与开发商××市××投资建设有限公司××分公司为出卖方的涉案房屋的购房合同原件交给上诉人，因为该房屋是小产权房，不能办理房产证。因此，在上诉人王××看来，该买卖合同即为该房子的房产证，拥有该合同，即视为拥有该房屋的所有权。

（二）案情分析

（1）以房抵债，是将借贷合同与买卖合同结合在一起，二者之间先存在借贷合同关系，为偿还债务，借款人将自有房屋卖给出借人而不是抵押给出借人，从而实现以房抵债的效果。

（2）小产权房因为没有房产证，无法过户，所以以购房合同即为产权的交易凭证，出借人拿到购房合同，即视为交付的完成。

（三）法律文书研习指导

代理词

尊敬的审判长：

本律师受上诉人王××的委托，担任本案的代理人。通过调查了解、查阅案件材料以及参加法庭的审理，对本案已有全面了解，现就本案的情况发表如下的代理意见：

一、一审对上诉人与原审被告戴××之间的以房抵债的房屋买卖合同关系的法律事实认定错误

（一）戴××与上诉人之间有借贷关系在先

戴××因为做生意资金周转困难，曾在20××年××月××日向上诉人借款××万元，后又在20××年××月××日借款××万元，两笔借款总共是××万元。有戴××为上诉人书写并出具的借条。

（二）戴××与上诉人签订房屋买卖合同

戴××为了偿债，将其位于××市××区××镇政府驻地××家园北×号楼×单元20×室的房屋及储藏间卖给上诉人，价款是××万元。戴××与上诉人王××签订了买卖合同，同时戴××将其（开发商××市××投资建设有限公司二屯分公司为出卖方）签订的涉案房屋的购房合同原件交给上诉人。该房屋是小产权房，不能办理房产证，因此，在上诉人王××看来，该买卖合同即为该房子的房产证，拥有该合同，即视为拥有该房子的产权。

（三）戴××没有按照双方之间签订的房屋买卖合同的约定对上诉人履行债务

根据双方签订的房屋买卖合同第四条的规定："本合同签订后，甲方对××政府驻地××家园北×号楼×单元20×室的房屋及储藏间房屋的使用、受益、出租、担保、抵押、

买卖、占有等权利一并转让给乙方。"但是在房屋买卖合同签订时，被上诉人已经实际占有了该房屋，因而致使上诉人行使该公司第四条的权利时受到了影响，导致上诉人不能及时取得涉案房屋的原因是戴××的违约。

总之，一审法院没有认清戴××与上诉人之间的真实法律关系，从而没有对上诉人王××对该房的所有权做出认定。

二、一审法院将戴××与被上诉人之间的法律关系理解为抵押是错误的

（一）戴××与上诉人之间签订房屋买卖合同的目的是以房抵债

戴××为了偿债，将其位于××市××区××镇政府驻地××家园北×号楼1单元202室的房屋及储藏间卖给上诉人，价款是××万元。戴××与上诉人王××签订了买卖合同并将购房合同原件交给上诉人，完成交付。因此，被告戴××以其自有的一套小产权房抵偿其所欠的上诉人王××的欠款，是法律所允许的且有效的法律行为。虽然表面上是戴××与上诉人签订了房屋买卖合同，但是真正的目的是抵偿债务，而不是抵押。老百姓因为法律知识的欠缺对"买卖"和"抵押"的概念不是很清楚，但是他们真实的意思依然可以明白。所以，一审法院将其认定为抵押是错误的。

（二）一审法院将戴××与上诉人之间的法律关系视为抵押是错误的

上诉人与戴××之间存在借贷关系在先是事实，可是，对于一个普通百姓来说这么多钱也不是小数目。因而，戴××直接将其所有的房屋卖给上诉人，一方面抵账，另一方面可以筹措资金，缓解资金的压力。所以，二者之间的关系不是抵押关系，而是以房抵债的法律关系。

总之，本案在一审中对上诉人与被告戴××之间的法律关系认定存在事实不清的错误。

因此，恳请法庭查明事实，依法改判或者发回重审。

此致
××市中级人民法院

代理人：×××律师
20××年××月××日

（四）《民法典》法律条文指引

第二百零九条【不动产物权登记的效力】不动产物权的设立、变更、转让和消灭，经依法登记，发生效力；未经登记，不发生效力，但是法律另有规定的除外。

依法属于国家所有的自然资源，所有权可以不登记。

第二百一十七条【不动产登记簿与不动产权属证书的关系】不动产权属证书是权利人享有该不动产物权的证明。不动产权属证书记载的事项，应当与不动产登记簿一致；记载不一致的，除有证据证明不动产登记簿确有错误外，以不动产登记簿为准。

第二百四十条【所有权的定义】所有权人对自己的不动产或者动产，依法享有占有、使用、收益和处分的权利。

第二百四十一条【所有权人设立他物权】所有权人有权在自己的不动产或者动产上设立用益物权和担保物权。用益物权人、担保物权人行使权利，不得损害所有权人的权益。

第三编

合同编案例研习

一、《民法典》合同编的基本规定

合同制度是市场经济的基本法律制度。《民法典》以 1999 年的《中华人民共和国合同法》为基础，贯彻全面深化改革的精神，坚持维护契约、平等交换，公平竞争，以促进商品和要素的自由流动，从而使得现行合同制度更加完善。《民法典》中的合同法编共分为三分编，29 章，526 条。具体内容如下：

1. 关于通则

通则对合同的订立、效力、履行、保全、转让、终止、违约责任等一般性问题作出了规定。

《民法典》完善了以下合同通则、制度。一是通过规定非合同之债的法律适用规则、多数人之债的履行规则等完善了债法的一般规则；二是完善了电子合同订立的规则，增加了预约合同的具体规定，完善了格式条款等合同订立制度；三是结合新型冠状病毒感染疫情防控工作，完善订货合同制度，规定国家根据抢险救灾、防疫、疫情防控或者是其他需要下达国家订货任务、指令计划的有关民事主体之间应依照有关法律、行政法规的规定的权利和义务订立合同；四是《民法典》明确了当事人不履行报批义务的法律后果，健全了合同效力制度，以针对解决实践中一方当事人不履行报批义务不办理报批手续影响合同生效的问题；五是落实绿色原则。规定当事人履行合同时，应当避免浪费资源、污染环境和破坏生态，增加了情势变更制度；六是完善代位权、撤销权等合同终止制度，强化了对债权人的保护，细化了债权转让、债务转移制度，增加了债务清偿、抵充规则，完善了合同解除等合同终止制度；七是通过吸收现行担保法有关定金规则，完善了违约责任制度。

2. 典型合同

典型合同是市场经济活动和社会生活中频繁使用的交易表现方式，为适应现代经济发展需要，在原合同法已有的 15 个典型合同的基础上，又增加了保证合同、保理合同、物业服务合同、服务合同 4 个种类。在总结合同法实践经验的基础上，完善了其他典型合同，如通过完善检验期限的规定和所有权保留规制等完善了买卖合同；为维护正常的金融秩序，明确规定禁止高利贷，借贷的利率不得违反国家有关规定；落实党中央提出的建立租购同权住房制度的要求，保护承租人利益，增加规定房屋承租人的优先承租权；针对近年来客运合同领域出现的旅客霸座、不配合承运人采取安全运输措施等严重干扰运输秩序和危害运输安全的问题，维护正常的运输秩序，细化了客运合同当事人的权利义务；根据经济社会发展需要，修改完善了赠予合同、融资租赁合同、建设租赁合同、建设工程合同、技术合同等典型合同。

3. 准合同的规定

《民法典》的合同编将无因管理和不当得利视为准合同，它们具有债法性质，又与合同规则相区别，作了准合同的专章规定。

二、典型案例研习

典型案例一　买卖合同纠纷

（一）案情简介

20××年××月××日，被告从原告处购买了各种型号的空调，款项共计 3××49 元，双方在提货合同中约定 20××年××月××日内结清货款，如违约需支付违约金 10% 直到货款全部结清时为止，但到期被告并未支付货款。20××年 10 月 12 日，原被告就所欠货款和被告应支付违约金确定为 40××0 元整的借款，约定在 20××年 10 月 30 日还清，被告向原告出具欠条，但被告并未如期履行支付义务。直至 20××年 10 月 1 日，被告再次给原告出具 40××0 元的借条，约定在 20××年 10 月前还清，并约定如到期未还清，被告愿意承担原告因此支出的误工费、差旅费、诉讼费、公告费、保全费等各项费用，并确定争议解决法院为德城区人民法院。但直至起诉，被告并未依约定履行义务。原告多次找被告协商，均未果。

（二）案情分析

（1）该案由买卖合同转化为民间借贷关系。该案是买卖合同所导致的拖欠货款问题，但由于被告迟迟不支付货款，原告让被告出具了借条、欠条，及最后一次借款合同，将本金与约定的利息一并作为了借款本金，借款的数额已经大于所拖欠的货款。但第二次到期被告再次违约时，双方签订了借贷合同，不仅对借款数额进行了明确的约定，并对违约责任、管辖法院及由借款人承担原告因维权支出的误工费、差旅费、诉讼费、公告费、保全费等各项费用等内容在合同中进行了约定。

（2）本案第一次诉讼时被定为"民间借贷"案由，因为欠款不到约定的时间而被告坚持约定时间而不愿意接受提前还款的调解意见，而法院又不能将原告的诉讼请求驳回，所以，原告撤回诉讼请求，结束第一次诉讼。

（3）第二次的诉讼，律师的处理案由是"买卖合同"，原告索要的实际上是被拖欠的货款及基于实现货款所支付的费用，且按照供货合同，供货行为发生在 2012 年，时至 2021 年前，包括欠款、违约金及其他费用的数额一直在增长，因此，原告所主张的数额比货款多也是合理的。

（4）由拖欠货款到借款、欠款，欠条起了关键性作用。因此，欠款只是结果，其原因可能是借款，也可能是拖欠的货款，或侵权损害赔偿、工资等，一果多因的现象非常普遍。通常债权人可找债务人写张欠条，一是可确定争议的数额，二是中断诉讼时效，三是将欠条作为证据，为其后的胜诉奠定基础。但在法院审理时，通常要求债权人提供证据，证明欠款的形成原因，如转账记录、销货单、工作证明等，因此，虽然欠条能起到一定的证据功能，但如果要胜诉还需要进一步提供真实关系的证据。

（三）法律文书研习指导

民事起诉状

原告：×××，男/女，汉族，××××年××月××日生，住址：××省××市××区××大街×××园×号楼×单元×××室，身份证号：×××××××××××××××××，联系电话：××××××××××

被告：×××，男/女，汉族，××××年××月××日生，住址：××省××市××区××大街×××园×号楼×单元×××室，身份证号：×××××××××××××××××，联系电话：××××××××××

诉讼请求：

1. 请求法院依法判决被告偿还原告债务××××××元；

2. 请求法院依法判决被告支付因不履行债务导致原告多支出的误工费、差旅费、诉讼费、公告费、保全费等各项约人民币×××××元。

3. 请求法院依法判决被告按同期银行贷款利率计算至实际支付日止的逾期利息。

事实与理由：

20××年××月××日，被告从原告处购买各种型号的空调，款项共计3××49元，双方在提货合同中约定20××年××月×日内结清货款，如违约支付违约金10%直到货款全部结清时为止，但到期被告并未支付。20××年10月12日，原被告就所欠货款和被告应支付违约金确定为40××0元整的借款，约定在20××年10月30日还清，被告向原告出具欠条，但被告并未如期履行支付义务。直至20××年10月1日，被告再次给原告出具40××0元的借条，约定在20××年10月前还清，并约定如到期未还清，被告愿意承担原告因此支出的误工费、差旅费、诉讼费、公告费、保全费等各项费用，及确定争议解决法院为德城区人民法院。但直至起诉，被告并未依约定履行义务。原告多次找被告协商，均未果。现为保障原告的合法权益，特诉至贵院，望判如诉请！

此致

××省××市×××区人民法院

具状人：×××

20××年××月××日

（四）《民法典》法律条文指引

第四百六十五条【依法成立的合同效力】依法成立的合同，受法律保护。

依法成立的合同，仅对当事人具有法律约束力，但是法律另有规定的除外。

第五百七十七条【违约责任】当事人一方不履行合同义务或者履行合同义务不符合约定的，应当承担继续履行、采取补救措施或者赔偿损失等违约责任。

第五百七十九条【金钱债务实际履行责任】当事人一方未支付价款、报酬、租金、利息，或者不履行其他金钱债务的，对方可以请求其支付。

第五百八十三条【违约损害赔偿责任】当事人一方不履行合同义务或者履行合同义务不符合约定的，在履行义务或者采取补救措施后，对方还有其他损失的，应当赔偿损失。

第五百八十四条【损害赔偿范围】当事人一方不履行合同义务或者履行合同义务不符合约定，造成对方损失的，损失赔偿额应当相当于因违约所造成的损失，包括合同履行后可以获得的利益；但是，不得超过违约一方订立合同时预见到或者应当预见到的因违约可能造成的损失。

第五百八十五条【违约金】当事人可以约定一方违约时应当根据违约情况向对方支付一定数额的违约金，也可以约定因违约产生的损失赔偿额的计算方法。

约定的违约金低于造成的损失的，人民法院或者仲裁机构可以根据当事人的请求予以增加；约定的违约金过分高于造成的损失的，人民法院或者仲裁机构可以根据当事人的请求予以适当减少。

当事人就迟延履行约定违约金的，违约方支付违约金后，还应当履行债务。

第五百九十五条【买卖合同定义】买卖合同是出卖人转移标的物的所有权于买受人，买受人支付价款的合同。

第五百九十六条【买卖合同条款】买卖合同的内容一般包括标的物的名称、数量、质量、价款、履行期限、履行地点和方式、包装方式、检验标准和方法、结算方式、合同使用的文字及其效力等条款。

典型案例二　承揽合同纠纷

（一）案情简介

×××1与×××2签订"冷却塔供货安装协议"后，×××2按照时间约定将第一批货发送至第三方，但因第三方基础未打好，卸货后并未安装，双方约定了迟延交货，但未变更付款方式。第二批货运抵后，因×××3未付款，且协商未果，×××2行使留置权，将货物提存到其他仓库代为保管，费用自行垫付。后双方争执不下，随起纠纷，×××3将×××2及其公司告上法庭。一审败诉，×××2上诉，二审维持原判，×××2提出再审申请，再审驳回了其申请，维持原判。

（二）案情分析

（1）本案的主体问题。无论是原告还是被告，都存在主体不对应的问题。签订合同的双方是一个主体，但原告是另外一个主体，原告既不是合同的签订人，也不是标准指定人的员工，很显然，这两个关键证据，事实上与原告无关，且并没有提供相关的证据予以佐证二者之间的关系。而被告方签订合同的是股东，但原告将其公司作为共同被告，很显然，混淆了股东与其公司之间的独立责任关系。

（2）本案鉴定的检材存在一定的问题，是暴露了一年多以后的检材，在接缝处有生锈是自然和正常现象，毕竟钢材的主要成分是铁，尤其是断面处的镀锌保护层已经被破坏。

（3）本案对违约的判定标准是原告供货存在质量问题，因质检报告存疑，以此作为判定标准判决被告败诉，很显然不符合事实。在本案中，自始至终，是原告方没有诚意，从出厂合格到首批到货，被告当时并未提出质量异议。且在其单方解除合同后，最终与其合作的是一个更小的个体作坊，也许质量并不如原告提供的产品，且原告提供的是拥有专利权产品，也是按照合同约定生产的产品。

（4）第三方收货公司与原告存在着一定的关联，最终花钱买到的未必是好产品，更何况导致原告交货迟延的主要原因为接收货物的第三方没有做好准备。

（三）法律文书研习指导

上诉状

上诉人（一审被告，反诉原告）：×××2，性别，19××年××月××日出生，民族，住××省××市××县××××空调设备有限公司院内，身份证号：×××××××××××××××××

上诉人（一审原告）：××××空调设备有限公司，住所地：××省××县×××镇××庄千亩工业园。统一社会信用代码：××××××××××××××××

法定代表人：×××，职务：经理

被上诉人（一审原告，反诉被告）：×××3，性别，19××年××月××日出生，民族，住××省××市××县××××小区××楼××室，身份证号：×××××××××××××××××

上诉请求：

1. 请求贵院依法撤销××省××县人民法院（20××）鲁××××民初第×××号民事判决书第二项对上诉人××××空调设备有限公司的责任判定，并改判其不具备被告资格，不应承担退款责任。

2. 请求贵院依法撤销××省××县人民法院做出的（20××）鲁××××民初第×××号民事判决书的判定内容，发回重审，或在查清事实的基础上直接依法改判，并依法支持上诉人的反诉请求。

3. 请求贵院依法判令本案一审、二审诉讼费、反诉费及其他费用全部由被上诉人承担。

事实与理由：

上诉人与被上诉人加工合同纠纷一案，上诉人不服××省××县人民法院（20××）鲁××××民初第×××号民事判决书，现依法提出上诉。

一审判决认定事实错误，适用法律错误，据以判定的证据不足，应发回重审，或者在查清事实的基础上直接依法改判。具体理由如下：

一、一审法院认定事实严重错误

（一）一审法院对本案当事人是否适格存在认定错误

1. 对原告的主体资格认定发生错误

（1）本案争议的直接证据是"冷却塔供货安装协议"，从双方签字双方来看，签订人是×××1，而不是被上诉人×××3，因此，从合同的相对性来看，被上诉人×××3不具有起诉的主体资格。

（2）依据被上诉人提供并以此来判定上诉人提供的产品存在质量不合格的标准技术协议来看，被上诉人也不具有主体资格。因该技术协议的提供人是××××空调设备有限公司，其是独立的法人，即使被上诉人×××3是其股东或者实际控制人，或者经理、代理商，但是从民事主体的角度来看，××××空调设备有限公司与×××3是不同的主体，虽然该技术协议并未有双方主体的盖章，但从落款主体来看，一方是涉案的第三方

××公司，一方是××××空调设备有限公司，并不能体现×××3的主体资格。从法律责任主体上来看，不管××××空调设备有限公司与×××3是什么法律关系，抑或不存在法律关系，但是××××空调设备有限公司与××3是相互独立的，在法律上不能混同，所以，被上诉人×××3不是适格的起诉主体。

2. 一审法院对本案××××空调设备有限公司的被告资格认定错误

合同的签订人是×××2，合同的履行人也是×××2，而不是××××空调设备有限公司。因为×××2是完全民事行为能力人，××××空调设备有限公司是公司，有独立的责任能力，所以，二者不是同一主体，一审法院仅仅依据×××2是××××空调设备有限公司的股东，就认定×××2是××××空调设备有限公司，××××空调设备有限公司是×××2，很显然，是一审法院认定的错误。

3. 在主体的认定上，一审法院对上诉人与被上诉人及××××空调设备有限公司采用双重的判定标准，因而定性不准。

本案存在对争议双方主体资格认定的双重标准，在判定×××3时采用的判定标准与×××2不同，从×××3提供的材料来看，×××3不具有原告的主体资格，不应视为×××3个人的行为，并将其与××××空调设备有限公司割裂，并没有用混同的标准来判定×××3与××××空调设备有限公司之间的关系，也没有采用人格否认的标准进行判断。而在判定×××2时，将×××2的个人行为与其公司行为生硬联系在一起，从而以人格否认为标准，将×××2投资的具有独立法人资格的公司视为被告。很显然，一审法院的双重认定标准导致了本案发生严重的错误。×××3与××××空调集团有限公司之间是什么关系？是代理关系、借用资质关系、股东关系？该问题直接影响到本案主体的适格问题。×××3究竟是个人行为还是职务行为，关系到本案的起诉与反诉的责任主体问题，所以，一审法院必须查清楚，但是一审法院却漏审了，仅以×××3为原告，显然不符合法律事实。

可见，本案中被上诉人是完全民事行为能力人，与合同的签订者×××1，技术的提供者××××空调设备有限公司，都不是同一主体，所以，究竟谁是适格的原告，一审法院未进行界定。从一审的证据来看，×××3与本案无事实上的法律关系，不符合起诉条件，应予以驳回。

（二）对被告违约认定与事实不符

1. 对产品本身认定不清

本案是"交钥匙"工程，应最终交付成品，但是本案中认定质量不合格的对象不是成品，而是组装零件，又是部分组装零件，且是暴露在空气中一年中没有采取任何防护措施的部分组装零件。很显然，本案不能以偏概全，更不能以零部件代替成品，并据此做出质量认定。

2. 对产品质量不合规的认定事实不足

被上诉人多次提到的目测判定质量不合格，带有明显的主观臆断性，也即，被上诉人提前设定了结果，后来的鉴定只是为了巩固自己的臆断，但是一审法院却采纳了此有意鉴定。

3. 对上诉人×××2与被上诉人之间变更合同的认定存在错误

在本案中，双方只对交货时间进行了变更，并没有对付款方式进行变更，所以，被上诉人应该按照合同的约定继续付款，如不付款即构成违约。

4. 既然被上诉人目测质量不合格，为何会派×××3 的妹妹验货、过秤并同意发货？为何第一批到达××省份第三方后，被上诉人不当面验货并提出质量不合格进而拒收，而是同意上诉人卸货并等待基础做好后进行安装？

5. 导致被告迟延交货的原因是负责接收的第三方不具有安装的条件，且双方已经就迟延交货达成了协议，但并没有对付款达成协议，一审法院并没有将此作为判定上诉人延期交货的原因。

（三）本案对违约方认定不准

本案的违约方是被上诉人，而不是上诉人。

1. 被上诉人自身对定作产品界定不明。

被上诉人与上诉人签订的合同标的钢结构是"镀锌型材"，而被上诉人与第三方签订的合同是"热镀锌型材"，一字之差，谬以千里。这是导致最终交付产品质量不合格的主要原因。

2. 被上诉人不按照双方约定付款在先，也即违约在先。

3. 上诉人长途跋涉，自己出运费，并同时派出 9 个安装工人到达现场，随时准备卸货安装，说明上诉人并没有违约。第二批货到后，在对方拒绝支付货款后，将货物交由第三方保管属于提存，是行使不安抗辩权的合理行为，其有权行使留置权，此行为是合法行为，并不构成违约。

4. 本案合同标的 10 台冷却塔并未实际安装，只是将零部件运抵，被上诉人就目测判定质量不合格，且一审法院认可了其目测判定结果。

综述，一审法院对违约的责任主体定性不准。

（四）一审法院判定被告××××空调设备有限公司为第一责任人的事实发生错误

1. 合同的签订人是×××2，合同的收款人也是×××2，被告××××空调设备有限公司并不是合同的签订人，也没有任何公司行为在内。

2. ××××空调设备有限公司是独立的法人，与其股东×××2 之间是两个独立的主体。××××具有独立的财产权、独立的责任，有独立承担责任能力。所以，其股东×××2 与其投资的一人公司之间的关系不能想当然地加以混同认定。

3. ×××2 虽是××××空调设备有限公司的一人股东，但是×××2 除投入公司的财产外，还有自己的其他财产，且合同的签订人是×××2，而不是×××2 所投资的××××空调设备有限公司。

综上，一审法院以×××2 是××××空调设备有限公司的股东，简单地认定××××空调设备有限公司与×××2 的个人财产存在混同行为，明显事实不当。

二、本案据以做出违约认定的证据不足

（一）认定上诉人违约的证据不足

1. 一审法院超越了当事人就交付时间的变更的认定，而自动扩大到对付款方式变更的认定，很显然不具备中立者的裁判原则。

2. 一审法院无视被上诉人不按规定付款的违约在先的事实。

3. 迟延交付是因为第三方没有打好基础，无法安装，即是被上诉人的原因导致的迟延，且是双方认可的，不能算上诉人违约。

（二）认定产品质量不合格的证据不足

1. 鉴定结论的检材不是争议合同项下约定的检材。

2. 据以判定上诉人违约的技术协议并没有签证盖章，也即没有法律效力，不是协议，仅是合同书草案。

（三）认定××××空调设备有限公司作为第一被告并承担责任的证据不足

××××空调设备有限公司也没参与签订、履行合同，其与本案无关，且被上诉人并没有提供××××空调设备有限公司与×××2财产混同的证据，所以，本案据以认定××××空调设备有限公司的责任认定明显缺乏证据。

三、本案存在程序错误

（一）本案不适用简易程序

本案主体之间交叉混乱，案情复杂，双方争议较大，据以认定案件的主要事实需要鉴定，还有其他的证据需要法院调取。本案一审被告还提出了反诉，这些都需要有充足的时间以保障当事人权利的行使，因此，本案不适用简易程序。

本案从20××年××月××日立案，到20××年××月××日出判决，历时8个半月，即便是除去鉴定时间2个月，也还是用了6个多月的时间，所以，本案采用的普通程序，而不是简易程序。

（二）质量鉴定程序不合法

1. 被告对质量鉴定结论不服，一审法院应该组织双方另选鉴定机构，重新进行鉴定。

2. 鉴定的检材是被上诉人单方提供，且是零部件，不是合同约定项目下的成品，而是暴露一年的部分零部件。检材暴露在露天环境中，风吹日晒雨淋，无法与提供当时的质量进行比较。

3. 申请鉴定的结论确定，鉴定只是走形式，印证其结论而已。

4. 鉴定人未出庭接受上诉人和法庭的当庭质询，明显存在程序错误。

四、本案适用法律错误

（一）没有适用合同法关于加工合同的相关规定作为判定依据

1. 没有适用合同法中关于加工的相关法律规定。

本案是加工合同纠纷，在合同法"加工承揽合同"部分有相关规定，加工承揽合同是有名合同，在遇到纠纷时，应优先适用该规定。但从本案判决结果所依据的法律条文来看，并没有实际引用该部分的任何一条规定，不涉及实体，何来判定，又是如何得出加工合同争议的？一审法院没有依案由进行判定。

2. 一审法院对上诉人违约的判定没有适用实体法，没有用加工合同的理论去解释与判定。

一审法院对本案定性不准，所以，在违约的判定上，并没有采用加工合同实体法的相关规定来进行判定，且双方只约定交货时间发生变更，并没有变更付款时间与方式。

3. 对支持被上诉人解除合同的主张适用法律认定错误。

即没有采用加工合同的相关规定进行判定。本案中双方并没有约定解除的条件，所以，被上诉人擅自解除合同，导致上诉人严重受损。合同的解除依据是原合同法的第九十四条（现《民法典》第五百六十三条），而不是九十三条（现《民法典》第五百六十二条），且第九十三条没有第三项。

本案不涉及人格否认制度，所以，不能适用公司法人格否认的有关规定来判定××××空调设备有限公司承担责任，且在本案中，××××空调设备有限公司还是第一被告，第一责任人，如前所述，正是因为一审法院认识错误，才会适用法律错误。

综上，请求贵院在依法查清事实，分清是非，补充证据，正确适用法律的基础上，撤销原判决，或直接改判，或发回重审，以维护上诉人的合法权益。

此致
××市中级人民法院

上诉人：×××公司
20××年××月××日

保全证据公证申请书

×××，性别，19××年××月××日生，民族，住××省××市××县××××空调设备有限公司院内，身份证号：××××××××××××××××，联系电话：×××××××××。

事实与理由：

因我方与×××1于20××年××月××日签订了"冷却塔供货协议"，我方按期交付定作物品，但因为第三方公司未打好安装地基，导致第一期货未安装而卸载并存放至第三方。第二批货到后，对方依然不按照约定付款。无奈，我方只能将货物运回，交由别人提存保管。后×××3起诉我及我公司，一审判决中就我交付并寄存在第三方×××公司的部分零部件进行了鉴定，说我方产品质量不合格，因此判决解除合同。我方上诉后，二审维持原判。为证明我方提供的产品质量合格，我方欲对不同型材的钢焊接处理后出现不同程度生锈状态的冷却塔等空调行业常识性知识进行公证保全，以便于呈现在法庭上供法庭进行判断，并以此推翻质量鉴定报告的错误结论。为此，特向贵处就镀锌与非镀锌型材两种工艺下不同类型的钢材进行焊接处理后存在不同程度生锈状态进行保全证据公证。

保全证据后的用途：向对方主张权利或用于诉讼。

证据取得的方式、方法：将采用拍照、摄像、录音的方式对证据进行保全。

申请人：×××公司×××2
20××年××月××日

保全明细

一、检材来源

来自申请人×××2从第三方运回来的立柱钢管、槽钢和角钢。

二、保全目的

1. 证明镀锌和非镀锌的型材在焊接后均存在不同程度的生锈。

2. 证明生锈是钢材焊接后的正常性现象。

3. 证明即使焊接后存在不同程度生锈的钢材会在安装时做进一步的防腐与除锈处理，不会影响到整个冷却塔的质量。

三、保全过程

1. 到×××处提取检材；

2. 到河北××公司进行镀锌处理，并在等待间隙完成对其他型材的焊接与防腐除锈处理。

3. 由2名公证员采用拍照、摄像、录音的方式对证据进行全程录像跟踪、封存、保管与保全。

四、保全内容

1. 黑钢的立柱钢管、槽钢和角钢的焊接；

2. 黑钢的立柱钢管、槽钢和角钢的焊接后的防腐除锈处理；

3. 黑钢的立柱钢管、槽钢和角钢的焊接后镀锌处理；

4. 镀锌型材下的立柱钢管、槽钢和角钢立柱钢管、槽钢和角钢的焊接；

5. 镀锌型材下的立柱钢管、槽钢和角钢立柱钢管、槽钢和角钢的焊接后的防腐除锈处理。

新证据说明

一、保全证据检材来源

来自申请人×××从×××公司运回的立柱钢管、槽钢和角钢，及合同项下约定的镀锌型材的检材。

二、保全过程

1. 到×××处提取检材，并进行分类和编号；

2. 在××××空调设备有限公司由具有焊接资格证的师傅进行对镀锌、黑钢等型材的焊接与防腐除锈处理。

3. 由2名公证员采用拍照、摄像、录音的方式对证据进行全程录像跟踪、封存、保管与保全。

三、保全内容

1. 黑钢的立柱钢管、槽钢和角钢的焊接；

2. 黑钢的立柱钢管、槽钢和角钢的焊接后的防腐除锈处理；

3. 镀锌型材下的立柱钢管、槽钢和角钢立柱钢管、槽钢和角钢的焊接；

4. 镀锌型材下的立柱钢管、槽钢和角钢立柱钢管、槽钢和角钢的焊接后的防腐除锈处理。

四、保全意义

为了推翻一审及二审中的原告提供的证明申请人提供冷却塔的零部件不合格的鉴定结论。

五、证明目的

1. 证明镀锌和非镀锌的型材在焊接后均存在不同程度的生锈。

2. 证明生锈是钢材焊接后的正常性现象。

就鉴定报告的补充意见

一、对鉴定报告的几点看法

1. 该报告是一份法院委托的司法鉴定报告，鉴定单位应有 GB/T 13912、GB/T 26106 的司法鉴定资质。

2. GB/T 13912、GB/T 26106 是国家推荐标准，企业可不执行，但必须有自己的企业标准，合同签订双方的均可，自己企业的、镀锌企业的均可以。

3. 镀锌分为热镀锌和电镀锌，电镀锌也叫冷镀锌。热镀锌较厚，粗糙，耐腐蚀，用于野外工程的型材如角钢、槽钢等常采用。电镀锌较薄，光洁漂亮，前几年的自行车的车把就是电镀锌即为冷镀锌。

4. 该报告的抽样存在问题

发货单中四种钢结构银锌型材总计为 1 516 件。依据国标 GB/T 13912-2002《金属覆盖层钢铁制件热浸镀锌层技术要求及试验方法》"5 抽样"可知，检测的制件数量为 1 201~3 200 件，样本所需制件的最小数量为 8 件。其将 1 516 件看作一个批次，每种型材抽取了 2 个样品，共抽取了 10 个。1 516 件型材的厚度应该不会都一样，相同厚度的型材应视为一个批次。当制件的钢材厚度不同时，则每一厚度范围的制件都应视为单独的处理批次，其镀层厚度都应分别达到表 3-1 和表 3-2 中的相应的值。

5. 热镀锌型材按标准 GB/T 13912 分为经离心处理的和未经离心处理的 2 种。镀锌层厚度要求相差很大。

表 3-1　未经离心处理的镀层厚度最小值

制件及其厚度/mm	银层局部厚度/μm min	镀层平均厚度/μm min
钢厚度≥5	70	85
-3≤钢厚度<6	55	70
1.5≤钢厚度<3	45	55
钢厚度<1.5	35	45
铸铁厚度≥6	70	80
铸铁摩度<6	60	70

注：本表为一般的要求，具体产品标准可包含不同的厚度等级及分类在内的各种要求，在和本标准不冲突的情况下，可以增加厚度的镀锌要求和其他要求。

表 3-2　经离心处理的镀层厚度最小值

制件及其厚度/mm		镀层局部厚度/μm min	镀层平均厚度/μm min
螺纹件	直径≥20	45	55
	6≤直径<20	35	45
	直径<6	20	25
其他制件（包括铸铁件）	厚度≥3	45	55
	厚度<3	35	45

注：①本表为一般的要求，紧固件和具体产品标准可以有不同要求。
　　②采用爆锌代替离心处理或同时采用爆锌和离心处理的镀锌制件见附录 C.4（附录略）。

但鉴定单位为什么按未经离心处理判定？依据是什么？GB/T 13912-2002《金属覆盖层钢铁制件热浸镀锌层技术要求及试验方法》中"未经离心处理的镀层厚度最小值"要求如所表 3-3 所示。

表 3-3　未经离心处理的镀层厚度最小值

制件及其厚度/m	镀层平均厚度
钢厚度≥6	85
3≤钢厚度<6	70
1.5≤钢厚度<3	55
钢厚度<1.5	45
铸铁厚度≥6	80
铸铁厚度<6	70

注：本表为一般的要求，具体产品标准可包含不同的厚度等级及分类在内的各种要求，在和本标准不冲突的情况下，可以增加厚度的镀锌要求和其他要求。

6. 镀锌层防腐寿命10年和镀锌防腐处理后的钢件寿命10年，不是一个概念。防腐处理后的型材经切割、打孔、开槽、焊接等加工形成用于工程的钢构件，经加工的地方已经露出了基材，不具备防腐能力，一般会粉刷银粉防腐。银粉的防腐能力和镀锌有天壤之别，应按常规要求定期进行维护，每隔一段时间进行第二遍、第三遍的粉刷才能满足要求。防腐层10年寿命应是指防腐层10年内不会被腐蚀透。防腐的钢构件10年寿命应是指钢构件10年内不会弯曲、断裂等影响性能的变化。"技术协议"中"钢结构件防腐"要求"采用山钢集团公司优质钢材，防腐程序：碱洗除油—水洗—酸洗除锈—表面磷化—镀锌处理防腐寿命10年以上""正常使用条件下，经防腐处理后的钢构件使用寿命10年以上"。

7. 因为其抽样的不正确，导致其最后的鉴定结论不正确。按行业内规定，如果抽样方法和数量不正确，则该报告作废。综上所述：样品1支撑结构未做镀锌处理，已发生腐蚀，不符合"技术协议"要求，样品2、样品3、样品5镀锌层厚度不符合GB/T 13912-2002《金属覆盖层 钢铁制件热浸镀锌层技术要求及试验方法》及"技术协议""防腐寿命10年以上"要求，样品4符合GB/T 13912-2002《金属覆盖层钢铁制件热浸镀锌层 技术要求及试验方法》"技术协议""防腐寿命10年以上"要求。

8. 标准GB/T 13912还规定，防腐层不合格应加倍抽样检验。该报告没有加倍抽样检验判定。如果样本的镀层厚度不符合这些要求，则应在该批制件中双倍取样（制件数少于最低取样数则取全部制件进行试验）。若这一较大的样本通过了试验则视该批制件合格；若通不过，则不符合要求的制件应报废，或经需方允许重镀。第二句话是说，假设该报告抽样正确，检验的单项结果也正确，样品1、2、3、5不合格，样品4合格，但样品4的数量较大，也应判定该批被检验钢构件合格。

二、就鉴定结论的补充法律意见

1. 鉴定结论的检材不是争议合同项下约定的检材——安装完成并经调试合格的冷却塔。该检材只是第一批货物的部分零部件。鉴定的检材是被申诉人单方提供的零部件，且是暴露一年之后的部分零部件，不是合同约定项目下的成品，检材暴露在露天环境中，风吹日晒雨淋，无法与供货当时的质量进行比较。

2. 据以认定申请人交货质量不合格的鉴定结论明显违背常识。

不论是镀锌型材，还是非镀锌型材，经焊接处理，由于破坏了镀锌层，必然会生锈，而该鉴定结论说镀锌型材只是工艺，安装与否不影响质量，明显违背常识，违反"安装协议"的约定。在申请人对鉴定结论提出异议的情况下，原判决在没有其他证据的情况下，在违背常识的认知下，判定申请人违约，明显证据不足。关于此部分，申请人已经就此做了公证，并以公证书的形式提交给了法庭。

3. 原判决质量鉴定的程序不合法

（1）被告对质量鉴定结论不服，一审法院应该组织双方另选鉴定机构，重新进行鉴定。

（2）申请鉴定的结论早已确定，鉴定只是走形式、印证其预设结论而已。

（3）在鉴定意见存在质疑的情况下，鉴定人未出庭接受上诉人和法庭的当庭质询，明显存在程序错误。

申请人：××××空调设备有限公司

×××2

20××年××月××日

再审申请书

申请人（一审被告，反诉原告，二审上诉人）：×××，男，19××年××月××日生，汉族，住××省××市××县××××空调设备有限公司院内，身份证号：×××××××××××××××，联系电话：×××××××××××，邮寄地址：××省××县×××镇×庄××工业园××××设备有限公司院内。

申请人（一审原告，二审上诉人）：××××空调设备有限公司，住所地：××省××县×××镇×庄××工业园。统一社会信用代码：××××××××××××××××，联系电话：××××××××××××，邮寄地址：××省××县×××镇×庄××工业园××××空调设备有限公司院内。

法定代表人：×××2，职务：经理

被申请人（一审原告，反诉被告，二审被上诉人）：×××，女，汉族，19××年××月××日生，住××省××县城区××北路××号，身份证号：×××××××××××××××，联系电话：××××××××××，邮寄地址：××省××县城区××北路××号。

再审申请人与被申请人加工合同纠纷一案，申请人不服××省××市（20××）鲁××（法院代码）民终××号民事裁定书，依据《中华人民共和国民事诉讼法》第二百条第一款第（一）项、第（二）项、第（六）项之规定，向××省××人民法院申请再审。

一、再审请求

请求贵院依法撤销××省××市（20××）鲁××民终××号民事判决书，发回重审或者在查清事实的基础上直接依法改判。

二、申请事由

再审申请的法定情形：根据《中华人民共和国民事诉讼法》第二百条第一款第（一）项有新的证据，足以推翻原判决、裁定，第（二）项原判决、裁定认定的基本事实缺乏证据证明的，第（六）项原判决、裁定适用法律确有错误的，特提出如下再审请求。

三、具体事实与理由

（一）申请事由一：符合《中华人民共和国民事诉讼法》第二百条第一款第（一）项有新的证据，足以推翻原判决。具体理由如下：

1. 原判决认定上诉人违约的证据不足

（1）对合同付款方式变更的认定证据不足

原判决超越了当事人仅就交付时间变更的认定，而自动扩大到付款方式变更的认定，明显没有坚持中立者的裁判原则，更不符合法院审理以诉讼请求范围为限的民事诉讼法原则。

（2）认定被申请人没有违约的证据不足

原判决无视被申请人不按规定付款的违约在先的事实，而草率地将申请人认定为单方违约的证据不足。

（3）对方未提供申请人迟延交付的反驳证据

迟延交付是因为第三方没有打好基础，无法安装，即是被申请人的原因导致交货迟延。正是由于指定收货的第三方没有完成前期的地基配套工作，导致申请人无法安装，这才是双方变更交付时间的根本原因。但原判决对申请人提交的短信聊天记录没有认定，且对方没有提供相反的证据对此予以否定。

2. 认定产品质量不合格的证据不足

（1）鉴定结论的检材不是争议合同项下约定的检材——安装完成并经调试合格的冷却塔，该检材只是第一批货物的部分零部件。

（2）据以判定申请人违约的"技术协议"并没有被申请人的签字盖章，因此，对申请人没有法律效力，更不具有拘束申请人交货质量的法律效力。

（3）据以认定申请人交货质量不合格的鉴定结论明显违背常识，不论是镀锌型材还是非镀锌型材，经焊接处理，在焊接后必然会生锈，而该鉴定结论说镀锌型材只是工艺，安装与否不影响质量，明显违背常识，违反"安装协议"的约定。在申请人对鉴定结论提出异议的情况下，原判决在没有其他证据的情况下，在违背常识的认知下，判定申请人违约，明显证据不足。

3. 原判决认定××公司作为第一被告并承担责任的证据不足

××公司没有参与签订、履行合同，所以，本案与其无关，且被申请人并没有提供××公司与×××财产混同的证据，所以，本案据以认定××公司的责任认定明显缺乏证据。

（二）申请事由二：符合《中华人民共和国民事诉讼法》第（二）项原判决、裁定认定的基本事实缺乏证据证明的。具体理由如下：

1. 原判决认定事实严重错误

（1）原判决对本案当事人主体资格是否适格存在认定错误

①对原告的主体资格认定发生错误。

本案争议的直接证据是"冷却塔供货安装协议"（以下简称"安装协议"），从双方签字双方来看，签订人是×××1，而不是被申请人×××3，因此，从合同的相对性来看，被申请人×××3不具有起诉的主体资格。

依据被申请人提供并以此来判定申请人提供的产品存在质量不合格的标准——技术协议来看，被申请人也不具有主体资格，因该技术协议的提供人是×××空调集团有限公司。×××空调集团有限公司是独立的法人，与×××3是不同且相互独立的主体，且该技术协议并未由双方主体的盖章，但从落款主体来看，一方是涉案的第三方福建公司，一方是×××空调集团有限公司，并不能体现王××在本合同中的主体资格，更不能自然推定王××与申请人之间争议事项应该受到技术协议的约束。其从法律责任主体上来看，不管×××空调集团有限公司与×××3之间是什么法律关系，抑或不存在法律关系，×××空调集团有限公司与×××3是相互独立的民事主体，在法律上不能混同，所以，该技术协议不能作为约束申请人万××供货协议中的质量标准要求，更不能证明×××3是本案适格的诉讼主体。

②原判决对本案××公司的被告资格认定错误。

安装协议的签订人是×××2，合同的履行人也是×××2，而不是×××空调集团有限公司。因为×××2是完全民事行为能力人，×××2是公司法人，二者都具有独立的民事行为能力与责任能力。所以，二者不是同一主体，原判决仅仅依据×××2是××××空调设备有限公司的股东，就认定×××2是××××空调设备有限公司，××××空调设备有限公司是×××2，×××2的行为就是××××空调设备有限公司的行为，很显然，是原判决对申请人××××空调设备有限公司的主体资格发生了事实上的认定错误。

③在主体的认定上，原判决对申请人与被申请人及××××空调设备有限公司采用双重的判定标准，导致最终发生了定性不准的逻辑错误。

本案存在对争议双方主体资格认定的双重标准，在判定×××3时采用的标准与万××不同，从×××3提供的材料来看，王××不具有原告的主体资格，不应视为×××3个人的行为，并将其与××××空调设备有限公司割裂，并没有用混同的标准来判定×××3与××××空调设备有限公司之间的关系，也没有采用的标准进行人格否认判断。而在判定×××2时，将×××2的个人行为与其公司行为生硬地联系在一起，从而以人格否认为标准，将×××2投资的具有独立法人资格的公司视为×××2与其公司之间的混同行为，并认定×××2与其公司均为本案的被告以承担连带责任。很显然，一审法院的双重认定标准，导致了本案发生严重的错误，二审法院认为×××2是职务行为但又判定万××与其公司一起承担连带赔偿责任，很显然是相矛盾的。且王××与×××空调设备有限公司之间是什么关系？是代理关系、借用资质关系还是股东关系？该问题直接影响到本案主体的适格问题。×××2究竟是个人行为还是职务行为，关系到本案的起诉与反诉的责任主体，所以，原判决必须查清楚。但是原判决却漏审了此内容，并采用双重标准简单做了推断，很显然王××是不是本案适格的原告，××公司是不是本案适格的被告，都需要通过证据加以佐证。对此主体问题，很显然原判决没有认定准确。

可见，本案中被申请人×××2是完全民事行为能力人，与合同的签订者×××1，技术的提供者×××空调设备有限公司，都不是同一主体。所以，究竟谁是本案适格的原告与被告，原判决均未进行明确的界定。从原判决的证据来看，×××2与本案无事实上的法律关系，不符合起诉条件，应予以驳回。

（2）原判决对申请人质量不合格的认定与事实不符

①原判决对质量不合格对象认定不清。

本案是"交钥匙工程"，按约定最终应交付成品——安装完毕并调试合格的冷却塔，所以，最终认定产品质量合不合格的应该是安装完毕并调试合格的冷却塔，而不是未组装的零部件，而本案认定质量不合格是第一批货物的部分组装零部件，且仅仅是暴露在空气中一年后并没有采取任何防护措施的部分组装零件。但是本案中认定质量不合格的对象不是成品，却是部分零部件，很显然，本案不能以偏概全，更不能以零部件代替成品，并据此做出还未来得及安装的冷却塔整机的质量不合格的认定。

②原判决认定申请人交付产品质量不合格的主观动机错误。

庭审及判决中，被申请人多次提到目测判定质量不合格，带有明显的主观臆断性，也即，被申请人提前设定了不合格的结果。随后被申请人申请的鉴定只是为了巩固自己的臆断，而结果上鉴定结论竟然符合了被申请人的主观臆断。更不能接受的是原判决明显未对质量究竟是否违约的事实进行法律的判断，却直接采纳了此"有意"鉴定结论，从而导致了申请人的损失无法挽回。

③原判决据以判定申请人交付货物质量不合格唯一证据——鉴定结论明显违背常识。

任何型材，不管是安装协议约定的"镀锌"型材，还是技术协议中的"热浸锌"（也称为"热镀锌"）型材，在定作加工处理中，必然会根据定作者的要求进行不同尺寸及形状的切割处理，也必然存在对切割的焊接处理工艺。关键是在焊接的过程中，无论是什么样的型材，在经高温燃烧后表层的镀锌层会被破坏，在焊接处必然会呈现生锈的状态，所以，组装部件中存在生锈属于冷却塔零部件工艺处理中必然存在的常识性现象，也属于该供货协议约定下必然会存在的现象。因为本次供货是"交钥匙工程"，所以，对该生锈在安装时申请人会先行进行除锈防腐处理，确保最终安装完成的冷却塔达到约定的质量要求。但正是这样一个常识却成为被申请人违约的关键事实，成为原判决认定申请人违约的关键事实及关键证据。很显然，无论是作为冷却塔生产同行的被申请人、技术协议的提供者××××空调设备有限公司，还是具有专业鉴定资质的鉴定人、行使审判权的人民法院，都犯了同一个常识性错误。

④原判决对申请人×××与被申请人之间变更合同的认定存在错误。

在本案中，双方只对交货时间发生了变更，并没有对付款方式等其他内容进行变更，所以，被申请人应该按照原合同约定的条件继续付款，如不付款即构成违约。所以，本案是被申请人违约在先。

⑤原判决漏审了该笔货物是经被申请人检验合格后才发货到第三方的事实。

申请人交付的货物无论是质量还是重量都是合格的，因为在发货前被申请人的妹妹在×××2处进行了验货、过地泵称重等质量把关行为。可见，所有的货物都是经被申请人进行检验后才发货的，为何第一批指定交付的货物到达第三方一个月后，被申请人不当面验货并提出质量不合格直接拒收，而是指使申请人卸货并承诺等待基础做好后进行安装？等到申请人的第二批货物全部运抵第三方后才以质量不合格为由，拒不付款。

⑥原判决对延迟交货的原因认定不准。

申请人迟延交货的原因是负责接收的第三方不具备安装的条件，且申请人与被申请人之间已经就迟延交货达成了新的协议，但并没有对付款达成协议，原判决并没有将此作为判定申请人延迟交货的原因。

（3）原判决对违约方认定不准

本案的违约方是被申请人，而不是申请人。

①原判决对合同项下的定作产品界定不明。

被申请人与申请人签订的合同标的钢结构是"镀锌型材"，而被申请人与第三方签订的合同是"热镀锌型材"（或热浸锌），一字之差，谬以千里。这是导致最终交付产品质量不合格的主要原因。

②本案核心的争议是以为被申请人不按照双方约定付款在先，也即违约在先，但原判决对此没有予以准确的界定，从而导致了申请人的权益得不到有效维护，法律的公信力受到影响。

③申请人长途跋涉自己出运费并一下子派出10个安装工人到达现场，随时准备卸货安装，说明申请人并没有违约。第二批货到后，经多次交涉，在被申请人拒绝支付货款后，申请人只得将货物交由第三方保管的行为属于提存，是申请人行使不安抗辩

权的合理行为，是合法行为，并不构成违约。

④本案合同标的即 10 台冷却塔并未实际安装，只是运抵少数零部件，被申请人就目测判定质量不合格。且原判决竟然认可了其目测判定的结果，将申请人的反对意见置之不理。

（4）原判决对利息的认定明显存在错误

①在供货协议中并没有对货款延期支付或退款的事项进行利息的约定。

②在被申请人以第一批货物的部分零部件不符合质量为由的单方行使解除权的通知中执行设定利息为 1.5 分。

③该利息的产生前提是本金，应该在对应的借贷合同关系中，但本案是定作加工关系。按 1.5 分利息计算，被申请人在订立时及履行合同的过程中，明显不符合诚实信用原则。

④该 1.5 分的利息性质是什么，是货款产生的孳息？如果是孳息应按照银行存款利率来算，也不应该按 1.5 分的高利贷利率来计算。

综上，原判决对违约的责任主体及违约事实定性不准。

（5）原判决判定被申请人××公司为第一责任人的事实发生错误

①合同的签订人是×××2，合同的收款人也是×××2，申请人××××空调设备有限公司并不是合同的签订人，合同签订过程也没有任何××××空调设备有限公司的行为在内。

②××××空调设备有限公司是独立的法人，具有独立的财产权、独立的名义，独立责任承担能力，与其股东×××2 之间是两个独立的主体。所以，其股东×××2 与其投资的一人公司之间的关系不能想当然地加以混同认定。

③×××2 虽是××××空调设备有限公司的一人股东，但是×××2 除投入公司的财产外，还有自己的其他财产，且合同的签订人是×××2，而不是×××2 所投资的××××空调设备有限公司。

④原判决把×××2 的行为认定为职务行为，存在明显不当。既然×××2 是职务行为，那么应判定××××空调设备有限公司承担责任，而结果却又为何会维持一审判决，让×××2 与××××公司一起承担连带责任。很显然，原判决一方面坚持了人格否认，进而推定××××空调设备有限公司与×××2 混同，另一方面又没有将混同坚持到底，又将×××2 的行为视为职务行为。混同是连带责任，职务行为是由公司独立承担责任，而不能将股东直接作为责任主体。很显然，这是两种不同的归责方式，最终的责任承担方式也不同。但原判决最后却维持一审判决，并将诉讼费用全部分配给×××2 本人，将这种错误认定坚持到底。

综上，原判决以×××2 是××××空调设备有限公司的一人股东，简单地认定××××空调设备有限公司与×××2 的个人财产存在混同行为，让二申请人承担连带责任，明显属于事实认定错误。

（三）申请事由三：符合《中华人民共和国民事诉讼法》第（六）项原判决、裁定适用法律确有错误的。具体理由如下：

1. 原判决适用法律错误

（1）没有适用合同法的相关规定作为判定依据

①没有适用合同法中关于加工定作的相关法律规定作为判定依据。

本案是加工合同纠纷，约定在合同法"加工承揽合同"部分，加工承揽合同是有名合同，在遇到纠纷时，应优先适用该规定。但从本案判决结果所依据法律条文来看，实际并没有引用该部分的任何一条规定，不涉及实体，何来判定，又是如何得出加工合同争议的。一审法院没有依案由进行判定。

②原判决对申请人违约的判定没有适用实体法，没有用加工合同的理论去解释与判定。

原判决对本案定性不准，所以，在违约的判定上，并没有采用加工合同的实体法的相关规定来进行判定，且双方只约定交货时间发生变更，并没有变更付款时间与方式等其他内容。

③对支持被申请人解除合同的主张适用法律认定错误。

因为本案没有采用加工合同的相关规定进行判定。本案中双方并没有约定解除的条件，所以，被上诉人擅自解除合同，导致上诉人严重受损。合同解除的法律依据是原合同法第九十四条（现《民法典》第五百六十三条），而不是九十三条（现《民法典》第五百六十二条），且九十三条没有第三项。很显然，一审法院犯了最低级的错误，二审法院竟然没有予以纠正，直接予以维持原判。二审法院的监督职能体现在哪里？

（2）本案不适用公司法中的人格否认法律规定

本案不涉及人格否认制度，所以，不能适用公司法的人格否认的有关规定来判定××公司承担责任。且在本案中，无论是××空调设备有限公司，还是第一被告、第一责任人，如前所述，正是因为原判决认识错误，才会适用法律错误。

2. 原判决存在程序错误

（1）本案不适用简易程序

本案主体之间交叉混乱，案情复杂，双方争议较大，据以认定案件的主要事实需要鉴定，还有其他的证据需要法院调取，申请人还在一审中提出了反诉请求，这些都需要有充足的时间以保障当事人权利的行使，因此，本案不适用简易程序。

本案一审从2019年2月19日立案到2019年10月31日出判决，历时8个半月，即便是除去鉴定时间2个月，也还是用了6个多月的时间。所以，本案采用的普通程序，而不是简易程序。

（2）原判决质量鉴定的程序不合法

①被告对质量鉴定结论不服，一审法院应该组织双方另选鉴定机构，重新进行鉴定。

②鉴定的检材是被上诉人单方提供的零部件，且是暴露一年之后的部分零部件，不是合同约定项目下的成品，检材暴露在露天环境中，风吹日晒雨淋，无法与供货当时的质量进行比较。

③申请鉴定的结论确定，鉴定只是走形式、印证其预设结论而已。

④鉴定人未出庭接受上诉人和法庭的当庭质询，明显存在程序错误。

（3）原判决程序错误

二审法院仅仅做了法庭调查，并没有按照事先征求的意见进行调解，并对案件的事实进行全面的了解、认定和最终的判定。

二审法院在做出判决十多天后才通知申请人领取判决书，间隔时间太长，这又如何解释？

（4）一审法院执行程序错误

二审判决下达前，一审法院已经对申请人×××2进行了"限高"的裁定，且并未通知×××2。一审法院的做法明显超越执行权限，且在二审判决下达前，一审法院刚刚下达"续封"的裁定。既然"续封"，且是足额查封，为何还要"限高"，是不是违规操作？且在案件未进入执行程序前就限高，是不是操之过急？

3. 原判决并没有考虑到判决所产生的社会效果

被申请人以××公司的名义与第三方公司签订冷却塔的订购协议，但并没有直接让××公司供货给第三方，而是让×××1与×××2签订安装协议，从×××2处购买冷却塔，并将"热镀锌型材"调换为"镀锌型材"，从而为以后的质量不合格埋下了隐患。×××1签订合同后，由×××3的妹妹进行质量监督，并由×××3付款进行交涉，三个人将×××2牢牢套住，从而导致了本案中×××2的巨大损失。×××2始终按照合同的约定抓紧时间进行生产，但是，因为第三方没有将冷却塔安装的前期基础工作做好，双方进行了交货的顺延，但并未进行付款等方面的变更或者事后达成新的补充协议。所以，在×××2起运第二批货时被申请人×××3就应该按照约定付款8×万，当×××2将货物运抵第三方时，被申请人应该按约定将货款付至9×万，正是因为被申请人拒绝付款，×××2才不得不行使后履行抗辩权，将货物拉回提存至第三方仓库。此时，×××2依然具有履行合同的诚意与能力。但是，被申请人却以第一批货物的部分零部件不符合质量为由，单方行使解除权，并将利息自行设定为1.5分，且一审法院完全支持了被申请人的意见，二审法院维持了原判。一审法院没有考虑到本合同是定作合同的特点，这些冷却塔只能用于本合同的交付，而不能作为他用，且万××运抵第三方的第一批货物价值20多万元，加之两次运抵的费用、定作产品的不可替代性，申请人前后损失9×多万元，原判决并没有判决支持申请人的反诉请求。在本纠纷中，一审和二审法院并没有采用公平原则，在判决合同解除后，将申请人的损失减少到最小，尽可能去恢复到纠纷前的状态。原判决很显然只维护了被申请人的利益，而没有考虑到申请人的利益损害，且被申请人方由×××1签订合同，×××3的妹妹负责监工和检验，×××3负责付款，并假借×××集团公司的名义签订合同，欺骗申请人，但是最终被申请人却胜诉了，这样的判决何以服人心、平争议？何以收到良好的社会效果？

综上，请求贵院依法查清事实，分清是非，补充证据，在正确适用法律的基础上，撤销原判决，或直接改判，或发回重审，以维护申请人的合法权益。

此致

××省高级人民法院

申请人：×××空调设备有限公司

申请人：×××2

20××年××月××日

（四）《民法典》法律条文指引

第五百八十五条【违约金】当事人可以约定一方违约时应当根据违约情况向对方支付一定数额的违约金，也可以约定因违约产生的损失赔偿额的计算方法。

约定的违约金低于造成的损失的，人民法院或者仲裁机构可以根据当事人的请求予以增加；约定的违约金过分高于造成的损失的，人民法院或者仲裁机构可以根据当事人的请求予以适当减少。

当事人就迟延履行约定违约金的，违约方支付违约金后，还应当履行债务。

第五百八十六条【定金担保】当事人可以约定一方向对方给付定金作为债权的担保。定金合同自实际交付定金时成立。

定金的数额由当事人约定；但是，不得超过主合同标的额的百分之二十，超过部分不产生定金的效力。实际交付的定金数额多于或者少于约定数额的，视为变更约定的定金数额。

第五百八十七条【定金罚则】债务人履行债务的，定金应当抵作价款或者收回。给付定金的一方不履行债务或者履行债务不符合约定，致使不能实现合同目的的，无权请求返还定金；收受定金的一方不履行债务或者履行债务不符合约定，致使不能实现合同目的的，应当双倍返还定金。

第五百八十八条【违约金与定金竞合时的责任】当事人既约定违约金，又约定定金的，一方违约时，对方可以选择适用违约金或者定金条款。

定金不足以弥补一方违约造成的损失的，对方可以请求赔偿超过定金数额的损失。

第五百八十九条【拒绝受领和受领迟延】债务人按照约定履行债务，债权人无正当理由拒绝受领的，债务人可以请求债权人赔偿增加的费用。

在债权人受领迟延期间，债务人无须支付利息。

第七百七十条【承揽合同定义和承揽主要类型】承揽合同是承揽人按照定作人的要求完成工作，交付工作成果，定作人支付报酬的合同。

承揽包括加工、定作、修理、复制、测试、检验等工作。

第七百八十一条【工作成果不符合质量要求时的违约责任】承揽人交付的工作成果不符合质量要求的，定作人可以合理选择请求承揽人承担修理、重作、减少报酬、赔偿损失等违约责任。

第七百七十一条【承揽合同主要内容】承揽合同的内容一般包括承揽的标的、数量、质量、报酬，承揽方式，材料的提供，履行期限，验收标准和方法等条款。

第七百八十七条【定作人任意解除权】定作人在承揽人完成工作前可以随时解除合同，造成承揽人损失的，应当赔偿损失。

典型案例三　加工承揽合同纠纷

（一）案情简介

原告××××自动化科技有限公司与被告××集团有限公司签订一份买卖合同，原告依据××集团有限公司的要求，为被告提供一套机器人设备，以代替目前的人工喷涂，可以提高其产量，还可保护被告的员工安全。但是，原告公司交付的产品并未达到被告的要求，被告后来又增补了一些设备及应用软件，但依然没有达到被告的要求。目前原告以索要欠款为由，在其所在地法院提起诉讼，被告提出了管辖异议抗辩，同时也以产品质量不合格为由起诉至所在地法院，双方就此展开较量。

（二）案情分析

（1）本案是承揽合同纠纷，双方没有约定管辖地，只约定了交货地，那么，本案的管辖权属于哪些法院？被告提出了管辖异议，被驳回，后来被告提出的反诉没有被受理，于是，被告又在自己所在地提起质量瑕疵之诉，但最终因为没有管辖权而被驳回，案件被移送至原告所在地法院。其间，原告提起的诉讼法院的判决已经下达，被告败诉。通常，在同一法院不会做出相冲突的判决，因此，第二次诉讼必然败诉，但本案争议却没有解决。

（2）被告员工在验收单上签字是表示收到货物，还是表示对质量予以认可？且其后双方多次就定作物的质量展开交涉，原告也多次派人进行维修及培训，并认可存在的缺陷，那本案究竟是质量问题还是售后问题，一目了然。

（3）原告认为被告的定作物原本价格是上百万的，但最终被告出价不到30万元，其认为这样的价格根本买不到其想要的定作物。原告认为被告如此低价不配拥有该合同项下的合格产品。所以，原告在一开始就知道其交付的产品存在质量缺陷，直接导致后面纠纷及诉讼，是必然的事实。

（4）被告是个乡镇企业，原本引进机器人生产是为了进行技术创新及保护职工的生命安全，但却因此惹来了麻烦。最终企业花了30万元买了一堆废品。

（5）本案交付的定作物是存在质量问题，还是属于售后问题？在两次诉讼中，我方都提出了质量鉴定，但承揽方拒绝，法官也拒绝，最后并未组织鉴定，直接下达了判决。为此，被告再次提起上诉，二审以维持原判。

（6）本案究竟是交付的产品质量不合格，还是售后服务的问题，需要法院调查清楚，但法院并没有启动质量鉴定程序，彻底解决争议。

（7）本案的代理过程比较艰难，笔者感觉到律师力量的有限性，维权之路任重道远。

（三）法律文书研习指导

管辖权异议申请书

异议申请人：××××有限公司，住所地：××省××市××县××屯镇××大街西首，联系电话：×××××-5078××××，统一社会信用代码：91×××28706×××663

法定代表人：××，经理，联系电话：0×××-507××××

申请事项：对（20××）苏××××民初×××××号提出管辖权异议

理由如下：

申请人因20××年××月××日收到贵院送达起诉书副本的（20××）苏××××民初×××××号××××自动化科技有限公司诉我公司承揽合同纠纷一案，现提出管辖权异议。

依据《中华人民共和国民事诉讼法》第二十三条规定："因合同纠纷提起的诉讼，由被告住所地或者合同履行地人民法院管辖"。本案主要依据商务合同的第二条明确约定交货地点为"××公司院内"，可见，本案的履行地和被告所在地均为××省××市。且被告的抗辩理由是因为产品质量不合格无法实现本合同的目的，被告要求解除合同，返还已经支付的货款，本案的争议点在合同的履行。所以，应以履行地作为本案的管辖地，且本案的被告所在地与合同履行地一致。因此，依据管辖的相关规定，本案应到××省××市××县人民法院进行审理。鉴于上述事实和理由，申请人认为贵院对本案没有管辖权，申请人特依《中华人民共和国民事诉讼法》第三十八条的规定，提出管辖权异议，请依法裁定将本案移送有管辖权的××省××市××县人民法院审理，是为公允为盼。

此致
××省××市××区人民法院

具状人：××集团有限公司

20××年××月××日

答辩状

原告的主张无事实与法律依据，应予以驳回。具体如下：

一、关于商务合同书下货款的支付

1. 被告已经按照商务合同书第三条第1-3项的约定支付了被告总价2×0000元的80%的货款，共计2××000元，原告的证据8"被告付款银行回单"已经得以确认。

2. 按照商务合同书第三条第4项的约定："设备安装调试完成后，调试完成交给甲方客户试生产时5日付完工程款15%"，此处的"安装调试完成"是关键节点。事实上，至今都没有"调试完"，后来原告坚决要求先付款，即使在诉前调解中，被告一直在与其协商处理此事，但终究未果。所以，被告认为本案没有调试完成，不具备付款的条件。

3. 按照商务合同书第三条第5项关于"保固款的支付"的约定："如客户正常使用六个月后无疑义，则必须无条件执行验收"，这里支付条件是"无疑义"正常使用后的六个月内。时至今日，原告直至庭审中对此依然有异议，因被告交付的定作物存在质量问题，未达到原告的使用要求，致使原告订立合同目的无法实现，所以，原告要求解除该合同。

二、关于报价单涉及的货款的支付

1. 首先，报价单与商务合同书是什么关系？我们认为商务合同书包含报价单，所以报价单上的金额6××00元应该包括在2××000中，不应该单独计算及支付。

2. 从报价单与商务合同书的约定内容来看，报价单是为了完成商务合同书项下约定的定作事项及原告又"增加"的项目。很显然，该"增加"是对被告又一次的"敲诈"。这个词虽然不恰当，但是原告的确利用了被告当时处于弱势的心理与状态，既然被告前期已经投入2×0×0元，再投入6×1×0元就可以在被告原有的半自动化的基础上达到全部自动化的程度，被告肯定会接着投资，且原告在合同书中也承诺被告原有的设备和喷漆房等可以接着使用，这种处处为被告着想省钱的承诺，及带着被告相关工作人员去其他成功合作案例现场考察的做法，以上种种行为都说明：原告利用被告急于技术升级的弱势心理，在前期2×0××0合同金额的基础上，间隔2个月后原告再次给被告报价，从而加重被告的开支与经济负担，并最终以索要本笔欠款为由再次趁机以24%的高额利息进行第二次敲诈。即便是增加了项目，原告所提供的机器依然达不到被告订立该承揽合同的目的，致使被告白花一笔冤枉钱，截至庭审被告依然还在使用人工喷涂，且还因为支付尾款被告上法庭，导致其账户被查封冻结，原告的行为已经严重影响其正常生产与经营，给被告造成直接与间接经济损失约3×××××元。

3. 报价单并没有规定支付方式和逾期的利息，因此，即便是原告要求支付，也应该支付该笔6×1×0元的货款，不应该再支付货款之外的其他利息。

三、关于以上货款的利息及违约金

被告按24%的利息进行计算无任何法律依据与事实。

1. 本案属于承揽合同，不是借贷合同，不应按民间借贷利率计算。

2. 被告有余款未结清，有合法与合理的抗辩理由，因此，不属于故意不支付货款，因此，被告并没有构成违约，因此，不应该支付利息。

3. 国家严打高息贷款，为统一降低高利息，每月20日由同业拆借中心公布当月的利率，且特别规定最高利率不得高于该公布利率的4倍。20××年9月，央行公布1年期LPR为3.85%，4倍即为15.4%，远远低于原告诉讼中的24%计算依据。且本规定约束对象为自然人、法人和非法人组织之间进行资金融通的民间借贷行为。虽然，经金融监管部门批准设立的从事贷款业务的金融机构及其分支机构，因发放贷款等相关金融业务引发的纠纷，不适用本规定，但原告显然不属于该规定。总之，一是本案不属于民间借贷，二是原告不具有发放该贷款特许资质。

综上，本案被告之所以不支付尾款，是因为原告提供的机器人喷涂设备质量不合格，且多次维修后不予以更换和重作，致使被告购买此设备代替人工喷涂的目的无法实现，原告有理由抗辩其尾款。同时，报价单所主张的6××00元应该包括在总价2×××00之内，不应单独计算。本案不属于民间借贷，不能适用民间借贷利率标准支付利息，更何况双方并未约定利息的支付方式，更主要的是原告并没有违约行为。

答辩人：××集团有限公司

20××年××月××日

民事反诉状

反诉人（本诉被告）：××集团有限公司，住所地：××省××市××县×××镇××大街西首，联系电话：0×××-×××××××，统一社会信用代码：9××714××612××0××××

法定代表人：××，经理，联系电话：0×××-×××××××

被反诉人（本诉原告）：××××自动化科技有限公司，住所地：××省××市××市××镇××路×××号×号房，联系电话：××××-×××××××，统一社会信用代码：9××205××0××106×××××

法定代表人：××，职务：经理，联系电话：1×7×××7××××

诉讼请求：

1. 请求依法判令退还被反诉人生产的全套机器人喷涂设备，要求被反诉人赔偿因为产品质量不合格而给反诉人造成的直接经济损失2×4××0元，及其他各项经济损失约×0××0元。

2. 请求依法判令本案的诉讼费、保全费、鉴定费等均由被反诉人承担。

事实与理由：

反诉人向被反诉人××××自动化科技有限公司购买了一套机器人自动喷涂设备，以代替目前的人工操作，但被反诉人交付的产品既不智能也不高效。为达到目的，应被反诉人的要求，反诉人不得不增补一些设备及其应用软件，但增补后的该套设备依然没有达到反诉人与被反诉人约定的质量标准，及反诉人定作该机器人提高产量的最终目的。其间，反诉人多次要求被反诉人对该设备进行修理，技术指导及控制系统的升级，但终未如愿。在协商未果的情况下，反诉人愿意退还给被反诉人的全套设备，但也要求被反诉人退还反诉人已经给付给被告2×4××0元贷款直接经济损失，及要求被反诉人赔偿因产品质量不合格给反诉人造成的误工费、人工劳务费用、律师费等各项间接经济损失约×0××0元，并由被反诉人支付本案的诉讼费、鉴定费及保全费用等各项费用。现为维护反诉人的合法权益，特诉至贵院，请求依法判决。

此致
××市××区人民法院

具状人：××集团有限公司

20××年××月××日

质量鉴定申请书

申请人：××集团有限公司，住所地：××省××市××县×××镇××大街×首，联系电话：0×××-×××××××，统一社会信用代码：9××714××612××0××××

法定代表人：××，经理，联系电话：0×××-×××××××

被申请人：××××自动化科技有限公司，住所地：××省××市××市××镇××路×××号×号房，联系电话：××××-×××××××，统一社会信用代码：9××205××0××106×××××

法定代表人：××，职务：经理，联系电话：1×7×××7××××

请求：

申请对机器人喷涂设备及配套控制系统的质量进行鉴定。

事实与理由：

原告诉被告××集团有限公司索要尾款一案，案号为（20××）×0××3民初15××9号，正在贵院审理中，因原告提供的机器人喷涂设备质量不合格，且经多次维修依然未达到合同目的，被告已向贵院提出了反诉，以进行抗辩。现特申请贵院组织专业机构对涉案的机器人喷涂设备进行质量鉴定，望批准为盼。

此致
××市××区人民法院

申请人：××集团有限公司

20××年××月××日

自动机器人存在的技术故障

1. 在自动机器人喷涂中，平衡杆定位不准，在喷涂四台后就开始出现喷涂枪与电机接触太近，甚至撞枪的情况，不得不停止自动喷涂。所以，即便是同一型号同一颜色的电机都无法完成一小时××台的产量，更不用说多款多色了。

2. 悬挂链运行中定位监测不准，造成悬挂链不停，导致自动机器人检测不到将要喷涂的电机挂件，从而导致该机器得不到喷涂。悬挂链继续走动，导致电机要么喷不上漆，要么没有完整被喷涂。

3. 悬挂链定位设计不合格，造成复链式的悬挂链在运行中发生碰撞，从而导致定作人的悬挂被损害，不但无法自动喷涂，且导致定作人原来的人工喷涂都无法继续使用。

4. 一开始喷枪喷涂上色不匀称，且耗油漆量大，后经定作人与承揽人多次交涉，得到了改进，但依然存在与人工相比，用漆量较大和喷涂上色不匀称的问题。

定作人的技术工人：×××（章）

20××年××月××日

典型案例四　供货安装合同纠纷

（一）案情简介

A 以乙公司的名义与甲公司签订一份购销合同，在合同磋商阶段，双方就质量进行过初步约定，并表明封存质量样品的意愿，后双方因交付货物的质量问题产生纠纷，甲公司起诉乙公司，一审判令解除合同，乙公司支付违约金，返还已经到账的 20% 的预付金。后乙公司上诉，二审维持原判。甲公司通过强制执行程序，划扣乙公司包括预付款、违约金、迟延履行金共计人民币××0000 余元，且已经执行完毕。目前乙公司申请的再审程序已经立案，正在再审审查中。

（二）案情分析

（1）本案的案由：本案的案由应该是"凭样品买卖"，而不是"分期付款买卖"。

案由是对案件争议核心点的概括，在本案中，样品是交货的标准，更是判定质量是否合格的标准。如果本案是凭样品买卖，更有利于查清交付货物的质量，既然双方已经将质量做了约定，一切以"样品"为确定质量标准参照物，那么，本案即可达到提纲挈领、事半功倍的效果。

（2）正是对本案案由定性不准，导致一审法院对本案事实认定存在偏差。再者，法院作出质量不合格判定的关键证据——检测报告，存在太多的漏洞。因此，代理人认为本案中甲方的主张并不能成立。

（3）事实上本案最终并没有查清关键事实，显失公平，无法取得社会效果和法律效果。

（三）法律文书研习指导

再审审查的重点陈述

一、对封存样品去向的质疑

1. 本案买卖首先是样品买卖，且是在合同签订前样品就已经明确，A 与甲的负责人 B 合同订立前的微信聊天中明确载明："我方拟本周内与发包方及监理对贵部厂区进行现场考察，需贵部生产直径 400mm 圆形玻璃钢风管长度 300mm，400×320 矩形玻璃钢风管长度 300mm 各一段。风管均为保温风管，性能满足不燃性无机玻璃钢通风钢管 JG/117-1999 有关要求；双层百叶风口 320×320 一个（304 不锈钢）。样品需贴铭牌标明生产厂家，名称，规格型号。如选择贵部为供应商，我方将对样品进行封存，作为后续供应产品验收标准。"在此，双方虽并未明确是不燃性无机玻璃钢的"BWG"还是"MG"，但明确表明将封存样品，并作为将来质检的标准与依据，却是事实。

2. 本案同时存在多个标准

（1）合同磋商阶段约定的性能标准为不燃性无机玻璃钢通风钢管 JG/117-1999。

（2）合同的质量约定按"供货清单"（合同第二页第一行）。

（3）"供货清单"中才采用"华北标"91sb6-1 技术参数和 304 不锈钢。如消声弯头采用的是 91sb6-1/P230，制作要求采用的 91sb6-1/P228，指明了产品的技术参数。

（4）检测报告的检测依据是"后方××仓库设计规范"，标准号为 GJB 5151-2004

的标准。

事实上，这是四个标准，是从不同的侧面对涉案产品的质量作出的约定与把控。

3. 对《不燃性无机玻璃钢通风钢管 JG/T 117-1999》的质证意见

（1）双方在磋商阶段对样品约定标准《不燃性无机玻璃钢通风钢管 JG/T 117-1999》，依据该规定的"3.1 产品分类"，不燃性无机玻璃钢通风钢管从性能上又分为 BWG 和 MG 两种，前者属于水硬性的，后者属于气硬性的，但都是不燃性无机玻璃钢通风钢管。

（2）检测报告对 BWG 采用的 JG/T 117-1999 标准做了详细的规定。

（3）依据 JG/T 117-1999 的第 4.2 的规定，MG 采用的是 JC/T646 的标准，也即 JG/T 117-1999 无法检测 MG，所以，以 JG/T 117-1999 为标准的检测报告无法得出 "MG" 的结论。

4. 关于样品是否存在的质疑与辩解

（1）首先从 A 与 B 的聊天中，乙公司依据甲公司的要求，制作了样品，并得到了发包方代表、甲公司和乙公司三方的认可，该样品被封存后交由 B 公司存放在施工现场。

（2）此样品的存在由甲公司的工作人员 C 的证人证言予以证实。

（3）该样品的存在还得到了"物资设备采购（租赁）款拨付审批表"中甲公司的项目负责人 D 在"现场安全质量运转情况"中明确写明"质量合同"，予以证实。采购合同的签订时间为 20××年的×月××日，与合同第六页约定的预付款支付时间相吻合："合同生效后 10 天内，在乙方向甲方提交相关单据并经甲方确认无误后，甲方向乙方支付相当于合同总价上述比例的预付款"。在第七页的"供货进度款"的结算中也明确约定按照"甲乙双方及监理签认的，符合本项目验收标准的材料设备数量和《供货清单》（附件一）的单价进行计量……"，再次证明"D"所签认的"质量合格"是严格按照合同的约定来进行的，且预付款的签收时间为 20××年××月××日，与合同签订十日内付款的时间也相吻合，也表明至少在支付本案争议的预付款时合同履行情况良好。

（4）但在乙方交付货物后，甲首先主观臆测质量不合格，随送检第三方进行检测，采用不燃性无机玻璃钢通风钢管 JG/117-1999 标准，认为申请人供货为 MG 而不是 BWG，但究竟是如何确定申请人所交付产品是 BWG 而不是 MG 采用的，甲公司及检验机构并没有得以证实。

（5）申请人和被申请人的代理人都犯了同样的错误，被申请人坚持品是不燃性无机玻璃钢，而申请人的律师坚持 BWG 根本不存在，被申请人则从 BWG 水硬性的名称上望文生义。事实上，双方当事人压根没有搞清楚属种概念之间的关系，包括一、二审法官都没搞清楚 BWG 和 MG 之间的区别与联系，而此时的样品又找不到，于是法院依赖第三方鉴定机构的检测结论，得出交付产品质量不合格的判决。

5. 关于本案的案由应该是"凭样品买卖"，而不是"分期付款买卖"

案由是对案件争议核心点的概括，在本案中，样品是交货的标准，更是判定质量是否合格的标准。如果本案是凭样品买卖，有利于查清事情的真相，因为当事人已经将质量做了约定，一切以"样品"为参照物，从而使得法院在认定事实上达到提纲挈领、事半功倍的效果。

值得再审法庭审查的是，一、二审中，申请人多次提出调取由被申请人封存的样品，但均被驳回。既然该样品对本案的事实如此关键，而被申请人又拒不提供，依据我国证据相关规定应作出不利于被申请人的解释，也能证实申请人交付的产品与样品完全一致，是合格产品。

二、对检测报告的质疑

1. 检测机构并未在检测报告中附上其标有 CMA 的专业检测证书与资质。因为检测报告中并没有提供其获得国家质量监督局批准的取得检测资质的获批证书或唯一的资质代码，及检测人自己的执业证资格证书，导致本报告存在瑕疵，如果无资格做检测，该检测报告则不具有法律上的效力。

2. 检测机构在"凭借的检测依据"一栏只写了"烘箱法"等做法，及"后方军械仓库设计规范"，标准号为 GJB 5151—2004 的标准。该标准只是约束后方军械仓库的，相当于该检测报告没有检验和参考标准。既然没有标准，又是凭什么判定出是不燃性无机玻璃钢管中的是 BWG 还是 MG 的？

3. 约束且不燃性无机玻璃钢通风钢管 JG/117—1999 已经被废止，被新的标准所代替，且在合同中并没有明确约定采用该标准，既然参照标准已经被废弃了，其结论自然站不住脚。

4. 检测人员违背中立原则，曾向 A 明码标价索贿××万元，并警告如申请人不付款，鉴定结果会对其不利，检测报告的结果应验了以上说法。所以，就鉴定一事而言，检测报告的可信性值得怀疑。

5. 检测报告的结论采用"推测"两个字，不符合检测必须做出明确肯定或否定答复的检测报告应用的要求。

6. 检测报告送检名称为"不燃性无机玻璃钢"，型号为"BMG"，说明送检人认为双方的质量要求是"BMG"。但如前所述，合同只是其所参照的清单，清单明确华北标，至于质量的约定是在双方负责人的聊天记录才有明确涉及，但该聊天记录并没有指明是"BWG"还是"MG"，很显然，双方并没有明确选择是哪一种，即使在合同中也没有明确，何来的用"BWG"来判断"MG"，且双方明确约定以"样品"作为检测的标准，为何会在最终的检测上选定了合同订立磋商中的标准，而在样品的封存及参照物上却又不予认可，而采用了 JT117—1999 标准呢？

7. 合同中明确约定由"甲方指定的机构"和约定的检测标准，还写明"双方认可该检验结果"（第六页 6.1.2.6），关键是并没有指明是哪个标准。送检的第三方机构不是依据甲乙双方的真实意愿选定的，导致检验结果不公平不可信。

8. 从该检测报告与磋商阶段的短信聊天及甲公司检测的意图等看，样品可能是"MG"，而不是"BWG"，但无论是哪一种都是不燃性无机玻璃钢管的质量约定。

9. 从检测报告并没有明确表明"MG"与"BWG"的区别，究竟二者之间有什么本质区别，送检的"BWG"是怎么成为"MG"的，参照的标准是什么？整个检测报告对此表达得并不清楚。

10. 鉴定结论只能依据送检要求得出不是"BWG"，或者"合格"与"不合格"的结论，而不能得出是不是"MG"。况且从送检的"不燃性无机玻璃钢"名称来看，无论结论是"MG"还是"BWG"，都是符合送检名称的，其结果都是合格的，但结论却进入一种死循环中，也即如送检"MG"会得出不是"BWG"，送检"BWG"会得出不是"MG"的结论。

总之，"MG"和"BWG"同为不燃性无机玻璃钢的本质区别在哪里？合同约定的型号究竟是哪一种？样品是哪一种？实际交付的货物又是哪一种？这些问题在一审、二审中都没有调查清楚。所以，即便是抛开本案约定的案件事实，依据被废弃的JT177—1999的标准，仍可得出是 MG 或 BWG 的事实，鉴定结论纯粹在玩文字游戏，并没有给出实质性的鉴定意见，更没有得出符合检测报告规范的意见。因此，一审、二审法院据该检测报告做出的质量不合格的判断，显然不成立。

希望再审能开庭审理，对涉案产品进行质量调查，也给予申请人举证，对方质证的机会，以得出公正的裁决为盼。

申请人：××集团有限公司

20××年××月××日

开庭审理申请书

再审申请人：××集团有限公司，住所地：××省××市××县×××镇××大街西首，邮寄地址：××省××市××县×××镇××大街西首，联系电话：××××-×××××××

法定代表人：××，职务：董事长

再审被申请人：××电气化集团有限公司，地址：××市××区××路口×××号×××室，邮寄地址：××市××区××路口×××号×××室，联系电话：×××-×××××××

法定代表人：××，职务：董事长

再审申请人与被申请人买卖合同纠纷一案，再审案号（20××）×民申××××号，已被贵院正式受理，现因申请人有新证据需要当庭举证质证，以有助于贵院查清案件事实。依据《中华人民共和国民事诉讼法》再审的有关规定，特申请贵院进行开庭审理，请予准许为盼。

此致
××省××人民法院

申请人：××集团有限公司

20××年××月××日

再审补充证据目录

证据一："201×年决定废止的现行标准"网络截图三张

证实：不燃性无机玻璃钢通风钢管 JG/117-1999 标准已经被废止，不能再作为判定交货质量是 MG 还是 BWG 的标准。

证据二：JCT646-20××玻美风管标准

证实：不燃性无机玻璃钢通风钢管检测标准 JCT646-20××玻美风管，才是判定交货质量是 MG 还是 BWG 的标准。

证据三：陈××与王××的聊天记录

证实：在订立合同的磋商阶段，双方就产品质量、规格、型号等取样，并约定封存样品，本案是凭样品买卖的事实。

证据四：物资设备采购（租赁）款拨付审批表

证实：申请人交付的第一批货物质量合格的事实。

××集团有限公司

20××年××月××日

（四）《民法典》法律条文指引

第五百九十五条【买卖合同定义】买卖合同是出卖人转移标的物的所有权于买受人，买受人支付价款的合同。

第五百九十六条【买卖合同条款】买卖合同的内容一般包括标的物的名称、数量、质量、价款、履行期限、履行地点和方式、包装方式、检验标准和方法、结算方式、合同使用的文字及其效力等条款。

第六百一十五条【标的物的质量要求】出卖人应当按照约定的质量要求交付标的物。出卖人提供有关标的物质量说明的，交付的标的物应当符合该说明的质量要求。

第六百三十四条【分期付款买卖合同】分期付款的买受人未支付到期价款的数额达到全部价款的五分之一，经催告后在合理期限内仍未支付到期价款的，出卖人可以请求买受人支付全部价款或者解除合同。

出卖人解除合同的，可以向买受人请求支付该标的物的使用费。

第六百三十五条【凭样品买卖合同】凭样品买卖的当事人应当封存样品，并可以对样品质量予以说明。出卖人交付的标的物应当与样品及其说明的质量相同。

第六百三十六条【凭样品买卖合同的隐蔽瑕疵处理】凭样品买卖的买受人不知道样品有隐蔽瑕疵的，即使交付的标的物与样品相同，出卖人交付的标的物的质量仍然应当符合同种物的通常标准。

典型案例五 买卖合同与产品质量纠纷

（一）案情简介

从 2019 年 1 月 8 日至 2019 年 6 月，原告多次购买由第二被告梁××拥有专利权、第一被告××泵业生产的同一款水泵，用于原告的蒸汽洗车设备上，但原告的客户使用蒸汽汽车设备不久后便反映其水泵无法正常供水，致使其无法发挥洗车的功能，而纷纷要求退货，最终，导致原告的蒸汽机销量大减。原告多次向被告反映此事，但被告并不认可其所售水泵存在质量问题，后经权威质量技术检测部门的检验，证实被告所卖的水泵机身铭牌所标注的参数与实际性能明显不符，说明被告所卖水泵质量不合格。原告就退货、售后及赔偿损失等事宜与被告多次协商，但均未达成有效的协议，后诉至法院。

（二）案例分析

（1）本案是买卖合同引发的纠纷，双方未签订买卖合同，但通过微信聊天确定了产品的质量标准，交易的标的物是卖方具有专利权的产品，且确定了型号和价格，交货方式、交货地点等合同所必备的内容。

（2）本案一审的诉讼请求是解除买卖合同，赔偿损失，在证据的提供上，又提出了被告交付的产品质量不合格，及交付的货物存在以非专利产品当专利产品的虚假宣传和欺诈的事实。因此，本案同时存在买卖合同纠纷、产品质量侵权纠纷及因虚假宣传的侵权纠纷的三个事由，但基础的法律关系是买卖合同纠纷。因交付的产品存在扩大甚至假冒专利的虚假宣传，致使原告的产品被退货，遭受经济损失的事实，原告要求解除买卖合同关系，退还其货款，并赔偿损失。

（3）在本案庭审中，需要对买卖的标的物进行质量鉴定后才能确定原告的经济损失与被告交付货物质量不合格之间的因果关系，为此启动了鉴定程序。鉴定机构在对磨损件进行更换的基础上，选定八台标的物作为鉴定物，最终鉴定机构只修复了三台，且未在规定的时间内按照鉴定申请的要求完成所有鉴定项目，但其却以原告不予配合鉴定为理由，给出了鉴定物质量合格的鉴定结论。且在原告提出异议后，坚持其鉴定意见，但其后鉴定机构撤回鉴定结论，并退还鉴定费。

（4）该鉴定结论直接导致原告败诉，在法院拒绝原告的重新鉴定申请后，原告自行委托了鉴定机构，重新进行了鉴定，结果二个鉴定结论都认为涉案水泵为不合格产品，与原鉴定结论完全相反。尽管在二审中，原告提交了这二份鉴定结论，但本案依然败诉。

（5）在本案中，原告对所遭受的经济损失的计算并不准确，且因原鉴定结论致使其要求被告赔偿损失的诉讼请求被法院驳回，要求赔偿其损失的诉请直接被驳回。

（6）在一审判决书中，就质量问题，法官在"本院认定"部分明确写明"因质量产生的纠纷可另案起诉"。在二审败诉后，原告想以该产品质量纠纷进行诉讼，结果一审法院认为，即便是存在产品质量纠纷，依然是以买卖合同纠纷为基础法律关系，且在一审中，原告已经就质量问题申请了专业的鉴定，尽管最终该鉴定申请被撤回，但鉴定机构注明的原因是"原告不予配合"，所以，原告提出的产品质量纠纷因属于重复起诉，法院做出不予立案及受理的裁定。

（7）二审败诉后，原告又以被告存在虚假宣传为由，提起虚假宣传导致的侵权之诉，因为涉及知识产权，所以，所在地的中级人民法院认为原告应到有管辖权的知识产权法庭进行立案，但知识产权法院又以本案属于普通侵权纠纷为由不予立案："您提交的证据显示原告不是本案的专利权人。且本案案由应为买卖合同纠纷，不属于专利权纠纷。您已经以买卖合同为由，向有关法院起诉了，故不属于本院受理。倘若本案为专利权纠纷，本院无管辖权，应由有管辖权的省会城市中级人民法院起诉"。但有管辖权的省会城市的中级人民法院答复："审核未通过，原因是当事人所述案件案由为假冒他人专利纠纷，根据《最高人民法院关于审理专利纠纷案件适用法律问题的若干规定》第六条的规定，原告仅对侵权产品制造者提起诉讼，未起诉销售者的，且侵权产品制造地和销售地不一致的，制造地人民法院有管辖权。以制造者与销售者为共同被告起诉的，销售地人民法院有管辖权。本院不是侵权产品制造地，也不是销售地，本院没有管辖权，且当事人未向法院提交其他证据予以佐证。"最后，就原告提起的产品的虚假宣传诉讼法院并未立案。

（8）在买卖合同纠纷败诉后，原告向被告所在地的质量监督部门举报被告存在虚假宣传，质量监督部门先以原告已经就知识产权提起了侵权之诉为由，将举报的案件实行了中止审理。后质量监督部门经过调查，以虚假宣传为由，给予被告16万元的行政处罚，对被告假冒专利的行为予以了认定。

（9）原告就原质检报告导致一审二审败诉其存在经济损失得不到赔偿为由，对鉴定机构提起了侵权之诉，一审被驳回，二审维持原判。

（三）法律文书研习指导

再审申请书

申请人（一审原告/被告）：×××，××××（股份）有限公司或个体工商户的名称，住所地：××省××市××区××街道××号，联系电话：×××-×××××××，或×××××××××××，邮寄地址：××省××市××区××街道（小区）××号，统一社会信用代码，×××××××××××××××××××，联系电话：×××-×××××××

负责人：×××，职务：经理，联系电话：×××-×××××××或×××××××××××

被申请人：×××，××××（股份）有限公司或个体工商户的名称，住所地：××省××市××区××街道××号，联系电话：×××-×××××××，或×××××××××××，邮寄地址：××省××市××区××街道（小区）××号，统一社会信用代码，×××××××××××××××××××××，联系电话：×××-×××××××

法定代表人：×××，职务：经理　联系电话：×××-×××××××或×××××××××××

被申请人（一审被告/原告）：×××，男/女，×族，××××年××月××日出生，住××省××市××区××街道（小区）××号，联系电话：×××××××××××，邮寄地址：××省××市××区××街道（小区）××号

或（一审被告/原告）：×××，××××（股份）有限公司或个体工商户的名称，住所地：××省××市××区××街道××号，联系电话：×××-×××××××，或×××××××××××，邮寄地址：××省××市××区××街道（小区）××号

法定代表人：×××，职务：经理，联系电话：×××-×××××××或×××××××××××

被申请人（一审被告/原告）：×××，男/女，×族，××××年××月××日出生，住××省××市××区××街道（小区）××号，联系电话：×××××××××××，邮寄地址：××省××市××区××街道（小区）××号

再审申请人与被申请人及买卖合同纠纷一案，申请人不服××省××市中级人民法院做出的（20××）鲁××民终×××号民事判决书，依据《中华人民共和国民事诉讼法》第二百条第一款第（一）、（二）、（六）项之规定，向山东省高级人民法院申请再审。

一、再审请求

请求贵院依法撤销××省××市（××××）××民终××××号民事判决书，发回重审或者在查清事实的基础上直接依法改判。

二、申请事由

再审申请的法定情形：根据《中华人民共和国民事诉讼法》第二百条第一款第（一）项有新的证据，足以推翻原判决、裁定；第（二）项原判决、裁定认定的基本事实缺乏证据证明的；第（六）项原判决、裁定适用法律确有错误的，特提出如下再审请求。

三、具体事实与理由

申请事由一：根据《中华人民共和国民事诉讼法》第二百条第一款第（一）项有新的证据，足以推翻原判决、裁定，具体理由如下：

在一审和二审期间，经过法庭的举证质证，及申请人到工商部门的举报等一系列行为，被申请人自己也认识到其铭牌标注不真实的事实。所以，其后生产的水泵，对

其铭牌原来标注的参数做了修改，至于其修改后的参数是否符合真实性能，与本案无关，但其修改铭牌标注的行为及修改的目的证实其原先的铭牌标注不真实，且存在扩大宣传甚至虚假宣传的事实，更能说明其原先产品存在质量与标注不符，进而是假冒专利和或没有任何标准的、市场上禁止销售的、应当受到质监部门处罚的三无产品。可见，即便是在二审法院，也没有调查清楚本案中被申请人对申请人是否存在欺诈及产品质量是否合格的事实，因此，二审判决不公平。申请人提供的证据一的新证据，恰恰能证明涉案水泵存在质量瑕疵，其交付的产品质量不合格，所以，被申请人应该赔偿申请人的各项损失。

申请事由二：符合《中华人民共和国民事诉讼法》第（二）项原判决、裁定认定的基本事实缺乏证据证明的，具体理由如下：

1. 法院对申请人的质量鉴定新证据所证事实的认定错误

在庭审中，申请人向二审法院递交了涉案水泵的另外两份质检报告，两份报告均证实涉案水泵存在质量瑕疵，即便该鉴定属于单方委托，但是受托的质检部门都是国家认可的权威的鉴定机构。如果说一份报告不足以说明涉案水泵存在质量问题，但是两份报告都得出同样的结论，只能说明涉案水泵的确存在质量问题，但二审法院没有采纳两份质量检测报告，直接维持原判，明显存在事实认定错误。

2. 二审法院对自己的审理基础认定错误

该两份质检报告是在一审结束后，二审开庭前所才获得的新证据，如果对方不认可，可组织重新鉴定，以便于查清事实。况且一审法院审理时并没有此两份质量鉴定报告，所以，一审与二审最大的区别是二次庭审的证据不同，但是，二审法院无视该两份鉴定结论所揭示的事实，直接维持一审判决的做法，明显存在错误。

3. 二审法院对涉案水泵的质量认定发生错误

二审法院在没有认真审核原告在一审中提交的聊天记录内容的情况下，直接断章取义，对当事人之间就水泵是专利产品进行约定的认定发生错误。基于双方买卖的事实，原告与被告约定了买卖标的物——水泵。在被告交付的水泵上，都贴有铭牌，并标明其所持有的发明、实用新型专利号，原告一直认定被告所交付的水泵都符合铭牌上标注的性能和功能，但在因水泵上水不够，压力不足导致大面积退货后，原告才发现被告所交付的水泵存在与铭牌标注严重不符的事实，也即铭牌标注明显夸大了其性能与功能，直接导致该水泵的质量存在问题，进而致使原告的产品遭遇退货，及原告的经济损失。

4. 二审法院对标的物是否为专利产品的认定发生错误

从申请人提交的微信聊天记录来看，标的物是专利产品，因为被申请人自己承认并保证自己所售卖的水泵是专利产品，且被申请人从售价上对是不是专利产品做了不同的标价，并解释售价高为专利产品。原告购买的水泵是680元每台，属于专利产品的价格。但事实上，被申请人交付的产品不仅不是专利产品，而且还是假冒专利的产品，且还是没有国家标准、行业标准及企业标准的三无产品。

依据国家专利法的规定，因同一产品不能同时使用发明和实用新型两种专利，所以，铭牌上标注的发明专利已经代替了实用新型专利，且该发明专利没有在有效期内续费，意味着被告已经不再是专利权人，无权继续使用该专利及行使专利转让权，被申请人的行为已经构成了假冒专利的行为。

质量不合格+假冒行为+三无产品，被申请人明显构成了对申请人的欺诈，且导致申请人产生一定的经济损失。但二审法院认定专利权与质量无关，很显然发生事实认定错误。

5. 二审法院对被申请人提交的"说明"所认定的事实发生错误

被申请人用其单方制作的说明书证实其所在××市××区市场监管部门检测结论存在包装错误，而不是质量问题，但是并未附上质量监督部门的检测结论或者公文或调查说明等任何能证明以上观点的证据。很显然，此证据无法证实说明书中所述事实的真伪，更无从证明涉案产品不存在质量问题。此"情况说明"是被申请人的单方陈述，与××省××市××区质量监督所虚假宣传的结果明显不符，不应被采信，更不足以证明涉案水泵质量合格。因此，法院作出涉案产品质量合格的认定，明显发生错误。

申请事由三：符合《中华人民共和国民事诉讼法》第（六）项原判决、裁定适用法律确有错误的，具体理由如下：

基于以上事实认定错误，原判决应该就涉案标的物水泵的质量问题展开全面的调查，无论是从合同法交付标的物质量存在瑕疵、产品质量法交易物存在质量瑕疵或者知识产权法存在假冒专利的角度，都可以证实标的物的质量瑕疵问题。无论是违约责任还是侵权责任，或者二者选择其一，都能支持申请人的主张，因此，本案存在适用法律的错误。

综上，请求贵院依法查清事实，分清是非，在正确适用法律的基础上，撤销原判决，或直接改判，或发回重审，以维护申请人的合法权益。

此致

××省×级人民法院

申请人：×××××（股份）有限公司（或个体工商户的名字）

××××年××月××日

（四）《民法典》法律条文指引

第五百九十五条【买卖合同定义】买卖合同是出卖人转移标的物的所有权于买受人，买受人支付价款的合同。

第五百九十六条【买卖合同条款】买卖合同的内容一般包括标的物的名称、数量、质量、价款、履行期限、履行地点和方式、包装方式、检验标准和方法、结算方式、合同使用的文字及其效力等条款。

第六百条【知识产权归属】出卖具有知识产权的标的物的，除法律另有规定或者当事人另有约定外，该标的物的知识产权不属于买受人。

第六百一十五条【标的物的质量要求】出卖人应当按照约定的质量要求交付标的物。出卖人提供有关标的物质量说明的，交付的标的物应当符合该说明的质量要求。

典型案例六　电子网络服务合同纠纷

（一）案情简介

被告××××文化发展有限公司开设"××文化艺术品产权交易所"网站（网址：www.××××××.com），开展经营文化项目投融资业务，将文化产品拆分为均等份额公开发行，在网站上通过集中竞价等方式进行集中交易。网站明文规定：网站注册会员需将款项汇入被告×××文化艺术品产权交易中心有限公司账户（户名：×××文化艺术品产权交易中心有限公司，开户行：××银行杭州高新支行，账号：××××××××××××）后方可在网站进行交易。原告在网站上注册为会员，并按网站指示于××××年××月××日、××月××日向以上账户汇款××××元、××××××元，合计金额××××××元。之后，原告在被告指定交易平台"×××文化艺术品产权交易所"上进行交易。

然而，被告的交易平台"××文化艺术品产权交易所"自××××年××月××日起开始停盘至今，交易软件无法登录服务器，导致原告无法将自有资金转出。其间，原告多次与被告××文化发展有限公司联系询问并主张权利，却均被告知"不清楚"。截至××××年××月××日停盘日，原告账户总资产××××．××元，其中账户可用资金××××××．××元、账户持仓市值××××××．××元。

原告认为，被告××文化发展有限公司关闭交易网站导致原告无法将资金转回，已严重损害原告权益，应向原告承担还款责任。被告××文化艺术产权交易中心作为实际收款方，应共同承担还款责任。

（二）案例分析

（1）本案发生在 2016 年，是较早发生的网络服务合同纠纷，法院立案庭的工作人员经过集体讨论才最终确定了该案由。本案也是法院地处理的第一个网络服务合同纠纷案件。

（2）本案的三被告利用关联关系，进而通过人员、管理、财产及地址之间的混同，相互配合，分工合作，然后再以平台整合为由，转移资金，规避法律，相互推诿，导致了原告蒙受损失。

（3）本案涉及受害人数较多，像原告这样的投资者 200 多人，资金从几万到几十万不等。虽然被告与原告进行了账户余额的核对，但仅仅限于官方客服的核对，并没有兑现的诚意。

（4）本案因为涉及第三被告香港公司，第一被告是北京公司，第二被告是山东某市的公司，而原告等是来自全国各地自然人。所以，在属地管辖上存在通过主体选择确定管辖权的问题。

（5）但是，因为涉及香港公司，案件已经超越了基层法院的管辖的范围，案件只能移送至有管辖权的中级人民法院，本案进行了移送管辖。

（6）本案因为涉及第三被告香港公司，具有涉境外的因素，所以，为简化办案过程，刚开始并没有把其作为被告，审理过程中发现其不可绕开，为此先是增加其为第三人，后来发现第三人不妥，于是又撤回，转为增加其为被告。

（7）但是，在中级人民法院诉讼时段，三被告中，只有第一被告委托律师出庭，第二被告和第三被告及其代理人都没有出庭。因此，起诉状、应诉通知书等文书，只能采用公告送达的方式，且涉外案件中，公告的周期长，最终导致整个案件办理周期增长。

（8）三被告中的第一被告通过原审法院向省高院提起了上诉，但在递交上诉状后又表现出不配合，不得不再次公告，且在开庭时没有出庭，省高院最终只能按撤诉处理，但是经过转移管辖权和两次审理，时间已经到了四年之后。

（9）本案历时四年之久，三被告公司在此期间内已经完成财产的转移，且三被告公司遭原告相同情况的人多次起诉，涉及多个诉讼存在多个裁判文书及被强制执行的情况，加之，资产已经被转移或者消耗，资金账户无财产可供执行，原告虽然赢了诉讼，但却得不到一分钱的赔偿，本案的执行再次成为难题。总之，无论是诉讼程序还是执行程序，都举步维艰。

（10）本案在中级人民法院审理期间，原告提出了对三被告的财产保全，但因为当初正值新型冠状病毒感染疫情最为严重的时候，法院外出查封受到严重影响，最终，本案并没有启动诉讼中的财产保全程序，尽管被告已无财产可供查封，但至少在程序上对后面的执行没有事先做出保障。

（11）案件代理和承办过程，体现在文书的制作中，所以，不同的案例有不同的文书，通过文书去表达出解决问题的思路。同时，在案件办结后，及时总结经验教训，为以后办案积累经验，也是一种不错的学习与进步方式，更是提高自身实务能力，缩短探索过程，快速成长的捷径。尤其对新律师而言，在初期案件少，应投入更多的时间和精力，把案子尽可能做细做实。

（12）本案中，原告在发现交易平台无法登录后，及时通过公证机关进行了取证，为保全自己的资金数额、证明三被告之间存在关联关系，及三被告共同参与网络服务合同等关键点，提供了直接的证据。当事人法律意识强，可大大增加胜诉率。

（三）法律文书研习指导

追加第三人申请书

申请人：×××，男，汉族，××××年××月××日出生，住××省××市××区××路×××街道/弄××号××室，联系电话：×××××××××，身份号码：××××××××××××××××

被申请人：××文化艺术品产权交易所有限公司，注册登记地：Room1501（546），15/F，SPA Centre53-55 Lockhart Road，wanchai Hongkong，公司编号：×××××××，联系电话：××××-××××，传真：××××-××××，营业地（受送达地址）：××市××区××××一号××××号，电话：×××-××××××××

法定代表人：×× 职务：董事 联系电话：××××-××××；×××-××××××××

申请事项：

依法追加被申请人××文化艺术品产权交易所有限公司为本案的第三人参加诉讼。

事实与理由：

申请人诉××文化艺术品产权交易中心有限公司、北京××××文化发展有限公司一案中，发现××文化艺术品产权交易所有限公司与本案正在进行的诉讼具有直接的法律上的利害关系。根据《民事诉讼法》第五十六条和《民事诉讼法司法解释》第五十六条的规定，特申请追加被申请人××文化艺术品产权交易所有限公司为本案的第三人参加诉讼，望批准。

此致
××市人民法院

具状人：×××

××××年××月××日

撤回追加第三人申请书

申请人：×××，男，汉族，××××年××月××日出生，住××省××市××区××路×××街道/弄××号××室，联系电话：××××××××××，身份号码：×××××××××××××××××

被申请人：××文化艺术品产权交易所有限公司，注册登记地：Room1501（546），15/F，SPA Centre53-55 Lockhart Road，wanchai Hongkong，公司编号：×××××××，联系电话：××××-××××，传真：××××-××××，营业地（受送达地址）：××市××区××××一号××××号，电话：×××-××××××××

法定代表人：×× 职务：董事 联系电话：××××-××××；×××-××××××××

申请事项：

依法撤回追加被申请人××文化艺术品产权交易所有限公司为本案的第三人参加诉讼的申请。

事实与理由：

申请人诉××文化艺术品产权交易中心有限公司、北京××××文化发展有限公司一案正在贵院审理中，虽然第三人××文化艺术品产权交易所有限公司与本案正在进行的诉讼具有直接的法律上的利害关系，根据《民事诉讼法》第五十六条和《民事诉讼法司法解释》第五十六条的规定，我方申请追加被申请人××文化艺术品产权交易所有限公司为本案的第三人参加诉讼后，又自愿撤回追加申请，望批准。

此致
××人民法院

具状人：×××

××××年××月××日

追加被告申请书

申请人：×××，男，汉族，××××年××月××日出生，住××省××市××区××路×××街道/弄××号××室，联系电话：××××××××××，身份号码：×××××××××××××××××

被申请人：××文化艺术品产权交易所有限公司，注册登记地：Room1501（546），15/F，SPA Centre53-55 Lockhart Road，wanchai Hongkong，公司编号：×××××××，联系电话：××××-××××，传真：××××-××××，营业地（受送达地址）：××市××区××××一号××××号，电话：×××-××××××××

法定代表人：×× 职务：董事 联系电话：××××-××××；×××-××××××××

申请事项：

依法追加被申请人××文化艺术品产权交易所有限公司为本案被告参加诉讼。

事实与理由：

申请人诉××文化艺术品产权交易中心有限公司、北京××××文化发展有限公司一案中，发现××文化艺术品产权交易所有限公司与本案正在进行的诉讼具有直接的法律上的利害关系。根据《民事诉讼法》第一百三十二条和《民事诉讼法司法解释》第五十七条的规定，特申请追加被申请人××文化艺术品产权交易所有限公司为本案的被告参加诉讼，望批准。

此致

×××人民法院

具状人：×××

××××年××月××日

三被告之间存在混同关系（摘自庭审质证意见）

一、第二被告××××文化发展有限公司与第三被告××文交所之间存在关联关系和混同的事实

虽然第二被告××××文化发展有限公司与在香港注册的第三被告××文化艺术品产权交易所有限公司（以下简称"××文交所"），一直负责××××文化发展有限公司实际运营，二者存在公司法所界定的关联关系，其理由和证据如下。

（一）二者具有相同的董事、监事、高级管理人员等，在人员、公司管理和运营方面存在混同

证据一："公证书"第5页。"公证书"于2017年2月10日制作完成时，××文交所官网"团队建设"写明，"××：××××集团，××文交所董事长"。

证据二：登录 https://www.icris.cr.gov.hk/csci/（香港特别行政区政府公司注册处网上查册中心）查询结果显示，×××法人××自××××年××月××日公司注册起一直为××文交所唯一董事。××××年××月××日起××将所持股份转让给××。详见××××年××月×日和××年××月××日的"××文化艺术品产权交易中心周年申报表"记录。

以上说明两公司在股东上存在着交叉关系，为股东××同时控制两公司提供了便利和可能性。登录 https://www.icris.cr.gov.hk/csci/（香港特别行政区政府公司注册处网上查册中心）查询截图，因涉及企业信息的保护，截图略。

（二）二者使用了相同的公司办公地点和电话，在办公地点和电话上存在混同

证据："与第二被告××文化发展有限公司转账客服QQ（×××××××××）聊天截图"，PDF文件，第3页和第12页，××××年××月××日××文交所客服要求将其传给原告××进行账户整体平移的第三被告××文交所资产清算书寄送到公司总部，其提供的地址为"××市××区×××街×××号××文化艺术品产权交易所"，"联系电话是×××-×××××××××"，也即该地点为××文交所的注册登记地，也即法律上认定的住所地。可见，第二被告××文化发展有限公司和第三被告××文交所是同一个办公地点和同样的电话，在人员配置上也是一套人马，两套班子。

（三）二者使用了相同的域名，在域名上存在混同。

证据：公证书第七页的重大提醒公告中所记载××文交所使用域名 http://www.×××××.com；根据工业和信息化部ICP/IP地址/域名信息备案管理系统（http://www.miibeian.gov.cn）公开查询结果显示，自××××年××月××日起，该域名一直为第二被告××文

化发展有限公司向工业和信息化部备案并运营（京 ICP 备×××××××号-×）。且截至××××年××月××日，××××仍在使用该域名 http://www.×××××.com。也即至今为止，二者一直使用同一域名。（截图略）（登录工业和信息化部 ICP/IP 地址/域名信息备案管理系统（http://www.miibeian.gov.cn）公开查询截图）

二、××汉可达与××文交所存在关联关系

第二被告××文化发展有限公司（以下简称"×××"）一直参与××文交所实际运营，并非委托关系，公证书第 7 页 "2015 年 12 月 21 日（星期一），××文化艺术品产权交易所在公告中披露和第一被告××文化艺术品产权交易中心有限公司达成重要战略合作，并已签署战略协议，由×××监管本所银行出入金账户的重要相关事项"；公证书第 7~13 页的公告和第 22 页软件下载，均多次提及××文交所与××××业务关联关系，×××与第一被告×××文化艺术品产权交易中心、第三被告××文交所之间存在人员、财产、网址、资产等方面的混同和关联关系。

（一）第三被告××文交所与×××存在办公地点和电话混同的事实

证据："与转账客服聊天 QQ（××××××××××）截图" PDF 文件，第 20 页，××××年××月××日第三被告××文交所客服要求将其传给原告××进行账户整体平移的第三被告××文交所资产清算书寄送到公司总部，其提供的地址为 "××市××区×××第 A×× ××文交中心"，联系电话是 "×××-×××××××"，也即该地点为××××的注册登记地，也即法律上认定的住所地。虽然三公司有不同的注册地，但事实上××××与第三被告××文交所都由××××第一被告控制，三公司存在办公地点和电话混同的事实。

（二）第三被告×××是文交所的资金账户监管人，二者存在资金上的关联与混同

证据：公证书第 7 页《出入金账户变更公告》（【××××】第××号），"由×××监管第三被告××文交所本银行出入金账户的重要相关事项"；第 9 页《停盘通告》（【××××】第××号），"现本所的资金监管方××××文化艺术品产权交易中心有限公司"，可见，在资金管理上二者存在着关联关系。

（三）×××与××文交所之间存在人事任免上的混同关系

证据一：根据国家企业信用信息公示系统公开查询结果显示，自××××年××月××日第一被告工商注册起至××××年×月××日，第一被告法人××一直为第二被告××××发起人股东，而××同时又是第三被告××文交所的发起人、董事，××是××文交所的实际控制人。这可以直接证明第一被告与第二被告之间存在关联关系。

证据二：根据国家企业信用信息公示系统公开查询结果显示，第三被告××文交所法人××是第二被告在其他地区公司的股东、法人、执行董事（截图略），而该公司为第二被告的股东（截图略），足以证明第二被告与第三被告之间的关联关系。

三、三被告之间存在关联关系和人格混同的法律事实

（一）三公司存在关联关系

依据我国《公司法》第二百一十六条第四款对关联关系定义为"是指公司控股股东、实际控制人、董事、监事、高级管理人员与其直接或者间接控制的企业之间的关系，以及可能导致公司利益转移的其他关系。但是，国家控股的企业之间不仅因为同受国家控股而具有关联关系。"《公司法》第二十一条："公司的控股股东、实际控制人、董事、监事、高级管理人员不得利用其关联关系损害公司利益。违反前款规定，给公司造成损失的，应当承担赔偿责任。"本案中，三公司属于主要投资者个人、关键

管理人员或与其关系密切的家庭成员控制、共同控制或施加重大影响的关联关系。

依据原告及其代理人在质证阶段向法庭陈述的事实，三公司互相参股、通过实际控制、参股和各股东之间的亲戚关系，具备滥用公司作为法人人格地位、公司对其债权人承担有限责任、股东以其出资额为限对外承担有限责任的特点，构成我国《公司法》界定的关联关系，三公司应当对原告承担连带责任。

（二）三公司存在人格混同的法律事实

本代理人认为公司法人人格混同是指公司法人与股东人格或其他公司法人人格混为一体，使公司法人成为股东或其他公司法人的另一个自我，形成股东即法人或公司法人即股东的情形。公司法人人格混同中，最为常见的表征是财产混同、业务混同、人员混同和公司地址混同。我国《公司法》第二十条"公司股东滥用股东权利给公司或者其他股东造成损失的，应当依法承担赔偿责任。公司股东滥用公司法人独立地位和股东有限责任，逃避债务，严重损害公司债权人利益的，应当对公司债务承担连带责任"和第六十三条"一人有限责任公司的股东不能证明公司财产独立于股东自己的财产的，应当对公司债务承担连带责任"。

1. 三公司人员混同

三公司存在人员交叉、互相控制等事实，所以，在人员上其实是一套班子，三套人马，其核心人物是×××1、×××2和×××3。×××1曾经是第二被告的发起人、股东，后又是第二和第三被告的发起人、股东、董事、法定代表人；×××2，是×××1的兄弟，是第二被告××文交所的董事、第一被告在其他地区公司的发起人、股东、董事和法人代表，而第一被告在其他地区公司又是第一被告的股东；×××3是×××1的妻子，是第一被告的法定代表人。原告最后汇款给第一被告是在××××年××月××日，在此期间×××1一直是第一被告的股东（××××年××月××日退出）、董事（××××年××月××日退出）、监事（××××年××月××日退出）。

2. 三公司业务混同

三公司经营范围基本重合，均从事文化艺术品交易、资金管理等业务。第一被告和第二被告负责招揽客户，第三被告××文交所是交易平台，三公司相互配合，实现共同赢利的目的。事实上，第二被告一直负责第三被告实质运营。2016年4月13日起××文交所（http://www.******.com）停止服务，其后多次发布公告声称××文交所计划进行重组，要求原××文交所账户迁移至第一被告，原告也积极通过电话、QQ联系主张权利，为尽早取回钱款并按照客服要求寄送相关文档，且客服人员在QQ留言和电话中均承诺会回寄文档，但一直未履行承诺。2016年10月起××文交所恶意关闭http://www.×××××.com的网站（《公证书》2017年2月制作期间曾短期恢复访问），并停止所有QQ客服及电话，断绝与第二被告客户全部联系，意图不再返还占用钱款，存在恶意欺诈的故意行为。

3. 三公司财务混同

×××1在三公司中起着极其重要的作用，且三公司的财务交叉混同，被一被告是第三被告××文交所的财务账户监管人，第三被告××文交所是第一被告的交易平台，第二被告又与第一被告、第三被告××文交所存在财务上的关联。

4. 三公司地址混同

第二被告与第一被告签订租赁合同，也即××市高新街技术开发区××街南侧以租赁关系发生关联。虽然三公司注册登记地不同，但因为人员交叉，互相担任职务、相互出资，所以这些人员只能在第二处被告办公。所以，第一被告和第三被告××文交所的地址和电话都用的第二被告的地址和电话，包括网络地址也是同一个。

综上，三公司在经营中无视各自的独立人格，随意混淆业务、财务、资金、地址（域名），相互之间存在混同，从而导致界线模糊，无法严格区分，使得交易相对人难以区分准确的交易对象，所以，要求三公司一起承担连带责任。

补充代理词（开庭后根据庭审情况调整与补充）

（注明：在基层法院开庭后，针对庭审重点、对方的答辩状及质证意见所进行的补充）

一、本案为网络交易合同纠纷，实为利用公司之间的关联关系逃避法律责任的纠纷

虽然原告×××是与第二被告之间进行的网上电子合同交易，但是第二被告指定了第一被告为款项代收人，指定了第三被告为其交易平台。也即第二被告利用了自己与第一被告与第三被告之间的关联关系来逃避法律责任。在原告向第二被告付款后，第一被告又谎称要与第三被告进行合并和收购，需要停牌交易，通过这样的手段把原告等投资款项收入自己的口袋，从而据为己有。事实上，三被告无论是在人力、财力、办公地点方面都存在明显的交叉和混同。在诉讼中，二被告接收该诉讼材料的人也为同一人，并聘请了同一个律师担任诉讼代理人，庭审中的答辩、质证或者辩论等环节的观点一致。尤其是在答辩中，二被告将自己的责任推卸到第三被告的做法也是一致的。三被告的上述行为已经足以证明二者之间存在关联关系。

二、本案不存在管辖的争议问题

1. 本案的管辖符合"原告就被告"的地域管辖原则

本案中原告是在第二被告处做的转账汇款，表明二者之间存在这种金钱交易。但是金钱交易的原因是原告在被告指定登记交易平台开立了账户，并在其提供和指定的唯一交易平台——第三被告处进行了交易。且原告有独立的账户，清楚地记录了原告在第二被告公告停止交易时的账户最终余额。所以，本案即使没有第三被告的参与，本案的事实和法律关系依然很清晰。因为原告的诉讼请求的目的是要求二被告还钱，取回自己的投资款，所以，作为收款方的第二被告才是主要被告人。因而本案由××市人民法院管辖没有任何异议。且在诉讼中，在答辩期满前，被告没提出管辖权的异议，所以，本案不涉及管辖的问题。

2. 第三人无权提管辖权异议（指在××基层法院审理期间）

因为第三人是在香港成立的，所以，具有涉外因素。但是本案中，第三人之所以被引进来，是因为二被告故意转嫁责任，模糊法官和原告视线。其实，第三人只是个空壳，是第一被告与第二被告用来掩人耳目，骗取钱财的一个工具。当然了，作为香港注册公司，也显得高大上，如此恶意包装，也是为了骗取更多的钱财。所以，必须透过现象看到其本质，撕开其面纱，现出原形。

3. 如果追加×××东方文交所为第三人，不应该涉及管辖问题

根据《中华人民共和国民事诉讼法》第五十六条和《中华人民共和国民事诉讼法司法解释》第五十六条的规定，××文交所可以作为本案的第三人参加诉讼，依附在二被告上，与二被告一起承担对原告赔偿责任。在本案中××文交所是无独立请求权的第

三人。何谓无独立请求的第三人，是指在本诉开始后加入别人的诉讼中，依附被告，与被告一起承担责任的人。也即无独立请求权的第三人本人没有独立的请求权，无权对管辖提出异议。

4. 依据管辖恒定原则，××基层人民法院拥有管辖权，且不受是否追加第三被告的影响

且在本案中，如果追加××文交所为第三被告，依据管辖恒定原则，××基层法院依然对本案有独立的管辖权，且不受后来管辖因素改变的影响。

三、关于本案的最终处理法律意见

1. 本案事实清楚，权利义务关系明确，原告给二被告进行了投资，而二被告没有按照约定和承诺给原告带来应有的收益，反而利用关联公司之间的关系，把原告的投资款据为己有，严重侵害了原告的合法利益。且本案事实清楚，原告完成了应承担的举证责任。

2. 而被告故意把责任推向在香港注册的第三人，其目的就是利用具有涉外因素的香港公司来规避法律，达到侵占原告投资款的目的。所以，第三人不是本案的重点，也不应该成为被利用的工具。

3. 建议支持原告的诉讼请求，由二被告和第三人共同承担连带责任。

代理人：×××律师
××××年××月××日

答辩状（上诉审理程序用）

答辩人：××，男，汉族，××××年××月××日出生，住××省××市××区××路×××弄××号×××室，联系电话：××××××××××，身份证号码：×××××××××××××××××××

被答辩人：××文化发展有限公司（上诉人，一审中的第二被告），住址：××市××区××乡××村××号楼×-××号，统一社会信用代码：×××××××××××××××××，联系电话：400×××××××

法定代表人：××，职务：董事长，联系电话：××××××××××

一、案件主体及关系简介

答辩人××在被答辩人提供的交易平台××文交所开户并进行交易，将开户资金打入××文交所指定的财务监管方×××公司的账户，后××文交所以与××××并购重组为由，将交易平台关闭，致使原告资金无法取回，从而导致损失的事实。

二、被答辩人××××是适格的主体

答辩人与被答辩人签订了网络服务合同后，然后在被答辩人的指导下到××文交所的交易平台进行交易，并将款项打入第一被告的账户，说白了，被答辩人在本案中起到的核心作用，没有它与其他两个主体之间的关联，×××能与被答辩人签订网络服务合同，到××文交所平台进行交易，并向第一被告交款。也即，本案的发生是三个被告"合作"完成的结果。在收到欠款后，被答辩人又以第三被告与第一被告并购重组为由，将交易平台关闭，稳稳地将答辩人的钱收入囊中。

三、被告有意规避法律责任

1. 一审中，被答辩人故意不出庭，导致一审诉状及判决等的文书的送达只能采用公告送达。

2. 为逃避责任，被答辩人故意上诉，但是在递交诉状后，又迟迟不缴纳诉讼费，并且上诉的公告费还是答辩人缴纳的，否则程序无法进行下去，答辩人的权益被被答辩人践踏得一览无遗。

3. 上诉期间内，被答辩人又找各种理由推脱，利用三被告之间的关联关系，只有被答辩人一人提起上诉，这次原审一、二被告不再出面，再次有意阻挠案件的进展。

四、三被告之间的关联关系成为被答辩人侵害答辩人等的重要手段

被答辩人利用了与一审被告之间的关联关系，有意而为之。被上诉人的交易金额被截留后，被告及时将交易账户、转账记录及平台信息等进行了证据保全，以公证书的形式提交给法庭作为证据。所以，公证书中三被告之间的关系才是认定三者关系的第一手资料，也是证明包括被上诉人在内的三被告是适合被告的关键证据。同时，被答辩人在国家工信部的注册网址，依然是 http://www.******.com，即便是三被告后来几经工商登记的变更，依然无法掩盖三被告之间的关联关系。至今，天眼查的查询结果在被答辩人的网页上依然注明是"××文交所"，二者之间联系，还是在强调其与第三被告之间的关联关系，并公开向外界宣称，其有个香港的"亲戚"关系，并以此成为其炫耀和招揽客源的一种优势或理由。从一审庭审及二审的上诉主体、理由等内容来看，依然是在利用三者之间的关系相互掩护，三个被告至少一个不会出庭，导致庭审无法顺利进行，甚至都无法完成送达，只能选择最费时费力的公告送达。三被告的行为已经严重影响到庭审程序的顺利进行，请法庭对其进行警告或训诫。

五、三被告之间的关联关系只是答辩人用来证明三被告是适格主体的关键证据之一

当然，本案是网络服务合同纠纷，答辩人先是与被答辩人达成网络服务的初步意愿，并在其客服和前台的指导下，完成开户、打款、交易等一系列行为，原第一被告是第二被告指定的监督方和收款方，而第三被告是第二被告指定的交易平台。所以，本案中，被答辩人是构建三被告关联关系的核心主体，被答辩人以另外二被告做掩护，利用三被告之间的关联关系，从而一步步将答辩人套牢。

总之，被答辩人的上诉请求缺乏法律与事实根据，一审认定事实正确，适用法律正确，认定三被告利用关联关系的证据确实充分，因此，一审判定三被告共同对答辩人承担连带赔偿责任的结论是合法、合情、合理的，请法院予以维持。

答辩人：×××

××××年××月××日

(四)《民法典》法律条文指引

第九百六十一条【中介合同定义】中介合同是中介人向委托人报告订立合同的机会或者提供订立合同的媒介服务，委托人支付报酬的合同。

第五百九十五条【买卖合同定义】买卖合同是出卖人转移标的物的所有权于买受人，买受人支付价款的合同。

第五百九十六条【买卖合同条款】买卖合同的内容一般包括标的物的名称、数量、质量、价款、履行期限、履行地点和方式、包装方式、检验标准和方法、结算方式、合同使用的文字及其效力等条款。

典型案例七　网络服务合同纠纷

（一）案情简介

原告与被告于××××年××月××日订立阿里淘宝代运营服务合同，被告于××××年××月××日正式接管原告两个淘宝店铺（写清楚名字）的运营，截至××月××日合同履行的一个月内，被告未能履行合同第一条约定的多项服务内容，也没有完成"每天发布微淘和每周发布四个视频"的约定。被告的违约导致原告的两个淘宝店铺访问量和业绩较以前有大幅度下降，错过"双十一"和"双十二"两个销售旺季。被告作为淘宝店铺的专业代运营公司，远远没有达到合同中所承诺的服务内容，致使原告订立本合同的目的无法实现，在协商未果的情况下，原告要求解除合同，被告全额退还××××元服务费，并承担因此给原告造成的各项经济损失。为维护原告的合法权益，特向法院提出：①请求解除原被告之间的淘宝代运营服务合同；②请求退还原告交付的合同款××××元；③请求被告赔偿原告的各项经济损失共计人民币××××元的诉讼请求。

（二）案例分析

（1）本案的案由是典型的网络服务合同纠纷。

（2）本案是被告违约导致的合同解除。

（3）本案最终在法官的主持下达成了和解协议，以原告撤诉的方式结案。经济纠纷案件中，和解是最不伤和气又灵活高效的争议解决方式。

（三）法律文书研习指导

和解协议

××自动化设备有限公司与××市××网络科技有限公司之间的网络服务合同纠纷一案，双方自愿达成如下和解协议：

一、双方的服务合同从签订本协议时自动终止。

二、××市××网络科技有限公司退还××自动化设备有限公司××××元的服务费，且在本和解协议签订时，以转账或现金方式一次性全额支付，双方以银行凭证作为支付或收款凭据，不再出具收条。

三、款项到账后××自动化设备有限公司撤回（××××）鲁××××民初××××号案件的诉讼，并同时提出解除保全的申请。

四、双方争议全部结束，以后再不以此相互追究。

五、本协议一式两份，双方各执一份，以双方盖章为生效要件。

××自动化设备有限公司（章）　　　　　　××市××网络科技有限公司（章）

　××××年××月××日　　　　　　　　　　××××年 ××月××日

（四）《民法典》法律条文指引

第五百八十三条【违约损害赔偿责任】当事人一方不履行合同义务或者履行合同义务不符合约定的，在履行义务或者采取补救措施后，对方还有其他损失的，应当赔偿损失。

第五百八十四条【损害赔偿范围】当事人一方不履行合同义务或者履行合同义务不符合约定，造成对方损失的，损失赔偿额应当相当于因违约所造成的损失，包括合同履行后可以获得的利益；但是，不得超过违约一方订立合同时预见到或者应当预见到的因违约可能造成的损失。

第五百八十五条【违约金】当事人可以约定一方违约时应当根据违约情况向对方支付一定数额的违约金，也可以约定因违约产生的损失赔偿额的计算方法。

约定的违约金低于造成的损失的，人民法院或者仲裁机构可以根据当事人的请求予以增加；约定的违约金过分高于造成的损失的，人民法院或者仲裁机构可以根据当事人的请求予以适当减少。

当事人就迟延履行约定违约金的，违约方支付违约金后，还应当履行债务。

典型案例八　建设设备租赁合同纠纷

（一）案情简介

原告×××建筑机械设备有限公司与被告×××之间存在建筑设备租赁合同关系，原告是承租方，被告是出租方，被告出租的设备进场后的20××年××月××日、××月××日、春节放假停用报备前的20××年××月××日，原告分三次打款给原告××××元，后又结清余款××××.××元，原告共向被告支付租金××××.××元，但原告认为被告最后一笔租金的支付已经过了减免期限，应支付从春节停用到正式解除租赁合同的违约金，向法院提出的申请如下：①被告×××立即支付尚欠租金人民币××××元（已扣除被告支付的26 000元）；②被告×××立即支付逾期付款违约金人民币××××.××元（违约金以欠付金额为基数，按每日千分之一标准自20××年××月××日暂计算至20××年××月××日，已扣除本案起诉后开庭前被告支付的××××.××元，后续违约金应以××××元为基数，按每日千分之一标准继续计算至实际清偿之日止）；③本案的诉讼费由被告×××承担的诉讼请求。

（二）案情分析

（1）被告已经按照第三人提供的对账单分三笔向原告派驻工地的业务代表付清所有的租金，且原告对此已经认可。

（2）原告的业务代表也即第三人×××代表原告向被告×××发送给三次对账单，并在对账单上明确表示，如果付款××××.××元租金，即完成全部支付。在第二次之后第三次付款前，被告法务也即代理律师介入，并不再认可其第二次和第三次付对账单的优惠承诺。也即不再认可春节期间及疫情期间租金减免的事实，要求严格按照双方的租赁合同支付余款及违约金。

（3）被告之所以没有及时支付最后一笔尾款××××.××元，原因是其间被告想让原告开具发票，提出将租赁方变更为其所在的×××公司，且就此被告与第三人已经达成一致，第三人也将在甲方处将印有原告名称××××建筑机械设备有限公司但无其法人（或负责人）签字或单位盖章的《合同主体变更三方协议》邮寄给被告，被告在"乙方"处签字，被告所在单位×××安装工程有限公司作为丙方也在合同的"丙方"处上盖章。被告×××当即将该三方协议通过邮寄给第三人×××，但直至庭审，被告及所在公司并未收到原告盖章后的三方协议。其间，第三人×××辞去被告业务代表的职务，并重新任职于第三人住址所在省份的原告的另一公司，被告等待原告开票后支付余款××××.××

元，但在收到第三次催款后，被告第一时间将余款以微信转账的方式支付给了第三人，原告也表示收到了该余款。

（4）第三人不出庭。一是第三人的承诺与原告诉讼的行为存在严重的矛盾；二是原告违约在先；三是原告并没有尊重事实信守承诺，尤其是忽略春节法定节假日和全国疫情减免的事实。

（5）原告与其业务代表、代理人之间的行为存在矛盾，原被告签订的租赁合同是格式合同，被告并没有与其平等协商。且原告作为大型公司，是总部，但其在各省都有独立的子公司，原告利用了其母子公司之间的关联关系，独特的管理体系及其强大的优势地位，对处于弱势地位的承租方即被告实施了一定的侵权行为，且选择原告所在地作为诉讼管辖地又一次增加了承租方的压力。这类案件如果严格按照原告合同来执行，承租方的胜诉希望很小。

（6）如果强势的出租方胜诉，在一定程度上，法院支持原告主张的判决不一定会取得良好的法律效应和社会效应。春节对于建筑工人来讲，是最大的节日，且天寒地冻，不适合再搞建设。辛苦一年的农民工也要回家与亲人团聚，加之，遭遇百年不遇的全球疫情，所以，法院最终判定被告违约，并做出××××.××元租金，并支付违约金1××67.66元，这样的判决既没有取得法律效应，更谈不上社会效应。

（7）在一审判决后，尽管被告不服判决但并未上诉，而是选择了放下恩怨，执行判决。因为上诉对于被告来讲耗时费力，还会再花费诉讼费、律师费、交通费等，如果二审维持原判，得不偿失。但是隐忍并不代表懦弱，而是优先注重了该纠纷所产生的社会效应。

（8）疫情期间，原告的设备被停用，与往年相比，损失较大，且作为全国性的大型建筑设备租赁公司，原告在取得胜诉后，会如法炮制，对像被告一样的其他承租人提出相同的诉讼。因此，本诉讼为后面的胜诉赢得了"有利有力"证据，进而为公司赢得了胜诉，却招致建筑行业承租人的集体敬而远之，从而为将来的发展设置障碍，埋下隐患。

（9）律师的角色在纠纷的化解中占据着极为重要的位置。如果代理人好胜心很强，且没有公平的立场，往往会为了求得代理权，为公司极力争取权益，但其职业道德未必会同时取胜。本案中，原告拒绝调解，且坚决选择以合同的约定为准，原本在不欠任何租金的情况下，硬生生"整出"一万多元违约金作为诉讼额。虽然，律师应忠于委托，但也要注重问题的化解与和谐关系的建构，否则，律师服务社会的公德心无处体现。

（10）法院认为被告的反诉请求不属于其管辖范围，驳回了被告的反诉。被告以开票行使抗辩权，被法院认定为开票是行政行为，而不是民事行为，与本诉不是同一类型，因此，不符合反诉的条件。

（11）本案原本为小额诉讼程序，但在被告提出追加第三人申请后，原审法院认为本案事实不易查明，但法律适用明确，根据《全国人民代表大会常务委员会关于授权最高人民法院在部分地区开展民事诉讼繁简分流改革试点工作的决定》裁定将原来的简易程序变更为普通程序，但仍然是独任审理。

（12）因为被告提供的第三人信息是微信名称，未核实其真实身份，通过向法院申请调取证据程序，法院向财付通科技有限公司发出协作查询公函，并经过该公司后台查询答复后，找寻到第三人的微信号对应的真实名字及身份证号码，从而为追加第三人做好了基本信息的准备。法院调查取证为网络服务或销售的主体查询提供了方法。

（三）法律文书研习指导

反诉状

原告（本诉被告）：×××，男，19××年××月××日出生，汉族，住××省××市××县×××镇××××村×××号，身份号码：××××××××××××××××××，联系电话：××××××××××

被告（本诉原告）：××××××建筑机械设备有限公司，住所地：××省××市××区南××街道×××路×××号×××-×室（××××工业园），联系电话：××××××××××

法定代表人：×××，职务：执行董事兼经理

诉讼请求：

1. 请求被告给付原告×××××.××元的增值税专用发票。
2. 请求判令被告支付反诉费等各项费用。

事实与理由：

原被告之间存在建筑设备租赁合同关系，原告是承租方，被告是出租方，被告出租的设备进场后的20××年××月××日、××月××日、春节放假停用报备前的20××年××月××日，原告分三次打款给原告××××元，后又结清余款××××.××元，原告共向被告支付租金×××××.××元，但被告截止到庭审一直未向原告出具正规的专用发票，导致原告无法记账，进而无法完成抵扣。依据相关法律规定，开具发票是收款方的义务，付款方的权利，为维护原告的合法权益，特诉至贵院，望判如诉请。

此致

××省××市××区人民法院

具状人：×××

20××年××月××日

追加第三人申请书

申请人：×××，男，19××年××月××日出生，汉族，住××省××市××县×××镇××××村×××号，身份号码：××××××××××××××××××，联系电话：××××××××××

被申请人：×××，男，19××年××月××日出生，汉族，住××省××市××县/市×××镇/区××大道×××号省道交叉口东×××米路南××××郑州分公司，身份号码：×××××××××××××××，联系电话：××××××××××

申请事项：

依法追加被申请人×××为本案第三人参加诉讼。

事实与理由：

原告××××建筑机械设备有限公司诉申请人建设设备租赁合同纠纷一案，发现×××与本案正在进行的诉讼具有直接的法律上的利害关系。根据《中华人民共和国民事诉讼法》第五十六条和《中华人民共和国民事诉讼法司法解释》第五十六条的规定，特申请追加×××为本案的第三人参加诉讼，望批准。

此致

××省××市××区人民法院

具状人：×××

20××年××月××日

调查取证申请书

申请人：×××，男，19××年××月××日出生，汉族，住××省××市××县×××镇××××村×××号，身份号码：××××××××××××××××××，联系电话：×××××××××

请求事项：

请求贵院依法调取微信号：***************，昵称：×××，地区：××，该微信号注册人及使用人包括身份证、户口本等的基本信息。

事实与理由：

原告××××建筑机械设备有限公司诉申请人×××建设设备租赁合同纠纷一案正在贵院审理中，为查清案件的事实，依据《中华人民共和国民事诉讼法》第64条、《最高人民法院关于民事诉讼证据的若干规定》第15、16、17条之规定，为维护申请人的合法权益，特申请贵院调取如下信息：昵称：×××，微信号：***************，地区：××，该微信号注册人及使用人的基本信息，以证实该微信号为×××本人所用。

此致

××省××市××区人民法院

具状人：×××

20××年××月××日

答辩状

答辩人：（本诉被告）：×××，男，19××年××月××日出生，汉族，住××省××市××县×××镇××××村×××号，身份号码：××××××××××××××××××，联系电话：×××××××××

被答辩人（本诉原告）：××××××建筑机械设备有限公司，住所地：××省××市××区南××街道×××路×××号×××-×室（××××工业园），联系电话：×××××××××

法定代表人：×××，职务：执行董事兼经理

答辩人与被答辩人设备租赁合同纠纷一案，提出如下答辩意见。

法庭应驳回被答辩人的诉讼请求。因为，答辩人已经支付了全部的租金，被答辩人诉讼请求所依据的法律事实并不存在。

1. 租赁关系应终止

答辩人与被答辩人签订设备租赁合同，就租赁期间进退场的时间等内容做了约定。20××年××月××日因过春节放假而报停，后因为疫情蔓延，工地一直不允许施工，报停时间顺延。事实上，租赁设备的手柄在春节放假报述时被答辩人取回，整个机器处于停运状态，答辩人并未再使用租赁物。所以，租赁合同于20××年××月××日答辩人退租双方签订出场单时解除，因此，被答辩人解除合同的诉请已经没有任何实际意义及事实根据。

2. "合同主体变更三方协议"已经取代"设备租赁合同"，答辩人诉讼请求再无法律依据

合同解除后，双方就一直在协商如何开具发票和支付尾款的相关事宜，双方达成一致：一手交钱，一手交票。因为答辩人提供的开票单位是公司，涉及税点变更，所以，被答辩人认为应重新签订租赁协议，于是答辩人将"合同主体变更三方协议"用笔书写上关键信息后，寄给被答辩人及其开票单位，当天答辩人就把该合同主体变更

三方协议拿到开票单位盖章后返回给被答辩人，变更协议成立。该协议在第二条明确写明："截至20××年××月××日，原合同工产生费用2××33.34元，已支付租金2××00元，尚欠租费2××3.34元"。可见，被答辩人对租赁费所剩余款2××3.34元一直予以认定。

3. 租金费已经全额付清

设备进场后的20××年××月××日支付4××0元，××月××日支付8××0元，春节放假停用报备前的20××年××月××日支付租金1××00元，三次共计2××00元。在被答辩人的证据中第10~12页予以确认，20××年××月××日答辩人将2××3.34元打入被答辩人提供的网络账户，至此，答辩人已经全额支付2××33.34元。

4. 对账单上写着对春节假期和疫情期间的租金进行减免，且与"合同主体变更三方协议"所确定的租赁费全额相一致

被答辩人于20××年××月××日，××月××日和××月××日三次将写着将"春节和疫情期间减免后的对账单"发给答辩人，催要余款2××3.34元。答辩人于20××年××月××日完成余款2××3.34元的支付。也即在20××年××月××日，被答辩人索要租金总额依然为2××33.34元，已支付2××00元，余款依然为2××3.34元。

5. 春节假期和疫情期间的租金应该被减免

一是多次作出减免账单的承诺；二是20××年春节期间及疫情期间属于不可抗力，不可归责于答辩人，且整个工地处于停工状态，答辩人从春节假期到结束租赁关系，并没有实际使用该租赁物。所以，春节假期和疫情期间不应该计算租金。

综上，本案因被答辩人已经获得全额租金，答辩人已经履行合同，双方再无争议，请法庭驳回被答辩人的诉讼请求。

答辩人：×××

20××年××月××日

证据目录

一、"合同主体变更三方协议"

证明："合同主体变更三方协议"已经取代原"设备租赁合同"，"原合同共产生费用2×××33.34元，已支付租金2××00元，尚欠租费2××3.34元，另再无租赁物未归还"，证明：被告索要租金的法律依据设备租赁合同已经失效，租金已经全部结清。

二、对账单

证明：一是对账单一直承诺对春节假期和疫情期间的租金进行减免；二是证明对账单的租金总额、已付租金和未付余款与"合同主体变更三方协议"所确定的租赁费金额相一致。

三、微信聊天记录

证明：一是双方一直在就开发票的事宜进行沟通；二是被告一直承诺给予春季和疫情期间的减免；三是证实双方就发票和合同变更事宜进行沟通的事实。

四、顺丰速运快递存根

证明：一是被告收到了原告变更合同的范本，且已经将盖章后的合同寄回原告指定的地点，变更后的三方协议已经生效。二是邮寄地址是第三人所在地址，与设备所产权地和第三人×××所在的地址相吻合，说明第三人×××所工作的单位是实际出租人，

与本案具有利害关系。

五、微信支付凭证

证明：答辩人已经将余款 2××3.34 元支付了被答辩人，租金已全部结清。

提交人：×××

20××年××月××日

补充证据

1. 春节假期延长的通知

证实：春节是法定节假日，一是正值隆冬，天寒地冻，不宜再搞建设；二是春节是中国最大的传统节日，"有钱没钱回家过年"，这是客观事实。同时，被告已经交还控制设备的手柄给出租方，相当于双方就节假日的租赁设备的停用达成一致意见。因此，应免除租金事实。

2.××市复工通知住建局（2020）13 号（××省××市政府官网-信息公开-2020 年 2 月 3 日发布）

证实：疫情导致无法开工，被告无法正常使用租赁设备的事实。

3. 房屋和市政工程开（复）工申请表

证实：疫情导致无法开工，被告无法正常使用租赁设备的事实。

答辩及代理意见

被告并不欠原告租金，也不存在违约，所以，原告的诉讼无任何事实与法律依据，请法庭予以驳回。具体理由如下：

一、对春节停工（对账单中的正常停工）和疫情停工（对账单中的疫情停工）的答辩及代理意见

1. 春节是中国最大的节日，"有钱没钱回家过年"，对辛苦一年的农民工更是如此。被告在 20××年 1 月 11 号早上招呼各位工人对账，为发工资、放假做准备。从而证实停工期的起点时间，第三人×××第一时间向原告做了报停，原告收回设备的控制手柄，租赁设备停用。

2. 2020 年 1 月 24 日—30 日的春节假期，大家居家隔离中。

3. 国务院宣布延长春节假期至 2 月 2 日。

4. ××市住建局宣布 2020 年 2 月 9 日 24 点前不能开工。

5. 2020 年 3 月 2 日施工相关单位才向××市建筑业管理办公室提出复工申请。

6. 工人到达现场隔离需要 14 天，开工时间继续往后推迟。

7. 直到 2020 年 4 月 8 日复工陆续启动。

8. 从春节报停到设备退场，被告×××没有再使用过租赁设备。以上内容的核心证据是设备自带智能系统的记录，且设备的操作手柄一直在原告处，不经原告授权，被告无法私自启用租赁设备。但该关键证据在原告手里，原告拒不提供，依据我国证据规则，由原告自行承担不利的后果。

更何况，疫情属于不可抗力，合同受疫情影响无法履行，所以，不能将疫情导致的损失归于被告，仅让被告承担。对于因此不能履行合同的当事人来说，属于不能预见、不能避免并且不能克服的不可抗力。2020 年 4 月 20 日最高人民法院明确指出，受疫情或者疫情防控措施直接影响而产生的合同纠纷案件，除当事人另有约定外，应当

综合考量疫情对不同地区、不同行业、不同案件的影响，准确把握疫情或者疫情防控措施与合同不能履行之间的因果关系和原因力度大小，依法部分或者全部免除责任。

二、三方合同的答辩及代理意见

1. 该合同是第三人×××代表原告所为，是原告的行为。

2. 原告业务员第三人×××、被告及第三方签字盖章后，邮寄给原告签章，最后签章的一方是原告，所以，该三方协议在原告手上，原告拒不提供的，也应当承担不利的后果。依据《最高人民法院关于民事经济审判方式改革问题的若干规定》第三十条的规定："根据已经被证明的一方当事人有证据拒不出示的事实，推定其持有的证据能够证明对方当事人的主张。"《最高人民法院关于民事诉讼证据的若干规定》第七十五条："有证据证明一方当事人持有证据无正当理由拒不提供，如果对方当事人主张该证据的内容不利于证据持有人，可以推定该主张成立。"

三、对微信聊天记录的答辩及代理意见

微信聊天记录属于电子数据，是可以作为证据使用的，只不过在质证阶段需要出示原始载体，并当庭播放。依据《最高人民法院关于民事证据规则的若干规定》第二十二条："调查人员调查收集计算机数据或者录音、录像等视听资料的，应当要求被调查人提供有关资料的原始载体。提供原始载体确有困难的，可以提供复制件。提供复制件的，调查人员应当在调查笔录中说明其来源和制作经过。"在庭审中原告已经质证，说明对被告提供的聊天记录已经发挥了证据的效力。

四、对违约金的答辩及代理意见

违约金的计算没有事实与法律依据，原因如下：

1. 依据设备租金合同的"结算与支付"中对租金计算分两部分：每台设备先付一个月的押金2 000元，产生的其他费用及余款在结算日后的15天内补足。

2. 在设备到场后已经按约定付押金4 000元，后又如约支付8 000元、14 000元作为租费。因约定的租金每月为2 000元，从被告付款的数额来算，也是按月租金2 000元乘以所使用车辆的台数作为结算依据的。

3. 租金的最终结算日以结算单记载的日期为准，且以原告发送给被告的结算单的数额为准。

4. 原告分别于2020年5月22日，8月15日和12月9日发给被告的对账单是同一个对账单，该三个日期视为原告的结算日，且三个结算单都明确记载着减免条件。被告已于2020年12月9日完成最后一笔2××3.34元的付款，是在规定的时间内完成付款的，何来违约？更何况，原物不存在，何来的孳息？

所以，被告自始至终都不存在违约，何来的违约责任？

五、关于第三人×××不出庭及其身份行为的答辩及代理意见

1. 租赁物的提供者及纠纷后的洽谈等事宜一直是第三人×××在代表原告处理，所以，被告有理由认为第三人×××即为原告的"业务代表"，第三人×××属于职务行为，原告应该承担第三人×××的行为的后果。

2. 即便是在本案起诉到法院，但依然是在第三人×××在负责业务代理，所以其行为依然具有法律效力，原告依然应承担第三人×××行为的后果。

3. 本案诉讼后，原告代理律师介入，其代理律师只是公司法务，负责处理法律上的事务，但公司的业务依然是由第三人×××在代理，所以，代理律师的诉讼行为并不能代替甚至否定第三人×××的业务行为。二者代理的权限和工作范围并不冲突。再者，在

起诉后，原告代理律师并没有主动与被告及其代理人联系过，更没有调解的意思。

4. 原告代理人辩解第三人×××已经辞职，但是并没有递交任何相关证据予以佐证，且在庭审中，原告律师认可第三人×××是业务员，说明第三人×××能代表公司。

5. 假使第三人×××不能代表公司，不是职务行为，那也应该视为第三人×××的个人行为，应该由其个人承担，不能因为其不出庭，逃避责任，且原告本身管理上的疏忽，而让被告承担责任。

6. 员工的行为存在矛盾，一方面承认第三人×××收受租金的行为，一方面又否认第三人对被告有利的行为，且更为不可思议的是原告的代理人跟第三人×××的说法和做法存在根本的分歧，再次说明，原告代理律师只是原告的诉讼代理人，而第三人×××才是原告的业务代表，所以，第三人×××是职务行为。如果原告对其职务行为不认可，或者选择性不认可，很显然是自相矛盾的，是违背本案事实的。

综上，第三人在本案中至关重要，要么是无独立请求权的第三人，附在原告上，与原告一起承担责任，要么是有独立请求权的第三人，自己独立承担责任，总之，与被告没有任何关系。这就是被告申请追加×××为第三人参加本案诉讼的原因。

代理人：×××律师

20××年××月××日

（四）《民法典》法律条文指引

第七百零三条【租赁合同定义】租赁合同是出租人将租赁物交付承租人使用、收益，承租人支付租金的合同。

第七百零四条【租赁合同主要内容】租赁合同的内容一般包括租赁物的名称、数量、用途、租赁期限、租金及其支付期限和方式、租赁物维修等条款。

第七百二十一条【租金支付期限】承租人应当按照约定的期限支付租金。对支付租金的期限没有约定或者约定不明确，依据本法第五百一十条的规定仍不能确定，租赁期限不满一年的，应当在租赁期限届满时支付；租赁期限一年以上的，应当在每届满一年时支付，剩余期限不满一年的，应当在租赁期限届满时支付。

第七百二十二条【承租人违反支付租金义务的法律后果】承租人无正当理由未支付或者迟延支付租金的，出租人可以请求承租人在合理期限内支付；承租人逾期不支付的，出租人可以解除合同。

典型案例九　房屋租赁合同纠纷

（一）案情简介

201×年××月××日原被告签订了房屋租赁合同，约定租期为201×年4月1日至202×年4月1日，租金每月1××0元，交付方式为提前预交三个月的房租。但在房屋租赁合同签订仅半年后的20××年9月，××区政府对该房屋所在的新华街道办事处池口社区进行棚户区改造，该租赁物房屋刚好位于改造范围内，依据该社区的拆迁补偿方案，政府委托评估机构对涉案房屋进行了包括装修在内的价格评估后，政府开始了拆迁工作，对该地区所有的房屋进行了拆除，但涉案房屋除外，原因是房主不同意拆迁补偿方案。但因为涉案房屋的主体结构遭到破坏，该房屋已经不再适合作为经营场所，因此，从20××年10月开始，原告不得不停业至今。停业期间内，被告一直以该房屋不会拆迁，并以只有租赁关系存续才能获得相应补偿为由，要求原告继续缴纳房租，履行该租赁合同，原告担心违约拿不到补偿，一直将房租交至20××年3月底。事实上，正是被告认为补偿不合理拒绝接受政府的补偿条件而导致原告迟迟拿不到补偿款，更导致原告不仅多给付了租金，还产生了停业经营的损失，现原告提出解除合同，并要求被告赔偿各项损失及费用共计人民币2×××43.7元。

（二）案例分析

（1）本案的争议是能否解除租赁合同，并赔偿因此产生的各项损失。解除的原因是该房屋要拆迁，无法继续实现租赁的目的，其间再叠加疫情，门店处于关停状态，但租金一直付至起诉的当月。

（2）因为房东与政府拆迁办公室达不成有效的调解协议，导致房屋并未被拆除，房东也未得到任何补偿，承租人要求房东给予拆迁补偿属于期待利益，与违约责任仅限于现实利益相冲突。有两种方式可以解决：一是调解结案；二是判决驳回诉讼请求，等拆迁款到位后，启动再审程序，将拆迁款支付给承租人。大家应注意期待利益和实际损失的区别。

（3）经过几轮调解，最终双方达成了和解协议，由出租方补偿承租人一定的费用，法院出具调解书结案。

（三）法律文书研习指导

民事调解书

原告：××，男，回族，19××年××月××日出生，住××市××××区×××商业北街××牛肉面馆，身份证号：××232219××06×1××3，联系电话：18×9×2×0××2

被告：×××，男，汉族，19××年××月××日生，住××市××区××街道办事处××路池口社区××市场东××2间，身份证号：×××4××19××0×67××1，联系电话：189××××9××3

××与×××租赁合同纠纷一案，经双方友好协商，自愿达成如下调解协议：

一、双方从20××年3月1日起解除租赁合同，自合同解除之日起，××不再向×××缴纳房租。

二、因租赁物拆迁，依评估作价，经协商一致，对租赁物定价为1×××2元，×××自愿补偿××屋内装饰人民币：1×××0元（大写壹万××元整）。

三、××在收到以上钱款的15个工作日内，自行将自有物品全部搬离该出租房。

四、×××所获得的拆迁补偿与××无关，××作为租赁人不再享受任何补偿。

五、调解书一经签收即生效，双方之间的纠纷了结。

六、本协议共三份，双方各执一份，法院一份。

签名：×× ×××

20××年××月××日

（四）《民法典》法律条文指引

第七百零三条【租赁合同定义】租赁合同是出租人将租赁物交付承租人使用、收益，承租人支付租金的合同。

第七百零四条【租赁合同主要内容】租赁合同的内容一般包括租赁物的名称、数量、用途、租赁期限、租金及其支付期限和方式、租赁物维修等条款。

典型案例十　车辆买卖合同纠纷

（一）案情简介

20××年××月××日，原告依据被告的购车要求，通过银行贷款的方式从××市××大道××二手车市场的××××二手车商铺处购得一辆福特福克斯轿车。双方约定，由被告使用和占用该车辆，被告每月自愿偿还贷款和手续费共 2 500 元，在三年内还清所有贷款和手续费后，被告取得该车辆的所有权，原告配合其完成车辆过户手续的办理。20××年××月××日第一个银行还款日到来后，被告如期支付了 1×00 元的银行贷款，但只向原告支付×00 元的手续费，且拒不依据约定继续履行其应承担的义务，在协商未果后，原告选择报警，在民警的调停下，被告给予原告×000 元作为押金，但再次拒绝支付剩余的×00 元，并拒绝继续履行协议约定的还款义务，原告多次找被告协商，均未果。为保障原告的合法权益，只能提起民事诉讼，请求被告继续履行合同，及补偿各项损失约 ××0000 元。

（二）案例分析

（1）本案存在两个买卖合同，原告与被告之间是保留所有权买卖，原告是第一个买卖合同的买方，是第二个买卖合同的卖方，而被告想买车又没钱，然后利用原告的银行信用并给予原告好处费是促使原告先买车后卖车的动因。

（2）本案又是买卖合同与借贷合同的结合，车是被告看好的，原告是依据被告对车辆的要求来购买车辆的，原告以自己的信用向银行贷款后，买到被告看好的二手车，且被告与卖车行的老板是朋友，而与原告是网友，且买车时认识还不到一个月。

（3）原告以为其与车行在买卖合同约定的价款是真实价格，但在银行贷款合同中却存在着另一个价格，原告实际所支出的车款除了车的真实价格外，还多出××××元，但这不是借款利息，而是附加费用。事实上，该费用贷款方及担保方并没有向原告出示先做释明，原告认为是利息，直到起诉后才得知这是担保费，该笔费用去向不明。在原被告的诉讼中，法院认为该笔费用没有给付给被告，因此不应该由被告承担，让原告另案主张。

（4）本案究竟是否涉及欺诈，法院并未调查。因存在形式上合法的贷款及担保合同，而刑事方面不构成立案条件，致使原告的合法权益得不到保障。

（5）本案的被告，经济条件较差，幸好原告已经将车取回，但 2 万元违约金的执行及下一步的还贷确实存在一定的问题。

（三）法律文书研习指导

情况说明及调解方案

一、基本情况

（一）合同约定

车的购买价格：××000 元。

利息：月还款××00 元，共××期，共计××000 元。

约定费用：每月××000 元，共××期，共计××000 元。

如果合同正常履行，被告应该负担的费用的××000元。

被告违约后，应承担违约金××000元。

（二）实际情况

本金每月：×××××.××元（损失一）

利息每月：×××××.××元（损失二）

损失共计：损失一+损失二＝×××××.××元

约定费用：××000元

共计：×××××.××元

（三）卖车还款

1. 车卖给被告或被告继续履行合同的情况下

20××年××月××日（庭审日）之前还款的话，需向银行偿还×××××.××元本金加利息，贷款全部结清。原告实际损失：

（每月应还本金+利息）×已还期数＝××××.××元-已还本金数＝××××.×× （损失一）

××00×已还期数＝××00元-已支付费用数＝××00元（损失二）

原告的损失=损失一 + 损失二，共计×××××.××元

被告实际需支付：剩余贷款+原告的损失，共计×××××.××元

2. 车卖给他人的情况下

最早的允许交易日是在买车半年后，即20××年××月××日以后，需向银行偿还总数-已还期数＝×××××.××（以实际出单为准）元本金加利息，贷款全部结清。原告实际损失：

（每月应还本金+利息）×已还期数＝××××.××元-已还本金数＝××××.×× （损失一）

××00×已还期数＝××00元-已支付费用数＝××00元（损失二）

车的价格损失：车的全价-车的残值＝××000元（实际以市场价格为准，×××××元是截止到庭审时的价格）（损失三）

原告的损失=损失一+损失二+损失三，共计×××××.××元

被告实际需支付：剩余贷款+原告的损失，共计×××××.××元

二、原告的实际损失

方案一：被告继续履行合同时

1. 车的全价+保险+附加费（损失一）

2. 原告自己已还款数（损失二）

3. 约定费用：×000×元剩余期数（损失三）

4. 违约金：××000元（损失四）

原告的损失共计：×××××.××元

方案二：被告不履行合同车辆卖与他人时

1. 车的全价+保险+附加费（损失一）

2. 车的价格损失（损失二）

3. 原告自己已还款数（损失三）

4. 被告应付而未付的约定费用（损失四）

5. 违约金：××000元（损失五）

以上损失共计：×××××.××元

三、押金×000元，依据合同约定，被告违约，不予退还。

（四）《民法典》法律条文指引

第六百一十五条【标的物的质量要求】出卖人应当按照约定的质量要求交付标的物。出卖人提供有关标的物质量说明的，交付的标的物应当符合该说明的质量要求。

第五百九十五条【买卖合同定义】买卖合同是出卖人转移标的物的所有权于买受人，买受人支付价款的合同。

第五百九十六条【买卖合同条款】买卖合同的内容一般包括标的物的名称、数量、质量、价款、履行期限、履行地点和方式、包装方式、检验标准和方法、结算方式、合同使用的文字及其效力等条款。

第六百一十二条【出卖人权利瑕疵担保义务】出卖人就交付的标的物，负有保证第三人对该标的物不享有任何权利的义务，但是法律另有规定的除外。

典型案例十一　民间借贷纠纷

（一）案情简介

乙向甲请托事项，甲以完成请托事项需要经费为由，多次向乙索要钱财，但甲最终并未完成委托事项。乙要求甲还钱，甲无力偿还，向乙出具了欠条。目前甲涉嫌诈骗罪正在走司法程序，甲欠乙的钱需要启动民事诉讼程序方可要回，但甲无力还钱，甲给乙出具了欠条，以暂缓偿还。

（二）案情分析

（1）用非讼的方式解决民事纠纷，是常见的一种方式。在民间借贷中借条究竟该如何写才能避免纠纷，把损失降到最低，是出具借条和欠条的价值及意义所在。

（2）欠条或借条只是结果，但原因会有很多，可能是借贷，也可能是拖欠的货款，或者经济补偿、拖欠的工资等，所以，一般在借贷案件中，要求提供基础关系的证据，以证明欠款的合法来源，否则，债权人的诉讼请求很难得到支持。

（3）在请托中，乙将自己的身份证、房产证等重要信息提供给了甲方，为防止甲冒用，给乙带来不必要的损害，乙做了登报声明。

（三）法律文书研习指导

欠条①

×××1/或甲方（身份证证号×××××××××××××××××）与×××2/或乙方（身份证证号×××××××××××××××××）资金往来总额为×××××××元，截止到20××年××月××日，×××（借款人）/乙方已返还给（出借人）×××1（名字）/甲方×××××元，目前尚有×××××元未偿还。现经双方平等协商约定，每月的××日前，由乙方×××2将至少但不限于×××××元转入甲方×××1的×××银行账户（银行卡号为：××××××××××××××××），最低于20××年××月××日前全部还清。若乙方×××2（借款人）违约，从违约的

---

①　欠条是最后的结果，但无法说明债务产生的真实原因，如将诈骗定性为借款，形成欠条；将拖欠的货款及违约金等形成欠条；将拖欠的工资、工程款等形成欠条。所以，在打欠条时应该写明原因或注意措辞。事实上"资金往来"比欠条更贴切。

次日（即 28 日）按照银行同期贷款利率计算利息，且甲方×××可采用法律途径进行维权。

乙方：×××2（借款人签名按手印）
20××年××月××日

登报声明①

×××的二代身份证（证号×××××××××××××××××）被人冒用所产生的任何借贷行为及产生的任何经济纠纷都由冒用者承担法律责任，与本人无关，特此声明。本声明内容真实有效，如果因此份声明引起任何法律纠纷及经济责任，本人全权承担，与××××报无关。

20××年××月××日

（四）《民法典》法律条文指引

第六百七十九条【自然人之间借款合同的成立时间】自然人之间的借款合同，自贷款人提供借款时成立。

第六百八十条【禁止高利放贷以及对借款利息的确定】禁止高利放贷，借款的利率不得违反国家有关规定。

借款合同对支付利息没有约定的，视为没有利息。

借款合同对支付利息约定不明确，当事人不能达成补充协议的，按照当地或者当事人的交易方式、交易习惯、市场利率等因素确定利息；自然人之间借款的，视为没有利息。

典型案例十二　房屋定金合同纠纷

（一）案情简介

20××年××月××日被告工作人员利用清明假期特大优惠促销即将结束为由，在原告未到现场的情况下，自行垫付×0000 元代原告缴纳定金，并于清明假期结束后多次要求原告到场，20××年××月××日原告与其配偶×××来到被告售楼处，但被告工作人员除继续游说原告缴纳余款外，并没有出示原告定金缴纳凭证及定金合同，也未与原告补签合同及索要原告的身份证明等材料。后原告发现被告工作人员存在诱骗销售行为后，到被告处说明不能再购买此房的原因，但被告以原告无权解除定金合同为由，要求继续履行购房合同，催缴房屋余款，且拒绝退还×0000 元定金。交涉无果后，原告坚持索要定金凭据，被告才补签了"××××××认购协议书"和将×0000 元的定金收据给原告，为防止损失继续扩大，原告于 20××年××月××日自行草拟了解除通知，拍照发给被告的工作人员，但被告至今拒绝退还×0000 元定金。被告工作人员滥用代理权，促销催单，导致原告做出了购房的错误意思表示，而缴纳购房定金×××××元，且在原告表示不再购房后，仍拒绝退还定金。

（二）案例分析

（1）商品房销售的定金属于什么性质？是订立合同的意思，还是确定双方签订商

---

① 声明只对刊登日以后的冒用行为产生法律效力。

品房销售合同事件本身。

（2）本案属于房屋销售合同，适不适用定金法则？

（三）法律文书研习指导

民事起诉状

原告：×××，男，19××年××月××日出生，汉族，住××省××市××县×××镇××××村×××号，身份号码：×××××××××××××××××，联系电话：×××××××××

被告：×××××置业有限公司，住所地：××省××市××区南××街道×××路×××号×××-×室（××××工业园），统一社会信用代码：××××××××××××××××××，联系电话：电话：0×××-802××××

法定代表人：×××，职务：执行董事兼经理，电话：××××-802××××

诉讼请求

1. 判令被告退还原告××××元定金，并加算银行同期贷款利率；

2. 诉讼费、律师费等相关费用由被告承担。

事实与理由

20××年××月××日被告工作人员利用清明假期特大优惠促销即将结束为由，在原告未到现场的情况下，自行垫付×0000元代原告缴纳定金，并于清明假期结束后多次要求原告到售楼处，20××年××月××日原告与其配偶×××来到被告售楼处，但被告工作人员除继续游说原告缴纳余款外，并没有出示原告定金缴纳凭证及定金合同，也未让原告补签合同及索要原告的身份证明等材料。后原告发现被告工作人员的诱骗销售行为后，到被告处说明不能再购买此房的原因，但被告以原告无权解除定金合同为由，要求继续履行购房合同，并催缴房屋余款，且拒绝退还×0000元定金。交涉无果后，原告坚持索要凭据，被告才补签了"×××××认购协议书"和将×0000元的定金收据给原告。为防止损失继续扩大，原告于20××年××月××日自行草拟了解除通知，拍照发给被告的工作人员，但被告仍拒绝退还×0000元定金。被告工作人员滥用代理权，促销催单，导致原告做出了购房的错误意思表示，导致原告损失×0000元。现为维护原告的合法权益，特诉至贵院，望判如诉请。

此致

××市××区人民法院

具状人：×××

20××年 ××月××日

（四）《民法典》法律条文指引

第九百六十一条【中介合同定义】中介合同是中介人向委托人报告订立合同的机会或者提供订立合同的媒介服务，委托人支付报酬的合同。

第九百六十二条【中介人报告义务】中介人应当就有关订立合同的事项向委托人如实报告。

中介人故意隐瞒与订立合同有关的重要事实或者提供虚假情况，损害委托人利益的，不得请求支付报酬并应当承担赔偿责任。

第九百六十三条【中介人报酬请求权】中介人促成合同成立的，委托人应当按照约定支付报酬。对中介人的报酬没有约定或者约定不明确，依据本法第五百一十条的规定仍不能确定的，根据中介人的劳务合理确定。因中介人提供订立合同的媒介服务而促成合同成立的，由该合同的当事人平均负担中介人的报酬。

中介人促成合同成立的，中介活动的费用，由中介人负担。

典型案例十三　中介合同纠纷

（一）案情简介

由姜×（弟弟）、姜×（姐姐）开办的职业介绍总站的经营范围仅为"劳务输出，职业介绍"，在原告与该总站签订合同后，又与刘××签订委托协议：约定由刘××为其申请新加坡工作准证，联系国外雇主，办理入境双签证及相关手续。从该合同的内容看，更像是劳务派遣的性质。且被告只是原告与刘××之间的中介，姜×（弟弟）为刘××代收的中介费。所以，导致原告没有出国的责任，应由刘××承担。但原告并没有把刘××作为被告，也没有申请让其作为证人出庭作证，从而影响到了本案案件事实的查明。

（二）案情分析

（1）劳务派遣和劳务纠纷属于民事纠纷调整的范围。

（2）与劳务中介签订的合同是中介合同。所以，本案还具有合同法律关系，因此属于《民法典》调解的范围。

（三）法律文书研习指导

代理词

尊敬的审判长、审判员：

本所律师受被告的委托，担任本案诉讼代理人。通过调查了解、查阅案件材料以及参加法庭审理，对本案已有全面了解。

一、姜×（弟弟）、姜×（姐姐）所开办的职业介绍总站只是个职业介绍中介

由姜×（弟弟）、姜×（姐姐）开办的职业介绍总站的经营范围仅为"劳务输出，职业介绍"，没有被告诉称的"新加坡留学"。也即该总站只是协助原告出国，至于原告出国从事什么职业，工资由谁付的问题，在双方的合同中并没有约定。可见，该总站只是职业中介，是代理办理出国手续，并不是《中华人民共和国劳动法》（以下简称《劳动法》）及相关法律所界定的劳务派遣。因为劳务派遣必须是三方主体：用人单位、用工单位与劳动者。劳动者与用人单位签订劳动合同，用人单位再与用工单位签订合同，劳动者被派遣到用工单位工作。很显然，在被答辩人与答辩人的合同中，并没有出现第三方，也就是说并没有出现用工单位，该总站也不是用人单位。很显然，本案的性质就是一种委托代理关系，由该总站代理被答辩人办理出国手续，所收取的费用也是为了办理出国手续所需要。事实上，被答辩人于20××年××月××日，20××年××月××日，持有效证件成功经北京口岸出、入境，答辩人已经完成了自己的代理行为。

关于被答辩人出境后又很快回国，并没有在国外停留、工作，并不是答辩人的原

因造成的。且被答辩人很快回国，究竟是因为没有找到工作的原因，还是自身原因，比如不适应国外的生活、语言不通、想念祖国等，这些都有可能。因而，被答辩人单纯将原因归于答辩人的行为是不准确，也是不公平的。

二、姜×（弟弟）、姜×（姐姐）所开办的职业介绍总站与××市总工会之间的关系界定及责任分担问题

姜×（姐姐）、姜×（弟弟）所开办的××市总工会职业介绍总站于200×年2月12成立，从其主办单位是××市总工会，编号为200×-9-21，性质为全民，负责人为付×等内容，都说明该总站与××市总工会是同一性质的，该总站隶属于工会，其并非为独立的法人。从性质上相当于××市总工会下设的一个科室或者一个部门，专门负责出国劳务、职业介绍的工作，姜×（姐姐）与姜×（弟弟）只是其工作人员而已，并不具有独立的企业法人的负责人。依据最高人民法院《关于企业开办的其他企业被撤销或者歇业后民事责任承担问题的批复》，"企业开办的其他企业不具备企业法人其他条件的，应当认定其不具备法人资格，其民事责任由开办该企业的企业法人承担。"可见，××市总工会才是真正的企业法人和责任承担者。

但是××市总工会与该总站又约定该总站自主经营，自负盈亏，自担风险，很显然与该总站的性质相矛盾。与其在工商登记中的性质相比较，该协议是其内部约定，用来规范协议双方主体的权利与义务的，而工商登记具有对外公示的效力，所以，答辩人所开办的该总站的性质、责任承担等应该以其工商登记为准。

三、原告与刘××签订的合同符合劳务派遣的特征

在原告与该总站签订合同后，又与刘××委托协议：约定由刘××为其申请新加坡工作准证，联系国外雇主，国内办理入境双签证，办理国外手续。从该合同的内容看，更像是劳务派遣的性质。且被告只是原告与刘××之间的中介，姜×（弟弟）为刘代收的中介费。所以，原告没有出国的责任，刘××才应该自行承担。但原告并没有把刘××作为本案的共同被告，也没有申请让其作为证人出庭作证，从而影响到了事实的查明。

四、本纠纷与姜×（姐姐）无关

姜×（姐姐）与姜×（弟弟）曾经签订协议，约定姜×（姐姐）因为身体原因退出总站，由姜×（弟弟）负责总站的全部工作，并由姜×（弟弟）承担该站的全部法律责任，姜×（姐姐）不再享受任何待遇。且该协议经过××市总工会的认可。因此，本纠纷与姜×（姐姐）没有任何关系。

五、姜×（弟弟）的突然离世导致有些事实已无法查证

姜×（弟弟）于20××年××月××日已经死亡，20××年××月××日为火化时间，所以，姜×（弟弟）经手的事情已经无法查清。人死不能复生，希望贵院能查明事实，给死者一个合理的交代。

六、本案已过诉讼时效

被答辩人于20××年××月××日持有效证件成功经北京口岸出国，并于20××年××月××日入境。可见，答辩人已经完成了自己的代理行为。本案应该从20××年××月××日开始起算2年诉讼时效，也即被答辩人应该最晚在20××年的××月××日起诉。

虽然，原告的证人王××在庭审中说到他多次找被告要钱，但多次未果，且被告姜×（弟弟）曾经付款××××元给他，并说收条在姜×（姐姐）手里。但该证人的话不足以采信，原因是该证人是原告的外甥，与原告有着亲属关系，同时该证人曾因为自己出国

的事将被告起诉。证人与本案的当事人及本案的诉讼结果有着直接的利害关系，且没有出示关键证据收条，不能证明本案的时效已经中断。综上，本案原告的诉讼请求缺乏事实与法律依据，且已经明显超过诉讼时效，请法院依法驳回被答辩人的主张。

综上，本案原审查明的事实清楚，证据充分，对被告姜×（姐姐）及姜×（弟弟）与××市总工会的关系也定位准确，代理人认为法院对原告的主张应当予以驳回。

此致
××区人民法院

委托代理人：×××律师
×××律师
20××年××月××日

（四）《民法典》法律条文指引

第一千一百九十一条【用人单位责任和劳务派遣单位、劳务用工单位责任】用人单位的工作人员因执行工作任务造成他人损害的，由用人单位承担侵权责任。用人单位承担侵权责任后，可以向有故意或者重大过失的工作人员追偿。

劳务派遣期间，被派遣的工作人员因执行工作任务造成他人损害的，由接受劳务派遣的用工单位承担侵权责任；劳务派遣单位有过错的，承担相应的责任。

第九百六十一条【中介合同定义】中介合同是中介人向委托人报告订立合同的机会或者提供订立合同的媒介服务，委托人支付报酬的合同。

第九百六十二条【中介人报告义务】中介人应当就有关订立合同的事项向委托人如实报告。

中介人故意隐瞒与订立合同有关的重要事实或者提供虚假情况，损害委托人利益的，不得请求支付报酬并应当承担赔偿责任。

第九百六十三条【中介人报酬请求权】中介人促成合同成立的，委托人应当按照约定支付报酬。对中介人的报酬没有约定或者约定不明确，依据本法第五百一十条的规定仍不能确定的，根据中介人的劳务合理确定。因中介人提供订立合同的媒介服务而促成合同成立的，由该合同的当事人平均负担中介人的报酬。

中介人促成合同成立的，中介活动的费用，由中介人负担。

第九百六十四条【中介人必要费用请求权】中介人未促成合同成立的，不得请求支付报酬；但是，可以按照约定请求委托人支付从事中介活动支出的必要费用。

第九百六十五条【委托人私下与第三人订立合同后果】委托人在接受中介人的服务后，利用中介人提供的交易机会或者媒介服务，绕开中介人直接订立合同的，应当向中介人支付报酬。

第九百六十六条【参照适用委托合同】本章没有规定的，参照适用委托合同的有关规定。

典型案例十四　合伙合同纠纷

（一）案情简介

原告与被告签订合伙协议，约定从20××年9月1日至20××年9月1日以个人合伙的方式，共同经营×品牌女装在××地区总代理及销售业务，并先后在××集团百货大楼、×××时代广场和××商城××中心店设置销售专柜，开展经营活动。按照合伙协议的约定，原被告双方共同经营、共担风险、共负盈亏，由被告负责合伙事务的日常管理和执行。之后被告称经营过程中需追加投资，自20××年合伙开始至20××年×月初该品牌女装撤柜，原告陆续通过汇款和转账的方式支付给被告共计人民币3××××7万元。撤柜后合伙经营终止，但作为执行人的被告并未与原告核对经营账目和资产盈亏情况。后原告多次催促被告核算账目，但被告总是以种种理由拒绝。

（二）案情分析

合伙协议在《民法典》出台之前，只能适用《中华人民共和国民法通则》《中华人民共和国民法总论》的规定，但在《民法典》实施后，在合同编中对合伙协议做了专门规定。以后，因为合伙协议产生的纠纷，可直接适用《民法典》的相关规定。

（三）法律文书研习指导

民事起诉状

原告：张××，女，汉族，19××年××月××日出生，身份证号码：××14××19××××××2××6，家庭住址：××市××区×××225号。联系电话：13×××83××0

被告：李××，女，汉族，19××年××月××日出生，家庭住址：××市××区×××大道××公寓×号楼×单元×楼西户。联系电话：13××5××0××5

案由：合伙协议纠纷

诉讼请求：

1. 请求依法解除原被告之间的合伙关系。

2. 请求依法判决被告返还原告出资××××××元。

3. 诉讼费、保全费、鉴定费、评估费等相关费用均由被告承担。

事实与理由：

原告与被告签订合伙协议，约定从20××年9月1日至20××年9月1日以个人合伙的方式，共同经营×品牌女装在××地区总代理及销售业务，并先后在××集团百货大楼、×××时代广场和××商城中心店设置销售专柜，开展经营活动。按照合伙协议的约定，原被告双方共同经营、共担风险、共负盈亏，由被告负责合伙事务的日常管理和执行。之后被告称经营过程中需追加投资，自20××年合伙开始至20××年×月初该品牌女装撤柜，原告陆续通过汇款和转账的方式支付给被告共计人民币3××××7万元。撤柜后合伙经营终止，但作为执行人的被告并未与原告核对经营账目和资产盈亏情况。后原告多次催促被告核算账目，但被告总是以种种理由拒绝。鉴于上述事实，原告提出上述诉讼请求，请求人民法院依法维护原告的合法权益。

此致

××区人民法院

具状人：××××

××××年××月××日

代理词

尊敬的审判长：

本律师受原告的委托，担任本案的代理人。通过调查了解、查阅案件材料以及参加法庭的审理，对本案已有全面了解，现就本案的情况发表如下的代理意见：

一、请求依法判决被告返还原告费用 3××7××元。

1. 依据合伙协议，被告负责合伙事务的执行

20××年××月份，原告与被告在双方平等、自愿的原则下，经过充分友好的协商，就共同合伙经营某品牌服装达成协议。依据《民法典》第九百六十七条的规定，"合伙合同是两个以上合伙人为了共同的事业目的，订立的共享利益、共担风险的协议"的规定，原告与被告之间的协议是合伙合同，且在该份协议的第二条明确约定了合作的性质为"共同经营、共同劳动、共担风险、共负盈亏"，这是合伙合同典型的特征和标志。

同时，在该份协议的第四条明确约定甲方即被告为合伙事务的执行人，合伙企业每月支付给被告 2 500 元的工资，其余的利润由原被告均分，且被告应当按照约定执行合伙事务。依据《民法典》第九百六十八条："合伙人应当按照约定的出资方式、数额和缴付期限，履行出资义务。"第九百七十条："合伙人就合伙事务作出决定的，除合伙合同另有约定外，应当经全体合伙人一致同意。合伙事务由全体合伙人共同执行。按照合伙合同的约定或者全体合伙人的决定，可以委托一个或者数个合伙人执行合伙事务；其他合伙人不再执行合伙事务，但是有权监督执行情况。合伙人分别执行合伙事务的，执行事务合伙人可以对其他合伙人执行的事务提出异议；提出异议后，其他合伙人应当暂停该项事务的执行。"因此，被告作为合伙事务的执行人对合伙事务负有主要责任。

2. 原告向被告支付投资款 3××7××元

原告依据该份协议的约定，向被告打款 3××7××元，作为合伙经营资金，有银行的转款记录为证，依据《民法典》第九百六十九条："合伙人的出资、因合伙事务依法取得的收益和其他财产，属于合伙财产。合伙合同终止前，合伙人不得请求分割合伙财产。"

3. 被告应返还原告投资款 3××7××元

依据该合伙协议的约定，每半年分一次红利，但是，自合伙事务开展以来，直至终止，原告仅仅进行了投资，从未分得任何利润。且被告作为合伙事务的执行人，并未按照合伙协议第八条的规定，进行清算，也未主动向原告说明或介绍过该合伙事务经营的盈亏情况。

二、案件受理费等由被告承担。

恳请仲裁庭采纳代理人的意见，以维护申请人的合法权益。

此致
××区人民法院

委托代理人：×××律师

20××年××月××日

申请书

申请人：张××，女，汉族，19××年××月××日出生，身份证号码：××14××19××××××2××6，家庭住址：××市××区××××225 号。联系电话：13××××83××0

被申请人：李××，女，汉族，19××年××月××日出生，家庭住址：××市××区×××大道××公寓×号楼×单元×楼西户。联系电话：13××5××0××5

申请事项：对申请人和被申请人的共同合伙经营某品牌女装自20××年××月××日至20××年××月××日的经营财务状况及利润数额进行审计。

事实和理由：

申请人与被申请人于20××年××月××日就共同合伙经营某品牌女装事宜达成协议，并签订有合伙协议书，申请人依约投资人民币××万元。20××年××月，被申请人擅自贴牌，侵犯了某品牌女装商标专有权，因此，被工商局处罚，致使该合伙事务无法进行经营。虽然本案已经诉讼，但被申请人故意隐瞒事实真相，对申请人的投资解释不清、交代不明，对合伙事务的经营状况不向原告告知、说明。为了查清事实，申请人特向贵院提出申请，请求贵院依法对申请人和被申请人共同合伙经营某品牌女装自20××年××月××日至20××年××月××日的经营财务状况及利润数额进行审计，望准予。

此致

××区人民法院

申请人：张××

20××年××月××日

（四）《民法典》法律条文指引

第九百六十七条【合伙合同定义】合伙合同是两个以上合伙人为了共同的事业目的，订立的共享利益、共担风险的协议。

第九百六十八条【合伙人履行出资义务】合伙人应当按照约定的出资方式、数额和缴付期限，履行出资义务。

第九百六十九条【合伙财产】合伙人的出资、因合伙事务依法取得的收益和其他财产，属于合伙财产。

合伙合同终止前，合伙人不得请求分割合伙财产。

第九百七十条【合伙事务的执行】合伙人就合伙事务作出决定的，除合伙合同另有约定外，应当经全体合伙人一致同意。

合伙事务由全体合伙人共同执行。按照合伙合同的约定或者全体合伙人的决定，可以委托一个或者数个合伙人执行合伙事务；其他合伙人不再执行合伙事务，但是有权监督执行情况。

合伙人分别执行合伙事务的，执行事务合伙人可以对其他合伙人执行的事务提出异议；提出异议后，其他合伙人应当暂停该项事务的执行。

第九百七十一条【执行合伙事务报酬】合伙人不得因执行合伙事务而请求支付报酬，但是合伙合同另有约定的除外。

第九百七十二条【合伙的利润分配与亏损分担】合伙的利润分配和亏损分担，按照合伙合同的约定办理；合伙合同没有约定或者约定不明确的，由合伙人协商决定；协商不成的，由合伙人按照实缴出资比例分配、分担；无法确定出资比例的，由合伙人平均分配、分担。

第九百七十三条【合伙人的连带责任及追偿权】合伙人对合伙债务承担连带责任。清偿合伙债务超过自己应当承担份额的合伙人，有权向其他合伙人追偿。

第九百七十四条 【合伙人转让其财产份额】除合伙合同另有约定外，合伙人向合伙人以外的人转让其全部或者部分财产份额的，须经其他合伙人一致同意。

第九百七十五条 【合伙人权利代位】合伙人的债权人不得代位行使合伙人依照本章规定和合伙合同享有的权利，但是合伙人享有的利益分配请求权除外。

第九百七十六条 【合伙期限】合伙人对合伙期限没有约定或者约定不明确，依据本法第五百一十条的规定仍不能确定的，视为不定期合伙。

合伙期限届满，合伙人继续执行合伙事务，其他合伙人没有提出异议的，原合伙合同继续有效，但是合伙期限为不定期。

合伙人可以随时解除不定期合伙合同，但是应当在合理期限之前通知其他合伙人。

第九百七十七条 【合伙合同终止】合伙人死亡、丧失民事行为能力或者终止的，合伙合同终止；但是，合伙合同另有约定或者根据合伙事务的性质不宜终止的除外。

第九百七十八条 【合伙剩余财产分配顺序】合伙合同终止后，合伙财产在支付因终止而产生的费用以及清偿合伙债务后有剩余的，依据本法第九百七十二条的规定进行分配。

典型案例十五　合作协议纠纷

（一）案情简介

上诉人与被上诉人就××国际建设集团有限公司的××家园二期 12 号、13 号楼的风冷热泵约定安装业务，但是直至本案二审也未调试及未出具验收合同。在××公司依据约定完成付款后，被上诉人以利润分成不公，将上诉人告上了法庭，法院判决分红，但被告对一审判决不服，上诉至××市中级人民法院。

（二）案情分析

（1）本案的案由并不恰当，签订的合作协议，本质上就是合作协议，本案与合伙存在着本质的差异，只不过双方约定承担的义务不同，上诉人负责外围工作，被上诉人负责具体产品的提供，所以，相比较而言，被上诉人容易提供其付出成本的证据。

（2）本案的前提存在虚假诉讼，也即合伙案由的确定是有原因的，因为一个员工以存在劳务关系为由二次起诉上诉人，并以此确定上诉人与被上诉人之间存在合伙关系，为本案的诉讼奠定了基础。但事实上，该员工是被上诉人派到施工现场的，工资是由被上诉人发放的。

（3）本案事实上是代理人与其合作者之间的纠纷，而不是发包方与承包方之间的关系。

（4）上诉人除了与被上诉人合作成本的工程外，还同时存在另一份工程，在现场同时存在上诉人与被上诉人各自雇佣的工人，且工人来自同一个地方，存在在一起做饭及休息的现象。所以，被上诉人以此认为其与上诉人之间存在合伙法律关系。

（5）无论是合作关系还是合伙关系，本案不具备分红或分成的条件，因为直至二审庭审结束，结案工程都未验收结算，更没有收到全部工程款，发包方付给承包方的款项只是预付，而不是最终工程核定的最后价款。再者，工程验收及保养阶段还会继续产生费用，这部分费用依然应由上诉人与被上诉人共同分担。

（6）本纠纷是失信的表现，更是不懂得合作含义的结果。

(三) 法律文书研习指导

上诉状

上诉人 (一审被告): 王××, 男, 19××年××月××日出生, 民族, 住××省××市××县×××镇×××村×××号, 身份证号码: ××××××××××××××××

被上诉人 (一审原告): 赵××, 男, 19××年××月××日出生, 民族, 住××省××市××区×××小区×××号楼×单元×××号, 身份证号码: ××××××××××××××××

上诉人与被上诉人合伙纠纷一案, 上诉人不服××省××县人民法院 (20××) 鲁14××民初第×××号民事判决书, 现依法提出上诉。

上诉请求:

1. 请求贵院依法撤销××省××县人民法院做出的 (20××) 省的简称14××民初第×××号民事判决书的判定内容, 发回重审, 或在查清事实的基础上直接依法改判, 支持上诉人的请求。

2. 请求贵院依法判令本案一审、二审诉讼费、保全费及其他费用全部由被上诉人承担。

事实与理由:

一审判决认定事实错误, 适用法律错误, 据以判定的证据不足, 应发回重审, 或者在查清事实的基础上直接依法改判。具体理由如下:

一、一审法院认定事实严重错误

(一) 一审法院对本案定性错误——原被告之间是合作关系, 而不是合伙关系。

1. 本案纠纷是上诉人与被上诉人之间的第一次合作也是最后一次合作, 不具有个人合伙的稳定性, 不是民法中界定的合伙关系。

2. 上诉人与被上诉人之间没有签订合伙协议, 更没有就入伙、投资、分红、退伙等事项达成书面合伙协议。

3. 上诉人与被上诉人之间只是就此次发包方公司××家园项目进行合作, 而没有此次争议项目下的其他合伙关系。

4. 从上诉人与被上诉人在合作完成之后补签的《合作协议书》来看, 二者之间也只是就此次××项目的合作达成的临时合作协议, 此协议只对该空调项目具有法律效力, 而不是针对上诉人与被上诉人之间所有的合作, 所以, 不能以此合作协议书来代替二者之间的合伙协议, 更不能依此《合作协议书》来认定二者之间具有合伙关系。

综上, 上诉人与被上诉人之间是一种松散的合作关系, 而不是较为稳定的合伙关系。合伙关系与合作关系是不同的法律关系, 二者归属于不同的领域, 所适用的法律依据及原则等都不尽相同, 所以, 一审法院对本案的定性不准, 既然定性不准, 对整个案件的事实把握也会发生错误或产生偏差。

(二) 一审法院对上诉人与被上诉人之间分成的条件认定发生错误

既然是合作关系, 所以甲乙双方应该本着诚信的原则, 精诚团结, 按照约定把双方承诺的合作事项顺利进行完毕。目前涉案工程仅仅安装完毕, 并没有进行最后调试, 还需要继续投入成本, 因为并未验收和最终结算, 因此, 被上诉人起诉时, 甚至截至上诉时, 该工程并未最终完工, 无法核算最终的成本, 更无法确定利润与分红。所以, 被上诉人请求分红的条件不具备, 但是一审法院不顾及该事实, 判定上诉人应该给付被上诉人5×××××.××元，明显是对本案的事实认定错误的结果。

（三）一审法院对涉案工程的账目及最终的计算发生错误

1. 一审法院对据以分红的总工程款认定不清

因为甲方曾经打款到收款公司账户的金额是33×××××元，与××公司（被告方挂靠的单位）出具给甲方的发票金额相一致，但被上诉人没有足够证据证明该款项即为涉案项目下的空调款，且33×××××元没有合同作为支付依据，无法确认其数额的真实性。所以，一审法院以33×××××元作为总工程款进行利润的结算，很显然存在两点明显错误。一是该工程并未结算，二是该款项还包括上诉人应得的与被上诉人没有关系的不属于涉案工程的其他款项。

2. 对1××万元返款的定性不准

发包方为保障支付涉案工程款而向银行借款2××万，其中支付63万元为空调工程款，36万元为通风设备工程款，剩余的1××万返还给发标方。所以，该1××万不是被上诉人认为的涉案空调工程款，不是上诉人借给××公司（付款方即发包方）的借款。涉案工程目前尚未最终结算，尚欠1××多万元余款，但与此1××万元没有关系。

3. 对36万元的认定发生错误

36万元是上诉人与华都另外合作的项目，与涉案的工程款不是一回事，所以，不应计算在涉案的总款中。

4. 一审法院对上诉人的成本认定发生错误

上诉人在合作中的主要工作是负责协调对外关系，进行衔接和管理，所以，有些费用和支出无法提供正式票据，但不代表上诉人没有为合作支出。所以，一审法院在审查上诉人提交的成本费用时，完全站在被上诉人的角度，依据被上诉人认可的标准处理本案，将上诉人提供的64××××元成本压低到49××××元的做法，显失公平。

5. 一审法院对被上诉人的成本认定发生错误

一审法院认定被上诉人的成本认定的依据是其提供的记账单，上诉人自称是其自己单方面记录，并未提供进货单、出库单及生产成本及成品等相关材料作为支撑，所以，且该记账单是在上诉人不知情的情况下记录，无法证实这些材料及成本都是用于涉案工程，但一审法院仅仅依据该记账单就做出了被上诉人存在15×××××.9元的成本，明显缺乏事实与证据。

6. 一审法院认定的最终利润计算过程及结果发生错误

总工程款认定错误，被上诉人的成本仅仅是单方记账，忽略上诉人的成本，且工程未最终验收结算，还无法核算双方的成本，更无法核算最终的利润分成。

（四）一审法院对合作协议书第三条的认定发生错误。

在双方的合作协议书的第三条明确约定了上诉人负责"总包方7%，对私5%"的成本，应该属于上诉人的成本。之所以有此次合作，完全是靠上诉人对外联络与协调的结果，对此，被上诉人已经予以认可，否则，该条不可能被写进双方的合作协议约定中。再者，这条属于合作双方的约定，属于双方真实的意思表示，并不违背法律，并没有损害他人的利益，所以，一审法院应该本着尊重客观事实及双方意思自治的原则，对该项内容予以认可。

综上，一审法院认定事实错误。

二、本案据以做出裁判的证据不足

（一）一审法院据以认定合伙关系的证据不足

一审法院仅仅凭双方的认定与陈述就简单认定是合伙关系，明显证据不足。当事人因法律知识的欠缺，定性不准，尚可原谅，但是一审法院直接认定二者之间是合伙关系，明显缺乏事实与法律的依据。

（二）一审法院对上诉人与被上诉人之间利润分成的条件认定发生错误缺乏法律依据

上诉人没有提供工程结算单，更没有提供合同约定项下的总价款，仅仅凭借被自己的记账单和陈述，就认定涉案工程已经具备了利润分成的条件，且直接按照被上诉人的意愿简单计算出结果，并以此进行判决，明显存在错误。

（三）一审法院对涉案工程的账目及最终的计算发生错误

无论是计算的依据、过程还是方法都缺乏直接依据。因为该结果是对被上诉人观点的简单重复及直接认可，在被上诉人没有提供基础合同无法予以证实总价款、成本及是否最终是否会产生利润的情况下，给出判决结果显失公平。

三、本案存在程序错误

（一）本案审理时间太长

从20××年××月××日立案，到20××年××月××日下达判决，历时2年2个月，即便是本案的审理程序从简易程序转为普通程序，但依《民事诉讼法》的规定，普通程序的最长审理期限为6个月，且只有在出现法定延长事由时才能延长，但这不能持续2年多，可见，一审审理时限不符合民事诉讼法程序的规定。

（二）判决从做出到送达的时间太长，不符合法律规定

据判决记载，其落款时间为2019年的3月26日，但是判决被送达给双方当事人的时间却是在2020年1月10日，历时长达近10个月。其间上诉人多次与承办法官联系，询问案件的进展情况，但是，一审法院终究未在法律规定的时间内完成审理与送达。

四、本案适用法律错误

1. 没有适用合同法关于合作合同的相关规定作为判定依据。

本案是合作合同纠纷，而并不是合伙纠纷，合作合同虽然不是合同中的有名合同，但依然属于合同法的调整范围，本案应以合同法的诚信原则、意思自治原则作为审理本案的依据。

2. 本案应优先适用合同法的规定，而不是《民法通则》和《民法总则》作为裁判依据。

在遇到纠纷时，应优先适用合同法这一特别法的规定。但从本案判决结果所依据法律条文来看，并没有实际引用该合同法中的任何一条规定，不涉及实体，何来判定？一审法院又是如何来判定《合作协议书》的效力，并以此做出最终判定的？

综上，请求贵院依法查清事实，分清是非，补充证据，在正确适用法律的基础上，撤销原判决，或直接改判，或发回重审，以维护上诉人的合法权益。

此致

××市中级人民法院

上诉人：×××

20××年××月××日

代理词

尊敬的审判员：

本律师受被告的委托，担任本案的代理人。通过调查了解、查阅案件材料以及参加法庭的审理，对本案已有全面了解，现就本案的情况发表如下的代理意见：

一审判决认定事实错误，适用法律错误，据以判定的证据不足，应发回重审，或者在查清事实的基础上直接依法改判。具体理由如下：

一、一审法院认定上诉人与被上诉人之间的合伙关系的事实发生严重错误

（一）合作与合伙的不同

1. 合作与合伙的投资不同

为了避免以后出现纷争，合伙投资需要在合伙前、合伙中、解散清算阶段等多个方面进行考虑，需要借助协议来进行规范。

（1）在合伙前，要明确每个人的出资形式，不同的出资形式会有不同的规定，并且明确自己的账目；

（2）合伙时，要签订合伙协议，合伙协议应该包括如下内容：对利润如何进行分配以及合伙人的权利义务进行明确规定，并且说明分享利润和分担损失方式、具体事务的分担、每个合伙人每月的开支限制等。各合伙人根据出资比例享有决策权利。根据法律规定，合伙人对合伙企业债务承担连带责任，但这仅仅解决合伙人对外承担责任的问题，而对于合伙人内部责任的划分，需要根据实际情况进行明确规定。

（3）订立会计制度。对会计准则达成协议或让可靠的会计人员从事这一工作，这是极其重要的事情。

（4）合伙关系终止时，要进行审计清算，对合伙财产进行处理，有书面协议的，按照协议进行处理；没有协议且协商不成的，按照出资数额进行处理，并照顾出资数额多的人的合伙人的利益。

2. 合作与合伙的民事责任不同

合伙的民事责任指个人合伙违反民事义务或侵犯他人民事权利所应承担的法律后果。它分为两部分：一是对内民事责任，二是对外民事责任。个人合伙的对内民事责任即由合伙事务而产生的各合伙人之间、合伙人与合伙企业之间及合伙企业聘用的经营管理人员或职工与合伙企业之间的民事责任。①出资违约责任；②擅自将自己在合伙企业中的财产份额出资的赔偿责任；③不具有事务执行权的合伙人擅自执行合伙企业事务的赔偿责任；④违反竞业禁止义务及不得与本合伙企业进行交易义务的赔偿责任；⑤执行合伙事务中损害合伙企业利益的赔偿责任；⑥擅自处理必须全体合伙人同意才能执行的合伙事务的赔偿责任；⑦入伙的民事责任；⑧擅自退伙的赔偿责任；⑨拒绝承担合伙人内部求偿权的民事责任；⑩被聘任的合伙企业的经营管理人员的赔偿责任；⑪合伙企业聘用的职工的民事责任。如果合伙企业聘用的职工利用职务上的便利将合伙企业的财物非法占为己有或者挪用合伙企业资金归个人使用，应依法承担返还或赔偿的民事责任；⑫清算人应依法承担的民事责任。个人合伙的对外民事责任指全体合伙人就合伙债务所承担的无限连带责任，也就是合伙企业对第三人应承担的民事责任。

（二）本案中当事人之间应被定为合作关系

1. 本纠纷是上诉人与被上诉人之间的第一次合作，也是最后一次合作，不具有个

人合伙的稳定性，不是《民法典》中界定的合伙关系。

2. 上诉人与被上诉人之间没有签订合伙协议，更没有就入伙、投资、分红、退伙等事项达成书面合伙协议。

3. 上诉人与被上诉人之间仅就此次××公司××家园项目进行合作，而没有此次争议项目下的其他合伙关系。

4. 从上诉人与被上诉人在合作完成之后补签的合作协议书来看，二者之间也只是就此次××项目的合作达成的临时合作协议，此协议只对该空调项目具有法律效力，而不是针对上诉人与被上诉人之间所有的合作，所以，不能以此合作协议书来代替二者之间的合伙协议，更不能依此合作协议书来认定二者之间具有合伙关系。

综上，上诉人与被上诉人之间是松散的一次性合作关系，而不是较为稳定的合伙关系。合伙关系与合作关系是不同的法律关系，二者归属于不同的领域，所适用的法律依据及原则等都不尽相同，所以，一审法院对本案的定性不准，既然定性不准，对整个案件的事实把握也会发生错误或产生偏差。

二、本案与已经生效并部分执行的××省××县人民法院（20××）鲁14××民初第××××号民事判决书没有关系

（一）××省××县人民法院（20××）鲁14××民初第××××号民事判决书认定上诉人与被上诉人之间存在合伙关系是错误的

在××省××县人民法院（20××）鲁14××民初第××××号民事判决书中，将上诉人与被上诉人之间的关系认定为合伙关系，是绝对错误的。理由如上，此处不再赘述。

（二）一审法院对上诉人与郭××之间存在劳务关系的认定发生错误

郭××是由被上诉人雇佣的，且依据上诉人与被上诉人之间的合作协议书第二条的约定，是由被上诉人负责设备采购及施工等费用。所以，即便是为完成施工，需要雇佣工人，依据合作协议书的约定，也应该是由被上诉人负责，而不是由上诉人负责。另一被告张××负责在现场记工、现场管理，同样是由被上诉人给付工资。因此，郭××与上诉人之间不存在劳务关系，×××应该找其直接的雇主被上诉人索要工资。

（三）郭××本人无劳动能力

郭××是19××年××月××日生人，201×年已经将近70岁，而我国的退休年龄是60周岁。空调安装工作既需要技术，更需要到达一定的高处及较为危险的地方作业，作为一个年事已高的老者，不适合再从事这么危险的高空作业。且郭××并没有提供劳动合同来用以证明与申诉人之间存在劳动关系或者雇佣关系，没有提供双方工作内容、工作环境、工作待遇等条件存在约定的书面材料，郭××也不属于退休后的返聘人员，更没有从事高危作业的资格证书。

（四）××省××县人民法院（20××）鲁14××民初第××××民事判决书属于被上诉人以赵××的名义对上诉人提起的虚假诉讼

被上诉人为达到向上诉人多分红的目的，指使郭××在20××年连续两次起诉上诉人。事实上，×××是由被上诉人雇佣的，应该由被上诉人赵××支付工资。被上诉人之所以指使郭××，是为了达到认定被上诉人与上诉人之间的合伙关系，然后进一步在（20××）鲁14××民初第××××案件中增加胜诉的把握，以达到多分利润的目的。

（五）原审法院违背了一审不再理的原则，并就同一案由做出两个截然相反的判决

在（20××）鲁××××民初第7××号判决与（××）鲁××民初第18××号是同一案由，

郭××索要5××4元工资的诉讼请求被（20××）鲁14××民初第7××号驳回后，再次以相同事实与理由诉至××人民法院，但是，两次判决的结果却截然相反。在（20××）鲁14××民初第18××号被认可郭××与王××之间具有雇佣关系，而在（20××）鲁14××民初第7××号并未被认定，同一法院，同一案由，竟然做出两份截然不同的判决。

三、本案的基础关系应该与合作关系分离开来

（一）本案的合作关系与基础关系是分离的

我国虽然没有承认债权的无因性，但是，债权确实与其产生的基础关系具有无因性的法律事实。具体到本案，就一个工程，产生了两种合同。一是发包方与承包方之间的承包合同，二是上诉人与被上诉人之间的合作合同，将两份合同关系连接起来的是上诉人，因为其是承包方的业务员，同时又与承包方之间是代理关系，承包方以收取管理费作为条件，允许上诉人使用其名义签订承包合同，但因为本案的纠纷仅仅限于双方签订的合作合同，涉及投入成本及利润分成的问题，双方争议的焦点问题是利润分成，而为了解决利润分成的问题，就必须先搞清楚各自的成本投入，然后再按照合作协议约定的5∶5的比例进行分成。所以，本案是上诉人与被上诉人之间的争议，并不涉及发包方与承包方的经济利益，本案争议核心——利润分成，仅仅涉及上诉人与被上诉人，利润分成的基础是二者之间真实的意思表示，不涉及发包方与承包方，更不涉及其他的第三人、社会利益与国家利益。所以，本案应该抛开基础原因，仅仅就本案起诉的直接依据和关键证据合作协议对双方争议的利润分成来进行单独评判。

（二）合作协议书的第三条是上诉人与被上诉人之间真实的意思表示，处理的是双方之间的利润分成问题，与他人、集体和国家没有关系

在双方的《合作协议书》的第三条明确约定了上诉人负责"总包方7%，对私5%"的约定，应该属于上诉人的成本。之所以双方能合作，完全是因为靠上诉人对外联络与协调的结果，对此，被上诉人已经予以认可，否则，该条不可能被写进双方的合作协议约定中。再者，这条属于合作双方的约定，属于双方真实的意思表示，并不违背法律，并没有损害他人的利益，所以，一审法院应该本着尊重客观事实及双方意思自治的原则，对该项内容予以认可。

（三）本案的起诉标的要求上诉人承担违约责任

本案不是《民法典》合同编规定的有名合同，但从该合作协议书约定的内容，及本案起诉标的是承担违约责任来看，本案显然应被限定在合同的范围内，而不是民法总则部分对个人合伙及《中华人民共和国合伙企业法》对合伙的法律规定。

四、关于合作协议的细节性代理意见同上诉状和质证意见。此处不再赘述。

综上，请求贵院依法查清事实，分清是非，补充证据，在正确适用法律的基础上，撤销原判决，或直接改判，或发回重审，以维护上诉人的合法权益。

代理人：×××律师

20××年××月××日

（四）《民法典》法律条文指引

第六百四十六条【买卖合同准用于有偿合同】法律对其他有偿合同有规定的，依照其规定；没有规定的，参照适用买卖合同的有关规定。

第九百七十六条【合伙期限】合伙人对合伙期限没有约定或者约定不明确，依据

本法第五百一十条的规定仍不能确定的，视为不定期合伙。

合伙期限届满，合伙人继续执行合伙事务，其他合伙人没有提出异议的，原合伙合同继续有效，但是合伙期限为不定期。

合伙人可以随时解除不定期合伙合同，但是应当在合理期限之前通知其他合伙人。

第九百七十七条【合伙合同终止】合伙人死亡、丧失民事行为能力或者终止的，合伙合同终止；但是，合伙合同另有约定或者根据合伙事务的性质不宜终止的除外。

第九百七十八条【合伙剩余财产分配顺序】合伙合同终止后，合伙财产在支付因终止而产生的费用以及清偿合伙债务后有剩余的，依据本法第九百七十二条的规定进行分配。

典型案例十六　准合同——无因管理纠纷

（一）案情简介

20××年××月份，×××（子）因交通事故深度昏迷，至今一直未苏醒，被医生诊断为植物人。×××（父）为给儿子治病，向亲朋好友借钱为原告筹钱看病，因为当时×××（父）并不是×××（子）的监护人，且在发病前，×××（子）本人已经成年，智力健全，有自己独立的家庭、工作和收入。但从20××年的××月××日×××（儿媳）离家至今一直未归，置处于深度昏迷状态的丈夫而不顾。无奈，×××（父）四处借债为×××（子）看病，欠下十几万元的高额外债。

（二）案情分析

×××（子）已经成年，配偶是第一监护人，×××（父）再对×××（子）的事务管理是否构成无因管理，存在争议。从法律主体上，儿子和父亲都是独立的民法主体，因此，父亲再对儿子事务的管理，构成无因管理。但从亲情上来讲，似乎有点不合理，这即为矛盾的地方。

（三）法律文书研习指导

答辩状

答辩人（原审原告）：×××，男，19××年××月××日出生，汉族，住××市××县××镇××村。

委托代理人：×××，×××××律师事务所律师。

被答辩人（原审原告）：×××，男，19××年××月××日出生，汉族，住×市××县×××镇××村。

被答辩人（原审原告）：×××，女，19××年××月××日出生，汉族，住×市××县×××镇××村。

答辩人因为被答辩人无因管理纠纷一案，不服××县人民法院（20××）×民初字第×××号民事判决，诉至贵院，现针对答辩人在上诉状中的理由，被答辩人特提出如下答辩意见。

一、原审判决认定法律关系清楚，适用法律正确

（一）原审判决认定法律关系清楚

答辩人与被答辩人是父子关系，但是，×××（子）是19××年生人，在事发前已经

成年且智力健全，是完全民事行为能力人。在与被答辩人×××（儿媳）结婚后，与答辩人已经分家，与被答辩人×××（儿媳）与两个孩子单独生活。依据我国现有法律的规定，对成年且精神智力健全的子女来说，父母没有法定上的监护责任。但被答辩人×××（子）因交通事故深度昏迷，被答辩人×××（儿媳）是他的监护人。作为监护人应当尽到监护职责。事实上，被答辩人×××（儿媳）早已带着与×××（子）的夫妻共同存款、保险公司的赔款及新农合医保报销费用一走了之，对深度昏迷需要24小时护理的结发丈夫不理不顾。俗话说，一日夫妻百日恩，百日夫妻似海深。百年修得同船渡，千年修得共枕眠。作为十多年的夫妻，×××（子）在出事前精心呵护着与×××（儿媳）构建的小家庭，然而，却受到×××（儿媳）这样的待遇，令人费解。

而恰恰是作为父亲的答辩人在儿子×××（子）出事后，四处筹钱，不惜举债为其看病。患难见真情，在×××（子）不省人事一年半的漫长煎熬中，答辩人×××（父）始终在精心照料并陪护，在尽一个父亲的责任。

综上，原审法院的判决对答辩人×××（父）与被答辩人×××（子）之间的无因管理的法律关系界定性准确，请上诉法院予以维持。

（二）原审判决适用法律正确

正如被答辩人在上诉状中所言，无因管理的构成要件有三：为他人管理事务；有为他人谋利益的意思；没有法定或约定的义务。结合上面的分析可以得出，答辩人×××（父）与被答辩人×××（子）没有法律上的抚养关系，因而，在法律关系上来讲被答辩人相对于答辩人来说是他人，答辩人为被答辩人四处举债筹措看病钱的行为是为了被答辩人的利益。答辩人的行为完全符合无因管理的构成要件，因此，依据《民法典》第九百七十九条的规定，×××（父）有权要求被答辩人返还其必要费用的权利。

原审法院认定事实清楚，适用法律正确。应予以维持。

此致

××市××区人民法院

答辩人：×××
20××年××月××日

中止申请书

申请人：×××，男，19××年××月××日出生，汉族，住××市××县××镇××村。

申请事项：

请求裁定中止原告与被告无因管理纠纷（20××）年××民初××号一案的审理。

事实与理由：

申请人×××（父）与被告×××（儿媳）无因管理一案贵院已经受理。但是本案争议的焦点之一×××（子）的监护人由谁承担，现申请人已经向贵院提起变更监护权的申请，且本案需要以该案件的审理结果为依据，现申请中止审理，恳请贵院准许。

此致

××县人民法院

申请人：×××
20××年××月××日

补充答辩和代理意见

×××（父）是×××（子）的法定监护人，×××（父）是×××（子）的法定代理人，在×××（父）没有签字同意的情况下，×××（子）不具备上诉人的主体资格。对此事×××（儿媳）是知道的，所以，×××（儿媳）的说法没有事实与法律根据。

20××年××月份，×××（男）出事后，×××（父）为给×××（子）治病，以自己的名义向亲朋好友筹措医药费，因为当时×××（父）还不是×××（子）的监护人，且×××（子）本人已经成年，智力健全，有自己独立的家庭、工作和收入。所以，×××（父）的行为构成无因管理。

从20××年的××月××日，×××（儿媳）离家，至今一直未归。而处于深度昏迷状态的×××（子）需要长时间的护理与照料，无奈，村委会研究决定，指定×××（父）为其监护人。×××（父）获得监护资格是在一审审理过程中，一审判决下达前。所以，×××（子）作为一审被告的资格是合法的。但是在二审时，×××（子）的监护人变更为×××（父），对于此时，×××（儿媳）是清楚的，也是知晓的。法庭调查查明，上诉状中的×××（子）的名字是由×××（儿媳）代理签字的，手印也是由×××（儿媳）替×××（子）按的，明显已经不符合法律规定。因为从20××年××月××日开始，×××（儿媳）已经不再是×××（子）的监护人。

又因为×××（子）出事前，曾在一家保险公司担任经理，所以，为了与用人单位打官司，×××（儿媳）说服×××（父）授权给她。为了方便和顺利得到赔偿款项，×××（儿媳）让×××去找找村委会开证明，证明她是在20××年××月××日才得知×××为监护人的事实。所以，才有了上次开庭时×××（儿媳）手里拿的那份村委会的证据。因为×××（父）不识字，所以，他没有当庭驳回。

且×××（子）与×××（儿媳）的夫妻共同存款一直由×××（儿媳）持有，在丈夫需要花钱的时候，×××（儿媳）有义务拿出钱来先治病救人。

在×××（子）深度昏迷期间里，是×××（父）一直在精心照料着他。对此，×××（儿媳）是清楚的。

综上，从村委会变更监护人的行为和×××（儿媳）离家出走置深度昏迷需要精心护理的丈夫×××（子）于生死不顾的事实来看，×××（儿媳）的说法是绝对不能成立。所以，×××（子）不具备上诉人资格。

代理人：×××

20××年××月××日

撤诉申请书

申请人：×××（父），男，19××年××月××日出生，汉族，住××市××县××镇××村。

委托代理人：××××，××××律师事务所律师。

被申请人：×××（儿媳），女，19××年××月××日出生，汉族，住××市××县××镇××村。

原告×××（父）诉被告×××（儿媳）无因管理纠纷一案，正在贵院审理。现原告撤回对被告的诉讼，请贵院予以准许。

特此申请

申请人：×××

20××年××月××日

（四）《民法典》法律条文指引

第九百七十九条【无因管理定义】管理人没有法定的或者约定的义务，为避免他人利益受损失而管理他人事务的，可以请求受益人偿还因管理事务而支出的必要费用；管理人因管理事务受到损失的，可以请求受益人给予适当补偿。

管理事务不符合受益人真实意思的，管理人不享有前款规定的权利；但是，受益人的真实意思违反法律或者违背公序良俗的除外。

第九百八十条【受益人享有管理利益时的法律适用】管理人管理事务不属于前条规定的情形，但是受益人享有管理利益的，受益人应当在其获得的利益范围内向管理人承担前条第一款规定的义务。

第九百八十一条【管理人适当管理义务】管理人管理他人事务，应当采取有利于受益人的方法。中断管理对受益人不利的，无正当理由不得中断。

第九百八十二条【管理人通知义务】管理人管理他人事务，能够通知受益人的，应当及时通知受益人。管理的事务不需要紧急处理的，应当等待受益人的指示。

第九百八十三条【管理人报告和交付义务】管理结束后，管理人应当向受益人报告管理事务的情况。管理人管理事务取得的财产，应当及时转交给受益人。

第九百八十四条【受益人追认的法律效果】管理人管理事务经受益人事后追认的，从管理事务开始时起，适用委托合同的有关规定，但是管理人另有意思表示的除外。

典型案例十七　准合同——不当得利纠纷

（一）案情简介

王××在魏××和鲁××的担保下，以××集团公司的名义与××电气化集团有限公司签订了一份购销合同，后双方因为交付货物的质量问题产生纠纷，××电气化集团有限公司起诉××集团公司，要求解除合同并索要预付金。一审判令解除合同，返还预付款并支付违约金。二审维持原判，最终导致××集团公司成为被执行人，执行法院要求原告支付人民币 7××044.00 元，并于 20××年 11 月 18 日已经执行完毕。现××集团公司就以上款项向王××追偿，并要求被告支付 7××044.00 元（自 20××年 11 月 18 日起至实际支付日的迟延履行金）。××集团公司在支付了以上款项及利息后，向王××及其担保人魏××和鲁××追偿。

（二）案情分析

（1）××集团公司向王××及其担保人魏××和鲁××追偿已经支付的首付款及利息后，是否构成不当得利，需要法院进行判定。

（2）不当得利对证据的要求比较高，因此，在起诉前，掌握证据即为关键。

（三）法律文书研习指导

民事起诉状

原告：××集团有限公司，住所地：××省××市××县××屯镇××大街西首，联系电话：0534-50×××55，统一社会信用代码：91×××28××6120××××

法定代表人：××，经理，联系电话：0534-50×××55

被告：王××，男，汉族，19××年××月××日出生，公司职员，住××省××市××街道×××村179号，身份证号码：××××××××××××××××××，联系电话：187×××××8×8，156××××1××8

被告：魏××，男，汉族，19××年××月××日出生，自由职业，住××省××市××县×××乡×××村49号，身份证号码：37×××19×09××4×1×，联系电话：134×××6882

诉讼请求：

1. 请求依法判令被告向原告退还垫付款、违约金、诉讼费及执行费共计人民币7××044.00元。

2. 请求依法判令二被告支付7××044.00元（自20××年11月起至实际支付日的迟延履行金）。

3. 本案的律师费、诉讼费、保全费、执行费均由被告承担。

事实与理由：

第一被告在第二被告的担保下，以原告的名义与××电气化集团有限公司签订一份购销合同，后双方因为交付货物的质量问题产生纠纷，××电气化集团有限公司起诉原告要求解除合同并索要预付金。一审判令解除合同，返还预付款并支付违约金；二审维持原判，最终导致原告成为被执行人，执行法院要求原告支付人民币7××044.00元，并于20××年11月18日已经执行完毕。现原告就以上款项向被告进行追偿，并要求被告支付7××044.00元，自20××年11月18起至实际支付日的迟延履行金。现为维护原告的合法权益，特诉至贵院，请求依法判决。

此致

××县人民法院

具状人：××集团有限公司

20××年××月××日

调查取证申请书

申请人：××集团有限公司，住所地：××省××市××县××镇腾运大街西首，联系电话：0××4-50×5×5，统一社会信用代码：91××14××70××20××63

法定代表人：××，董事长，联系电话：0××4-50××5×5

请求事项：

请求贵院依法调取×××与××电气化集团有限公司签订、履行和解除购销合同后取回原物等相关材料。

事实与理由：

申请人诉××追偿权一案正在贵院审理中，为有助于查清案件的事实，依据《中华人民共和国民事诉讼法》第64条、《最高人民法院关于民事诉讼证据的若干规定》第15、16、17条之规定，特申请贵院依法调取×××与××电气化集团有限公司签订、履行和解除购销合同后取回原物等相关材料，以证实×××是购销合同的实际履行人。

此致

××县人民法院

申请人：×××

20××年×月××日

王××与××公司是挂靠关系的证明

一、王××的身份证明

1. 王××的身份证信息证明王××是××市人，经常居住地是××市，而不是××公司地址，无法遵守××集团有限公司的上下班管理制度。

2.××集团有限公司为王××办理工作证的记录，证实王××的工作证明就是业务代表，目的是证明业务员与××公司挂靠关系。

3.××集团有限公司所有业务员名单，王××工号为0395号，赫然在列。

4. 魏××和鲁××的担保证明，证明王××是业务员。

5.××集团有限公司2017—2020年在岗的工作人员名单，没有王××。

6. 王××有自己的公司，办公地点是××市，也属于玻璃钢生产的经营范围（王××的公司，需调取其工商登记）。

7.××集团有限公司收取王××管理费的凭证。

二、王××的行为证明

1. 与陈××进行合同磋商的是王××（证据：王××和陈××的微信聊天凭证）。

2. 来××集团有限公司考察的费用是由王××自己出的（证据：宾馆和饭店的交易记录）。

3. 合同的签订人为王××（证据：合同签有王××名字）。

4. 王××向××电气集团有限公司提交物资设备采购款拨付审批表，申请拨付材料款5××1×9.30元。（证据：物资设备采购款拨付审批表）

5. 王××的个人账户接收了××集团有限公司转来的向××电气集团有限公司申请的5××1×9.30元的预付款，并给××集团有限公司打了收条，这种行为不符合用人单位与员工之间的逻辑关系。（证据：转款记录和收条）

6. 王××自始至终参与了××集团有限公司的合同纠纷，并在庭审笔录中签字。（证据：庭审笔录）

7. 王××自己付费聘请律师代表××集团有限公司参与的合同纠纷诉讼，律师的代理费由王××自己支持。（证据：原来委托的××律师提供）

8. 王××自己付鉴定费进行质量检验。（证据：庭审笔录××电气集团有限公司律师对此作了论证）

9. 劳务合同的实际履行人也为王××，是合同纠纷项下的安装人和实际施工人。（证据：劳务合同中王××的签字）

三、王××与××集团有限公司挂靠关系的结果推理（不需举证）

1. 如果王××是××集团有限公司的职工，××公司是用人单位，王××应该在××集团有限公司工作，并在××公司集团或者附近居住，王××是××市人，平时居住在××省××市，只能证明王××不是××公司的员工。

2. 如果王××是××集团有限公司的职工，××公司是用人单位，××集团有限公司应该给王××发工资、缴纳社保，福利待遇等，且签订劳动合同，或者形成事实上的劳动关系，但事实上，王××并没有领过工资。

3. 如果王××是××集团有限公司的职工，怎么还需要担保人为其业务做担保？

4. 如果王××是××集团有限公司的职工，××公司为何会将预付款转给王××以保障其对中铁合同的履行？

以上种种证据证明，王××与××集团有限公司之间是挂靠关系。事实上，从合同的签订、履行到争议的解决，王××都以第一责任人冲在最前面，用实际行动证实其与××公司的挂靠关系。王××在本次庭审中表现也证实，其无法提供工资证明和人事档案关系。因此，王××与××集团有限公司集团之间是挂靠关系，而不是劳动关系，更不是其他关系。

撤诉申请书

申请人：××集团有限公司，住所地：××省××市××县××镇××大街西首，联系电话：0××4-5××8××5，统一社会信用代码：91××14××70××20××63

法定代表人：××，经理，联系电话：0××4-50×××55

被申请人：×××，男，汉族，19××年××月××日出生，公司职员，住××省××市××街道××村×××号，身份证号码：××××22×××4×10××58，联系电话：18×0×5×0×88，15××16××8×8

被申请人：×××，男，汉族，19××年××月15日出生，自由职业，住××省××市××县×××乡×××村49号，身份证号码：3×××2×××8×××15××1×，联系电话：13××5××6××2

申请人与被申请人追偿权纠纷（202×）×1××8民初××××号一案正在贵院审理中，依据《中华人民共和国民事诉讼法》第145条的规定，现申请人因故申请撤回起诉，请予批准。

此致
××县人民法院

申请人：××集团有限公司
20××年××月××日

（四）《民法典》法律条文指引

第九百八十五条【不当得利定义】得利人没有法律根据取得不当利益的，受损失的人可以请求得利人返还取得的利益，但是有下列情形之一的除外：

（一）为履行道德义务进行的给付；

（二）债务到期之前的清偿；

（三）明知无给付义务而进行的债务清偿。

第九百八十六条【善意得利人返还义务免除】得利人不知道且不应当知道取得的利益没有法律根据，取得的利益已经不存在的，不承担返还该利益的义务。

第九百八十七条【恶意得利人返还义务】得利人知道或者应当知道取得的利益没有法律根据的，受损失的人可以请求得利人返还其取得的利益并依法赔偿损失。

第九百八十八条【第三人返还义务】得利人已经将取得的利益无偿转让给第三人的，受损失的人可以请求第三人在相应范围内承担返还义务。

第四编

人格权编案例研习

一、《民法典》人格权篇的相关规定

人格权是民事主体对特定的人格利益享有的权利，关系到每个人的人格尊严，是民事主体最基本的权利。《民法典》从民事法律规范的角度规定自然人和其他民事主体人格权的内容、边界和保护方式，不涉及公民政治、社会等方面的权利。

1. 一般性规定

在明确人格权定义的基础上，规定民事主体的人格权受法律保护且不得放弃、转让或者继承对死者人格利益的保护，还明确规定人格权受到侵害后的救济方式。

2. 关于生命权、身体权和健康权

为了促进医疗卫生事业的发展，鼓励遗体捐赠的善举，确立了遗体捐赠的规制，明确了人体基因、胚胎等有关医学和科研活动应遵循的规则，对性骚扰的认定标准，以及机关、企业、学校事业单位为防止和制止性骚扰等方面的规定。

3. 姓名权与名称权

对自然人选取姓氏的规则做了规定，明确具有一定知名度，对他人使用足以造成公众混淆的笔名、艺名、网名等，参照适用姓名权和名称权保护的有关规定。

4. 关于肖像权

禁止任何组织或者是个人利用信息技术手段深度伪造他人的肖像声音，侵害他人的人格利益，甚至危害社会公共利益，并明确对自然人声音的保护参照适用肖像权保护的有关规定办理，规定了肖像许可使用合同的解释、解除等内容，以全面保护肖像权与维护社会利益。

5. 名誉权与荣誉权

对行为人实施新闻报道、舆论监督等行为涉及的民事责任、行为人是否尽到合理核实义务等做了规定。如果民事主体有证据证明报刊、网络等媒体报道的内容失实，侵害其名誉权的，有权请求更正或删除，以平衡个人名誉保护与新闻报道、舆论监督之间的关系。

6. 关于隐私权与个人信息保护

规定了隐私权的定义，列明侵害他人隐私权的具体行为；界定个人信息的定义，明确处理个人信息应遵循的原则与条件，建构自然人与信息处理之间的基本权利义务框架，明确处理个人信息不承担责任的特定情形，合理平衡个人信息与维护公共利益之间的关系，且国家机关及工作人员负有保护个人隐私和个人信息的义务。

二、典型案例研习

典型案例一　身体权纠纷

（一）案情简介

20××年××月××日晚21时许，被告人刘××在××村××××饭店与被害人孟××因工资问题发生争执，当晚打烊后刘××持刀砍向孟××后背、右胳膊等部位。孟××在××市人民医院住院十天，休息至今。经人体损伤程度鉴定，孟××伤情系轻伤二级。经××××法医司法鉴定中心的司法鉴定，孟××的右肘关节功能丧失30%，构成人体十级伤残。

（二）案情分析

（1）本案是因故意伤害刑事案件所引发的人体健康权民事侵权赔偿案，是身体健康权招致侵犯的人身损害赔偿案。损害是结果，故意伤害是原因。所以，刑事部分对犯罪情节等的认定直接作为民事赔偿的证据使用，可省去民事部分的部分举证责任和因果关系的证明责任，因为经过公安侦查所获取的证据的证明力最强。

（2）本案是刑事案件引发的，实行刑事犯罪与民事赔偿分开审理，先刑后民，程序上，可作为刑事附带民事纠纷与刑事案件一起进行诉讼，也可就民事损害单独提起民事诉讼程序。如果选择附带提起，赔偿范围限于实际损失，包括经济损失和身体伤害所招致的损失。如果选择单独提起，除可主张实际损失外，还可主张精神损害赔偿。但在刑事附带民事程序中，如果犯罪人想减轻处罚，会尽力求得受害人的谅解，且受害人的意愿更容易实现。因此，无论选择哪一种方式，都有一定的道理。

（3）在此类侵权类案件中，伤情鉴定书是构成刑事犯罪的判定标准，而伤残鉴定才是确定民事赔偿数额的依据。

（4）审理民事部分时，由于被告犯故意伤害罪在看守所里服刑，最终民事部分是在监狱开庭，需要法院与监狱提前沟通，以确保顺利开庭。

（三）法律文书研习指导

刑事附带民事起诉状

附带民事诉讼原告（以下简称原告）：孟××，男，19××年××月××日生，汉族，住××省××市××区汽运一公司××宿舍××号×号楼×单元×××室。身份证号：3××4××19××0××8××11，联系电话：18×6×0×1×8×

附带民事诉讼被告（以下简称被告）：刘××，男，19××年××月××日生，汉族，住××省××市××县××镇××村×××号，被告代理人联系电话：13××5××7××5

诉讼请求：

一、依法追究被告人刘××故意伤害罪的刑事责任，并从重处罚；

二、判令被告人连带赔偿原告残疾赔偿金、医疗费、误工费、护理费、住院伙食补助费、营养费、交通费、鉴定费、精神损失费等损失共计 1××0×0 元。

事实与理由：

20××年××月××日晚 9 时许，被告人刘××在××村××××饭店与被害人孟××因工资问题发生争执，当晚打烊后刘××持刀砍向孟××后背、右胳膊等部位，孟××在××市人民医院住院十天，休息至今。经人体损伤程度鉴定，孟××伤情系轻伤二级。经××××法医司法鉴定中心司法鉴定，孟××的右肘关节功能丧失 30%，构成人体十级伤残。

被告的犯罪行为致使原告孟××经济及精神上均遭受巨大损失，具体损失为：残疾赔偿金 6××24.00 元、医疗费 2××24.65 元、误工费 1×××10.985 元、护理费 5××10.4 元、住院伙食补助费 1×××.00 元、营养费 2××0.00 元、交通费 1×××.00 元、鉴定费 1×××.00 元、精神抚慰金 2××00.00 元等，共计 3×××70.035 元。这些损失因被告的故意伤害行为产生，依法应由被告刘××负责赔偿。

综上所述，被告人刘××故意伤害他人，导致他人轻伤，其行为已触犯《中华人民共和国刑法》第二百三十四条之规定，构成故意伤害罪，应依法追究其刑事责任并从重处罚。另外，依据《中华人民共和国刑事诉讼法》第七十七条之规定，被害人由于被告人的犯罪行为而遭受物质损失的，在刑事诉讼过程中，有权提起附带民事诉讼。因此，被告人刘××的犯罪行为给原告刘××造成的所有损失应由被告人承担赔偿责任。为维护原告的合法权益，特依法提起诉讼，请给予公正裁决，判如诉请。

此致

×××人民法院

具状人：×××

20××年××月××日

附：

1. ××××法医司法鉴定中心司法鉴定书复印件；
2. 受害人孟××住院费用单据复印件；
3. 原告孟××身份证复印件一份；
4. 相关赔偿费用清单及计算标准说明一份。

（四）《民法典》法律条文指引

第一千零三条【身体权】自然人享有身体权。自然人的身体完整和行动自由受法律保护。任何组织或者个人不得侵害他人的身体权。

典型案例二　子女改名字纠纷

（一）案情简介

张××与王××离婚后，婚生女跟张某一起生活，但其跟王×××姓，现张××欲将其女的姓氏由"王"姓改"张"姓。

（二）案情分析

（1）自然人的姓氏获取方式应依照我国《民法典》的专门规定。

（2）为子女改名，需经父母双方协商一致，并出具书面申请书，且父母都应签名。

（3）本纠纷属于《民法典》中父母及家庭成员之间关系的协调与处理，属于父母离婚后子女抚养中的纠纷；当然，如果基于姓名权，则是《民法典》人格权编的内容。

（三）法律文书研习指导

改名申请书

××区公安局××派出所：

　　本人女儿居民户口簿上的名字是王××，女，汉族，20××年××月××日生，身份证号3××6××2××10××9××20。现在，正式以文本形式向贵所提出更改我女儿姓名为张××的申请。根据《中华人民共和国户口登记条例》第十八条的第1条规定：未满十八周岁的人需要变更姓名的时候，由本人或者父母、收养人向户口登记机关申请变更登记。办理户口登记时用的是王××，但现在因为我们已经离婚，女儿随我生活，我想把孩子的姓名更改为张××，现特向贵所提出书面改名申请。

　　请贵所给予办理，在此感谢！

申请人：父亲：×××（身份证号：××××××××××××××××）

母亲：×××（身份证号：××××××××××××××××）

××××年××月××日

（四）《民法典》法律条文指引

第一千零一十五条【自然人选取姓氏】自然人应当随父姓或者母姓，但是有下列情形之一的，可以在父姓和母姓之外选取姓氏：

（一）选取其他直系长辈血亲的姓氏；

（二）因由法定扶养人以外的人扶养而选取扶养人姓氏；

（三）有不违背公序良俗的其他正当理由。

少数民族自然人的姓氏可以遵从本民族的文化传统和风俗习惯。

《中华人民共和国户口登记条例》第十八条　公民变更姓名，依照下列规定办理：

一、未满十八周岁的人需要变更姓名的时候，由本人或者父母、收养人向户口登记机关申请变更登记；

二、十八周岁以上的人需要变更姓名的时候，由本人向户口登记机关申请变更登记。

典型案例三　健康权纠纷

（一）案情简介

××××景观工程有限公司与××装饰公司之间具有相互信赖的合作关系，及长期合作所建立的信任关系。虽然，双方没有签订正式的书面合同，但在二单位业务代表的聊天记录表明，经双方的代表张××与李××通过微信聊天记录明确："张××，两个蘑菇造型，一个鲸鱼造型，大概420平方米，每平方米35元"，且有拍照和"××公园的文档"为证，双方就工程所在的地点、工作内容是"两个蘑菇和一个鲸鱼的喷涂"，且按总平方米乘以单价来计算总价款等内容作了明确约定。但××装饰公司把该装饰任务又交给了杨××、王××，在工作中，杨×书不慎从脚手架上摔下来，接受经济补偿共计人民币 20 多万元。

（二）案情分析

（1）本案存在承揽合同、劳务合同与健康权侵权纠纷的竞合关系。

（2）本案是杨××主张经济赔偿，以侵犯健康权纠纷为案由是正确的，但在确定被告时，需提供二被告之间承揽合同的关系证明，以此证明二被告之间应承担连带责任的事实。

（3）二被告需要各自举证证明其与杨××之间是否存在劳务关系，并以此区分连带责任中的各自应承担的份额。

（三）法律文书研习指导

民事答辩状

答辩人：×××××景观工程有限公司，住××省××市××区××乡××号

关于答辩人与杨××、王××提供劳务者受害责任纠纷一案，现根据事实与法律答辩如下：

×××将答辩人列入共同被告没有事实和法律依据。

一、答辩人将涉案的××公园承包给××装饰中心

答辩人与××装饰公司之间具有长期的合作关系，××装饰中心的代表是李××，答辩人的代表是×××，二人分别代表各自的单位进行装修、核算工程量及进行结算等业务往来与合作，二单位之间形成了一种相互信赖的合作关系。基于长期合作所建立的信任关系，虽然双方没有签订正式的书面合同，但在二单位业务代表之间的聊天记录里已经记载："张××，两个蘑菇，一个鲸鱼，大概420平方米，35元每平方米"，且有拍照和"××公园的文档"已经明确表明了工程所在的地点，工作内容是"两个蘑菇和一个鲸鱼的喷涂"，且按总平方米乘以单价来计算，可以计算出总价款等相关规定，所以，以上内容已经具有了一个合同所应该具备的必要条件。综上，××装饰中心才是答辩人所做工程的对方。

二、答辩人与被答辩人杨××、王××没有直接的联系

1. 基于第一条陈述，答辩人将工程包给××装饰中心，至于××装饰中心是如何完成工程，是××装饰自己的事，答辩人只负责验收最后的成果。因此，本案最初的原告杨××、与被告王××及后来追加的被告李××之间究竟是什么样的关系，原告是如何进入到××公园干活，又是如何受到的伤害，均与答辩人没有关系。

2. 王××不是答辩人工程的直接关系人，至于其与××装饰是何种关系，是如何进入到工程，又是如何与杨××建立联系的，一概跟答辩人没有关系。

3. 至于本案中杨××与王××之间是否存在劳务关系，心存疑问。即便是杨××在提供劳务过程中受伤，以提供劳务者受害责任纠纷起诉王××，因王××不是答辩人工程的承包人，所以，即便是事实清楚证据充分，那也是杨××与王××之间的关系，与答辩人无关。根据《民法典》第 1192 条规定"个人之间形成劳务关系，提供劳务一方因劳务造成他人损害的，由接受劳务一方承担侵权责任，提供劳务一方因劳务自己受到损害的，根据双方各自过错承担相应责任"。在本案中提供劳务一方是杨××，接受劳务一方是王

××，所以，应根据二人之间的过错程度承担责任。

综上，王××将答辩人列为共同被告于法无据，请求法院驳回追加答辩人为共同被告的申请。

答辩人：××××景观工程有限公司（公章）

20××年××月××日

证据目录

证据一：李××（网名：星光广告~不收款李××187××××1017）和张××（张总）20××年5月26日的聊天记录。

证明：涉案工程的地点、工作内容、单价、工程量及总价的计算方式等内容，已经具备了一个合同所具备的必要条件，同时证明山东×××将工程承包给了××装饰中心，与原告杨××和被告王××之间没有任何关系。

证据二：李××（网名：星光广告~不收款李××187××××017）和张总（张××）（×××公司）20××年4月25日的聊天记录。

证明：记录中有20××年××月××日发票一张，就××乐园工程款4××4元，我公司付款由该××装饰中心提供发票。可以证明李××一直代表××装饰中心通过×××公司的张总（张××）就施工问题进行业务联系。×××公司从未将工程发包或承揽给王××，王××也没有任何证据证明我公司和他有任何业务联系。

证据三：××市××装饰中心的工商登记信息

证明：××市××装饰中心，法定代表人廉××，公司的经营范围包括装饰装修，证明山东××××公司将工程承包给了具有资质的××装饰中心，并不存在过错。与被告王××没有任何关系。

（四）《民法典》法律条文指引

第一千零四条【健康权】自然人享有健康权。自然人的身心健康受法律保护。任何组织或者个人不得侵害他人的健康权。

第一千一百九十二条【个人劳务关系中的侵权责任】个人之间形成劳务关系，提供劳务一方因劳务造成他人损害的，由接受劳务一方承担侵权责任。接受劳务一方承担侵权责任后，可以向有故意或者重大过失的提供劳务一方追偿。提供劳务一方因劳务受到损害的，根据双方各自的过错承担相应的责任。

提供劳务期间，因第三人的行为造成提供劳务一方损害的，提供劳务一方有权请求第三人承担侵权责任，也有权请求接受劳务一方给予补偿。接受劳务一方补偿后，可以向第三人追偿。

第五编

婚姻家庭编案例研习

一、《民法典》婚姻编的相关规定

婚姻家庭制度是规范夫妻关系的基本准则,《民法典》以现行婚姻法、收养法为基础,在坚持婚姻自由、一夫一妻等基本原则的前提下,结合社会发展需要编撰,包括以下内容:

(一) 一般性规定

重申了婚姻自由、一夫一妻制、男女平等等婚姻家庭领域的基本原则和规则,并在现行婚姻法的基础上,做了进一步的完善。落实了习近平总书记有关家庭文明建设的重要讲话精神,弘扬了家庭美德,同时要求家庭应当树立优良家风,重视家庭文明建设。为了更好地维护被收养的未成年人的合法权益,将联合国《儿童权利公约》关于儿童利益最大化的原则落实到了收养工作当中,增加了最有利于被收养人的原则,界定了亲属、近亲属、家庭成员的范围。

(二) 关于结婚

将受胁迫一方请求撤销婚姻的期间起算点由"自婚姻登记之日起"修改为"自胁迫行为终止之日起",不再将"患有医学上认为不应当结婚的疾病"作为禁止结婚的情形,并增加规定一方隐瞒重大疾病的,另一方可以向人民法院请求撤销婚姻。增加婚姻无效或者被撤销的,无过错方有权请求损害赔偿的规定。

(三) 关于家庭关系

家庭关系包括夫妻关系、父子关系和其他近亲属的关系,明确了夫妻共同债务的范围;规范了对家庭稳定和未成年人的保护极为重要的亲子关系的确认和否认之诉。

(四) 关于离婚

增加了离婚冷静期制度,避免了不利于家庭稳定的轻率离婚现象的发生,对离婚诉讼中出现的久调不判等问题做了规定,经人民法院判决不准离婚,之后双方又分居满一年的,一方再次提起离婚诉讼的,应当准予离婚。"将哺乳期内的子女以随哺乳的母亲抚养",修改为"不满两周岁的子女由母亲直接抚养为原则",增强可操作性。夫妻财产应采用法定推定财产,纳入适用离婚经济补偿的范围,以加强对家庭负担较多义务一方权益的保护。将"有其他重大过错"增加规定为离婚损害赔偿的适用情形。

（五）扩大收养人的范围

将"被收养的未成年人仅限于不满14周岁"的限定修改为"符合条件的未成年人均可被收养"。与国家计划生育政策的调整相适应,将"收养人需无子女"的要求修改为"收养人无子女或者只有一名子女"。在收养人的条件中增加了"无不利于被收养人健康成长的违法犯罪记录",并增加民政部门应当依法进行收养评估的规定。

二、我国离婚率居高不下的成因

在我国离婚的方式分为协议离婚和诉讼离婚两种。采用哪一种方式,一是由男女双方自己选择,二是当达不成离婚协议时,可选择诉讼离婚。

据《2019年民政事业发展统计公报》称,2015—2019年协议离婚方式在离婚总数中占比分别为81.98%、83.83%、84.68%、85.45%、86.09%,如图5-1所示。可见,协议离婚方式与诉讼离婚方式相比,协议离婚更多地被人们所选择是因为协议离婚更加便捷,更能体现"好聚好散""不伤感情",及有利于孩子成长等传统家风和社会正气,也是我国《民法典》在编撰时,仅仅对协议离婚设置了冷静期制度的缘由。

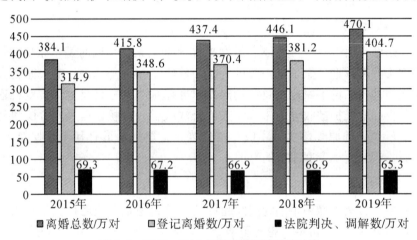

图5-1 2015—2019年我国离婚情况统计表

三、协议离婚

（一）离婚冷静期制度的实施改变了协议离婚流程

1. 离婚冷静期制度设置的缘由

控制高增长的离婚率是设置离婚冷静期的缘由。近几年来,居高不下的离婚率成为不可忽视的事实,家庭的幸福不仅限于家庭,更关系到社会的稳定与和谐,关系到孩子的健康成长及未来的发展。以我国民政部发布的《2019年的民政事业发展统计公报》所提供的数据采样(见表5-1)为例,我们分析5年间我国的结婚与离婚的走向,以期对离婚冷静期制度的设置提供科学依据。

表 5-1　2015—2019 年全中国结婚率与离婚率总体情况统计

年份	结婚数/万对	结婚率/‰	降幅/%	离婚总数/万对	涨幅/%	登记离婚数/万对	法院判决、调解数/万对	离婚率/‰	涨幅/‰
2015	1224.7	9.0	6.3	384.1	5.6	314.9	69.3	3.0	0.1
2016	1142.8	8.3	7.0	415.8	8.3	348.6	67.2	3.0	0.2
2017	1063.1	7.7	7.0	437.4	5.2	370.4	66.9	3.2	0.2
2018	1013.9	7.3	4.6	446.1	2.0	381.2	66.9	3.2	0
2019	927.3	6.6	8.5	470.1	5.4	404.7	65.3	3.4	0.2

　　据以上数据，2015—2019 年，我国的结婚率呈现下降趋势，而离婚率则呈现出上升趋势（如图 5-2）。2015 年的离婚率在统计报告中被称为"粗离婚率"，在 2016—2019 年被称为"离婚率"，为研究方便，在统计图表中将其作为统一为"离婚率"。因 2020 年遭受疫情，全国结婚人数为 813.1 对，离婚人数 373.3 对，结婚和离婚人数都有所下降。

图 5-2　2015—2019 年我国结婚率与离婚率对比

　　离婚冷静期旨在弥补协议离婚太过"自由"的冲动与草率，反映了国家以"和"为核心的家庭价值观，有利于家庭的和谐稳定。用经济成本来分析，"婚姻越是容易解除，人们对婚姻的承诺就会越少，因此，如果允许想离就离，那么结婚者花费在婚姻搜寻上的时间就会更少。结果是，夫妻更不般配，反之，又会破坏婚姻的伴侣性，并由此增大了离婚的可能性。并且，由于离婚非常容易，夫妻俩也都不会花费更多的时间来努力促使婚姻成功。因此，在一个想离就离的离婚体制下，趋势是一连串时间较短的、或许不再是伴侣性的婚姻替代了持久的单一伴侣婚姻"[①]。

　　2. 离婚冷静期实施后的离婚流程

　　依据离婚流程，采用协议离婚的男女双方，应依据《民法典》第一千零七十六的规定签订离婚协议，就子女的抚养及财产的分割事先做好安排，并亲自向婚姻登记机关提出申请。如果符合《民法典》第一千零七十九条"感情确已破裂"的条件，填写离婚登记申请表，领取离婚登记申请受理回执单，依据《民法典》第一千零七十七条关于离婚冷静期制度的规定及《民法典》第二百条和二百零一条关于期间的计算方法，起算三十日的离婚冷静期。冷静期内任何一方不愿意离婚的，可以向同一登记机关递

---

① 理查德·A. 波斯纳. 性与理性 ［M］. 苏力，译. 北京：中国政法大学出版社，2002：329.

交撤回离婚登记申请，对于不符合离婚条件的，登记机关给予不予受理离婚登记告知书，具备条件后可再次申请。冷静期满后的三十日内，双方应当亲自到婚姻登记机关申请离婚证。也即：离婚冷静期适用于任何一对协议离婚的夫妇，需要双方亲自到婚姻登记部门提出申请，并在冷静期限满的三十日内，亲自去领取离婚证，冷静期满后的三十日未去领取证的，视为撤回离婚登记申请，如果想再离婚，需要按照流程，重新提出申请，并完成申请和领证两个环节。

（二）协议离婚流程图（如图5-3所示）

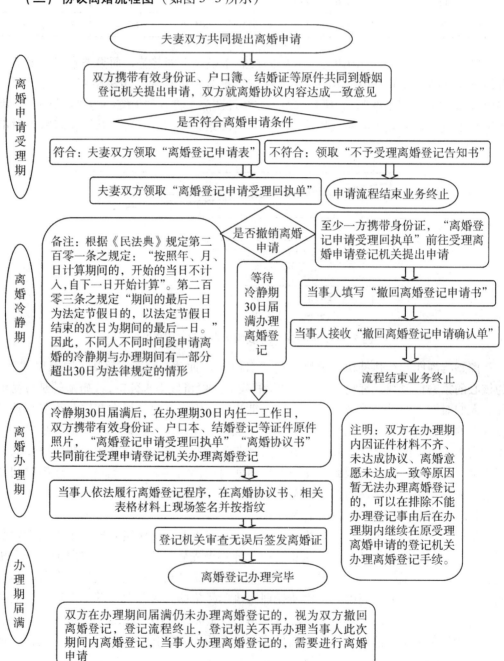

图5-3　我国协议离婚申请及办理的流程图

（三）法律文书研习指导

离婚协议书（男女方自留）

男方：××，××××年××月××日出生。住××市×××路×××号，身份证号：××××××××××××××××

女方：××，××××年××月××日出生。住××市×××路×××号，身份证号：××××××××××××××××

男女双方于××××年××月××日在××民政局（办）办理结婚登记手续。

因协议人双方性格不合，夫妻感情破裂，无法继续共同生活，已无和好可能。现双方就自愿离婚一事达成如下协议：

一、为避免轻率离婚、冲动离婚，以及维护家庭稳定，男女双方平等协商一致自愿离婚。双方承诺自婚姻登记机关收到离婚登记申请之日起30日内，任何一方不愿离婚的，可撤回离婚登记申请。冷静期过完后的三十日内，双方应当亲自到婚姻登记机关申请离婚证。

二、双方承诺不存在家庭暴力等不适宜离婚冷静期的情形，自愿离婚是双方冷静思考、妥善抉择的结果，既能保障双方的离婚自由，又能保障双方作出正确抉择，双方综合考量并做了保护好未成年子女和双方其他家庭成员利益的相关方案。

三、双方承诺婚前已经履行了如实、妥善和完整的告知义务，不存在婚前隐瞒重大疾病等导致婚姻基础关系无效或者可撤销的情形。

四、子女抚养

1. 男、女双方于××××年××月××日（农历月初）生育一子/女，取名×××，身份证号：××××××××××××××××××。

2. 双方同意孩子×××由男方/女方抚养，由男方/女方每月给付固定抚养费×××元，在每月××号前付清，直至孩子完成大学学历，男方/女方同意每隔3年上调固定抚养费××%。孩子医疗费、学费、报班辅导费等费用，由双方各负担50%，男方/女方应在男方/女方出示上述费用票据后一个月内支付。

（注：这里需要注意，明确固定抚养费及大额支出的抚养费。此外，目前许多孩子都会读到大学本科甚至研究生，抚养费支付期限，建议不要以成年为标准，而以完成特定学历为标准，否则法院一般支持到孩子成年。）

3. 在不影响孩子学习、生活的情况下，男方/女方可随时探望孩子。但应提前××日通知男方/女方，协商具体地点及接送方式。若孩子大于××岁的，应征求孩子的意见，在孩子同意的情况下，探望次数和时间都可适当延长，但最长应不超过××天。若抚养孩子的一方无正当理由，妨碍另一方行使探望权的，应承担××××赔偿金。

4. 目前存在××××账户的钱及纯金吊坠等首饰归孩子所有，在本协议签订之日，应将银行卡及相关物品交给男方/女方保管，男方/女方保证应为孩子利益而使用，不得擅自挪用。

五、财产分割

1.【存款】双方婚姻关系存续以来，目前共有存款××××元，目前男方账户××××元，女方账户××××元，双方同意男方/女方在本协议签订之日起3日内给男方/女方××××元。

2.【房产】双方有夫妻共同财产坐落在××路××小区××室商品房一套，价值人民币×××××万元，现协商归男方/女方所有，由男方/女方一次性给付男方/女方现金×××××万元，此款在本协议签订后的××天内付清；此房内的家用电器及家具归男方/女方所有。

房产证的业主姓名变更手续自离婚后一个月内办理，男方/女方必须协助另一方办理变更的一切手续，过户费用由房屋归属方负责。

（注：房产分割的形式有很多，一般而言，若只有一套房屋，一般为一方取得房屋所有权，另一方给予金钱补偿，或是将房屋出售，将房款分割。这里需要注意，若房屋房贷尚未还清，可能银行或不动产登记中心无法办理产权证更名手续，建议事先咨询银行及当地不动产登记中心。若无法变更，双方应协商延长产权变更登记手续，或以其他方式分割房产。此外，目前比较流行将房产赠予孩子，待孩子成年后办理过户手续，在孩子成年之前，抚养孩子一方享有居住权。这种分割方式是可行的，且该赠予一般不可撤销。但孩子成年周期较长，另一方有新的生活伴侣后，往往会一起住到该房屋，容易引起纠纷，因此采取这种分割方式应慎重考虑，应对房屋使用权有详细的约定。）

3.【户口】男方/女方应在××个月内迁出户口。

（注：离婚后户口迁移可以搬迁到房产所在地或投靠直系亲属，一般凭户口簿、离婚证、不动产权证、亲属关系证明或民警调查证明等有效证明到迁入地派出所窗口办理。如一方当事人不愿交出原户口簿，经公安派出所动员说服无效的，可按判决或调解书办理分户或迁转手续，并在户口登记簿上注明分户日期和原因。）

4.【车辆】双方目前有××牌汽车一辆，车牌号为××××××，登记在男方/女方名下，该车辆离婚后由男方/女方所有，男方/女方一次性补偿××××元给另一方，于签订本协议之日起××日内支付，男方/女方在收到补偿款后一个月内配合另一方办理变更登记手续。

（注：由于二手车辆出售往往会有较大贬值，建议采取一方取得车辆的所有权，另一方给予适当金钱补偿的分割方式。若是车辆登记人拿车，则不需要变更手续，该条款可进行简化。）

5.【股权】男方/女方持有的×××公司××%股权，在离婚后仍归男方/女方所有，男方/女方就此向男方/女方支付人民币×××元补偿款，该款项于双方领取离婚证之日起××日内一次性支付完毕。

6.【虚拟财产】各网络平台具有财产权益的网络账号归男方/女方所有，并可以继续使用原有名称，每个季度或年度向另一方支付不低于对应的收益，且每年底应按照平台官方统计收入的××%向另一方分红。

注：《民法典》第一百二十七条明确提出了网络虚拟财产也属于财产。比特币、支付宝的账号、网游里的各式装备、网上店铺，网络财产的获得，往往经过持有人的劳动、真实财物的付出（如购买游戏点卡）、市场交易（如玩家之间买卖游戏装备），具备一般商品属性，应当受到平等保护。

六、债务分割

双方确认，以下债务为夫妻共同债务：××××年××月向某某的借款×××万元；上述夫妻共同债务，双方到期后各自承担50%。今后若发现其余债务，在谁名下的债务由自己承担，与另一方无关。若因男方/女方对外借款导致男方/女方承担责任的，一方在支付完毕后可随时向对方全额追偿，逾期支付的，应按年利率××%支付利息。

（注：《民法典》对夫妻共同债务范围做了明确规定。因此原则上个人债务不再推定为夫妻共同债务，目前各自的债务一般也不需要对方来承担。但要避免实际上为夫妻共同债务，但却以个人名义欠债的，在协议中约定该债务为夫妻共同债务，能避免一方单独偿还债务而无法追偿。）

七、不得转移隐瞒财产

本协议书财产分割以上列财产为基础。任何一方不得隐瞒、虚报、转移婚内共同财产或婚前财产。如任何一方有隐瞒、虚报除上述所列财产外的财产，或在签订本协议之前两年内有转移、抽逃财产的，另一方发现后有权取得对方所隐瞒、虚报、转移的财产的全部份额，并追究其隐瞒、虚报、转移财产的法律责任，虚报、转移、隐瞒方无权分割该财产。

八、违约责任

任何一方不按本协议约定期限履行支付款项义务的，应按照年利率××%支付违约金，并赔偿对方因此遭受的其他损失（包括但不限于诉讼费、律师费、公证费、鉴定费、评估费、差旅费等）。

九、约定管辖

如本协议生效后在执行中发生争议的，双方应协商解决，若协商不成，任何一方均可向×××人民法院起诉。协议约定内容均采用打印文本，除签字部分外，涂改、书写无效。

十、协议份数及生效

本协议一式三份，自婚姻登记机关颁发离婚证之日起生效双方各执一份，一份交婚姻登记处备案。

男方：   女方：
××××年××月××日   ××××年××月××日

离婚协议（民政局留存）

一、子女抚养

婚生子/女×××由男方/女方抚养，女方/男方每月给予生活费××××元人民币。

或

婚生子/女×××已经成年，参加工作，成家生子，不涉及抚养问题。

二、财产处理

1. 房产

位于×××小区××号楼×单元××××室的共同房产归女方/男方所有，在办完离婚手续后，男方/女方应配合女方/男方办理过户等事宜。

2. 存款

男方、女方各自名下的银行账户存款归各自所有。

3. 汽车

男方、女方各自使用的车辆，归各自所有、使用。

三、其他协议

双方其他财产可另行约定，并按照约定履行。

诉讼离婚
人身保护令申请书（适用于遭受家庭暴力的受害人）

申请人：×××，女，19××年××月××日生，汉族，住址：××市××县××区××路××号内××号，身份证号：××××××××××××××，联系方式：×××××××××

被申请人：×××，男，19××年××月××日，汉族，住址：××市××县××区××路××号内××号，身份证号：××××××××××××××，联系方式：×××××××××

申请事项：请求人民法院依法签发人身保护令

1. 禁止被申请人殴打、威胁、恐吓申请人及申请人的亲属；

2. 禁止被申请人骚扰、跟踪申请人及申请人的亲属。

事实与理由：

申请人与被申请人婚姻早已名存实亡，被申请人一贯殴打申请人，并到申请人工作的工厂去闹事，还多次私拿申请人亲属的现金，盗窃申请人亲属的经营产品及其生产生活工具。屡屡辱骂申请人及其亲属，无故驱逐申请人亲属雇佣的工人，并叫嚣停工，严重影响了申请人及其亲属的正常生活和生产经营。为此，申请人多次报警，但被申请人对公安人员的警告与罚款的处罚结果置之不理，继续到申请人的工作地点和住处实施骚扰、威胁和破坏。近日，被申请人在申请人住所放出恶言："让申请人不知道咋死的……"，还恐吓申请人的儿子"别想好过……"，被申请人已经嚣张到无法控制的地步，申请人及其亲属早已无法忍受并存在生命的威胁。

为维护自身合法权益，也防止被申请人挟私报复申请人亲属，无理取闹，索要钱财，根据《中华人民共和国反家庭暴力法》第二十三条的规定，申请人特向贵院申请上述人身保护令，望请贵院依法审查批准！

此致

×××县人民法院

申请人：××××

20××年 ××月××日

裁判文书不予上网公示申请书

××区人民法院：

贵院受理本人与被告×××离婚纠纷一案，案号（20××）鲁××民初字第××××号，现因该案涉及个人隐私，不宜上网公示，故请求贵院将本案裁判文书不予上网，特此申请，望予以准许！

此致

××区人民法院

申请人：

20××年××月××日

调查取证申请书（用于调查家庭财产使用）

申请人：×××，男/女，19××年××月××日出生，汉族，住××省××市××县××镇××村×××号，身份证号码：××××××××××××××，联系电话：×××××××××

请求事项：

恩请人民法院依法调取×××名下在婚姻关系存续期间的银行卡的交易明细及资金往来明细。

×××身份证号码：×××××××××××××××××

卡号：62×××××××××××××× ××××银行

卡号：62×××××××××××××× ××××银行

卡号：62×××××××××××××××× 银行

事实与理由：

原告×××诉被告×××离婚纠纷一案正在贵院审理中，×××名下在婚姻关系存续期间的所有银行卡存款等收入都应该纳入夫妻共同财产的范围，作为分割夫妻财产的对象。根据《中华人民共和国民事诉讼法》第64条、《最高人民法院关于民事诉讼证据的若干规定》第15、16、17条之规定，为维护申请人的合法权益，以便于法庭的正常审理，特申请法院对×××名下在婚姻关系存续期间的所有银行卡的交易明细及资金往来明细到银行调取，以确定夫妻共同存款的数额，以便于分割。

此致

××县人民法院

申请人：×××

20××年××月××日

延期开庭申请书

申请人：×××，男/女，19××年××月××日出生，汉族，住××省××市××县××镇××村×××号，身份证号码：×××××××××××××××××，联系电话：×××××××××××

请求事项：

请求贵院延期审理对（20××）鲁14××民初××××号"离婚纠纷"一案。

事实和理由：

申请人与原告×××离婚纠纷，正在贵院审理中，案号为（20××）鲁14××民初××××号，贵院定于20××年××月××日××：××时开庭审理，申请人需申请贵院调取被告×××名下的存款等关键性证据。根据《中华人民共和国民事诉讼法》第一百四十六条第三款之规定，特请求人民法院推延本案开庭审理日期。

此致

×××人民法院

申请人：×××

20××年××月××日

证人出庭作证保证书

×××，男/女，××年××月××日生，汉族，住×××，身份证号：×××××××××××××××××××。法院已告知我应当如实作证的义务及作伪证的法律后果，作为本案的证人，我保证向法庭如实陈述事实，如提供虚假证言，愿意按照法律规定接受处罚，特此保证。

证人：×××

××××年××月××日

（四）《民法典》法律条文指引

第一千零七十九条【诉讼离婚】夫妻一方要求离婚的，可以由有关组织进行调解或者直接向人民法院提起离婚诉讼。

人民法院审理离婚案件，应当进行调解；如果感情确已破裂，调解无效的，应当准予离婚。

有下列情形之一，调解无效的，应当准予离婚：

（一）重婚或者与他人同居；

（二）实施家庭暴力或者虐待、遗弃家庭成员；

（三）有赌博、吸毒等恶习屡教不改；

（四）因感情不和分居满二年；

（五）其他导致夫妻感情破裂的情形。

一方被宣告失踪，另一方提起离婚诉讼的，应当准予离婚。

经人民法院判决不准离婚后，双方又分居满一年，一方再次提起离婚诉讼的，应当准予离婚。

典型案例一　离婚诉讼纠纷

（一）案情简介

原、被告于20××年××月××日在民政部门登记结婚，因双方缺乏足够的了解，加之其他原因，导致双方感情不和。经多次调和也不见好转。2个月前，原、被告欲协议离婚，但无果。鉴于双方的矛盾到了无法调和的地步，再无和好的可能，为维护原告的合法权益，女方向法院提出：请求依法判令原、被告离婚；请求依法分割夫妻共同财产；请求依法判令原被告婚生女由原告抚养，被告支付抚养费；请求依法判令诉讼费用由被告承担。共计4项请求。

（二）案例分析

（1）男女方是第二次婚姻，双方把第一次婚姻所受的伤害带到了第二次婚姻中，直接导致了感情破裂，无法继续生活，不得不离婚。

（2）男女方都计较过多，双方都没有用心经营婚姻。

（3）结婚应慎重，离婚也应慎重，毕竟孩子是受影响最大的人。

（三）法律文书研习指导

代理词

尊敬的审判长、审判员：

我受原告的委托，担任本案诉讼代理人。通过调查了解、查阅案件材料以及参加法庭审理，对本案已有全面了解。现提出如下代理意见：

一、双方感情确已破裂，请求判决原告与被告离婚

（一）原、被告感情基础不好

原、被告于20××年××月××日在××市××区人民政府的民政部门登记结婚。因双方都是二次婚姻，又缺乏足够的了解，加之其他原因，导致双方感情不和。经多次调和

也不见好转。2个月前，原、被告欲协议离婚，但无果。鉴于双方的矛盾到了无法调和的地步，再无和好的可能。

（二）被告对原告、孩子及家庭事务很少照顾

自从结婚到现在被告不承担日常生活费以及抚养孩子的费用，且态度恶劣，不容商量。严重点说就是被告不在乎原告及孩子的生活及感受，虽然是有老婆孩子的人，但是似乎依然过着单身的生活，毫无责任心。

总之，婚后原告辛勤工作的同时，与自己的父母精心照顾着孩子，并辛苦操持家务，经营着来之不易的家庭生活。但在孩子出生后的五年多内，双方的精神和感情都渐行渐远，双方的矛盾到了无法调和的地步，再无和好的可能。

二、双方婚生子女由原告抚养问题。

（一）有利于孩子的健康成长

双方于20××年××月××日生育有一女儿。女儿年龄小，离不开母亲的照料。事实上，从孩子出生到现在，也一直是由原告一人在照顾孩子的生活、学习和教育等各个方面。同时，出于对孩子将来的安全和有利于孩子健康成长的考虑，随母亲生活更有利。

（二）原告有固定的工作和较高的素质

原告有稳定且较高的固定收入，且作为高校教师，文化程度较高，业余时间也很充足，完全能照顾孩子。从原告生产到现在，孩子一直都由原告及其父母照料，而被告自己工作较忙，其母亲身体也不好，所以，本代理人认为由原告抚养孩子更有利于其成长。

（三）原告父母可以提供帮助

原告的父母都退休在家，从孩子一出生就由原告专职带孩子，其父母多年来一直在持续不断地给予原告经济、生活及精神等各个方面的帮助和支持。其父母与孩子的感情基础较深，且原告是两位老人的最小女儿，老人对其及外孙女疼爱有加。原告父母有房，有固定的收入，适合协助抚养孩子。

（四）抚养费

1. 抚养费

离婚后女儿由女方直接抚养，由男方每月给付抚养费（包括生活费、教育费、保险费及医疗费）共计1×00元，在每月10号前付清。由女方为女儿单独开立银行账户，男方每月在规定的时间前将抚养费转入该账户，直到孩子18岁止。高中教育阶段之后的相关费用，包括教育费、生活费、保险费及医疗费等双方各占50%，直到孩子有独立经济能力为止。以上费用如果男方延迟支付，应加付该费用的3%作为违约金。

2. 遇重大疾病的医疗费用的分担情况

重大疾病的医疗费由男方与女方各承担50%。如果一方到时不能按时支付，按当时发生费用为基数及收费单位限定实际交款日为起始日期，每天加收3%的补偿金给另一方。如果同时因延迟付费耽误治疗，给孩子造成严重后果的，由延误方承担责任。

因特殊情况需要有重大支出，除紧急情况外，女方应提前通知男方，由双方协商确定支付比例。当原定抚养费不足维持孩子实际生活水平、患病、上学，及有其他正当理由的实际需要已超过原定抚养费数额的，抚养费可根据双方的经济状况以及生活消费水平的变化做出适当的调整，但不能低于前次金额。具体调整数额，由双方另行协商。

3. 双方婚生女儿已付的学龄前教育费用，共计人民币 3×××1 元，男方和女方各承担一半。除去男方已交费的 6××6 元，男方应补偿女方多支付的部分，共计人民币 1×××4.5 元。

女方已付的其他教育费用，如舞蹈费、主持人费用，女方自行承担，不再由男方分担。

4. 男方探视权的行使方式

××男方可在每月单周的星期六或周日探望女儿，但女儿不能在男方家过夜。如临时或节假日的探望，可提前一天由双方协商，达成一致后可按协商的办法进行探望。女儿十周岁以上时，探望权的行使应尊重女儿的意见，不可强行行使。

男方探视女儿期间应在不影响女儿学习、生活规律的情况下进行。女方有协助的义务。女儿因生病或学习考试期间应顺延探望时间，男方及家人不得强行探望或上门骚扰。男方或家人故意骚扰女方和女儿的正常生活、危及人身安全，或男方及其家人私自进行探望，女方可向人民法院申请终止男方的探望权。

三、财产分割问题

（一）共同财产

1. 房产

夫妻双方婚后购有坐落在××北大街××小区×号楼×单元×层×××号的楼房一套，登记在男方和女方的名下，属夫妻共有财产。离婚后，该套房屋归男方所有，双方相互配合办理产权变更登记手续。因办理产权变更登记手续所应支付的一切税费等均由男方承担。依据现在的房价，男方取得房屋所有权的后给予女方经济补偿，在本协议签订之日起 30 日内付清。如到期男方不支付，女方可以取得房屋的所有权，并自愿承担房屋自离婚之日后的按揭贷款。女方对男方的经济补偿双方另行协商。

夫妻共有房屋内的家用电器及家具等等（见清单），属于女方婚前个人财产，归女方所有，在本协议签订之日起 30 日搬离。

2. 机动车辆

20××年××月购有别克牌汽车一辆，车牌××××××，离婚后归男方所有，取得的一方给予另一方经济补偿人民币××000 元，在离婚判决下达之日起 30 内付清。

（二）个人财产

双方各自名下的其他私人财产归各自所有。

四、请求被告给予原告适当的经济补偿

依据《民法典》第一千零八十八条的规定："一方因抚育子女、照料老人、协助另一方工作等付出较多义务的，离婚时有权向另一方请求补偿，另一方应当予以补偿，具体办法由双方协商，协商不成的，由人民法院判决。"具体到本案，因为被告工作较忙，加之性格使然，对家庭事务及养育孩子付出的较少。婚姻存续期间，反而是原告在操持着家庭大小事务和养育着孩子。因此，请求被告给予原告适当的经济补偿。

五、请求案件诉讼费及其他费用由被告承担

上述代理意见，恳请法庭采信。

此致

××区人民法院

代理人：×××律师
20××年××月××日

财产清单

一、夫妻共同财产

1. 房产及相关费用

夫妻双方婚后购有坐落在××北大街××小区×号楼×单元×层×××号的楼房一套，1××平方米，登记在男方和女方的名下，属夫妻共有财产。

（1）要求以实际价格分割的财产：

房子的价格：2××××9元，储藏室：5××1元，共计2×××90元。

首付占总房款的比例：首付款7×××0，7×××0/2××××0＝27.85%

购房时贷款占总房价的比例：72.15%

房子的现价：平方米数＊单价＝总价款（××00元/平方米为房屋中介出售该地段房屋的价格，仅作参考，以实际评估价格为准）

首付占现房的数额：27.85%＊总价款＝1××××7.34元

（2）要求均分的费用：

物业基金：8××6元、暖气开口费3××0元、有线电视开口费2××元、契税4××8元、工本费90元，共计1×××9元。

2. 机动车辆：车牌鲁××××××，××牌汽车，购买价5××00元。

二、原告婚前个人财产，应归原告个人所有

（一）主卧

1. ××牌 床1.8＊2.0（含两个床头柜，一张意风牌床垫）；

2. ××牌 衣橱（4门）；

3. 两组松木书架。

（二）次卧

1. 多××牌：床1.5＊2.0（含一个床头柜）；

2. 多××牌：衣橱（2门）；

3. 多××牌：一张带书架的学习桌＋一把转椅。

（三）客厅

1. ×××牌带贵位妃的六人沙发一组；

2. ××牌：电视柜，茶几、影视墙挂架；

3. ××牌：一张餐桌＋四把椅子。

4. ××牌：鞋柜

（四）房屋内部家电清单

1. 客厅××牌大电视：40寸，一台；

2. 主卧××牌小电视：32寸，一台；

3. ×××牌三开门冰箱，一台；

4. ×××牌滚筒洗衣机，一台；

5. ××牌饮水机，一台；

6. 主卧，××挂式空调，一台；

7. 客厅，××柜式空调，一台。

补充代理词

尊敬的审判长、审判员：

本人受原告的委托，担任本案诉讼代理人。通过调查了解、查阅案件材料以及参加法庭审理，对本案已有全面了解。在庭审后对案件进行了梳理，综合考虑了各方因素，现提出如下补充代理意见：

一、双方感情确已破裂，请求判决原告与被告离婚

（一）原、被告感情基础不好

因双方是第二次婚姻，缺乏足够的了解，且在婚姻关系存续期间，双方都没有进行充分的沟通和交流，加之双方在两地生活，有经济问题等种种主客观的原因，使得原本薄弱的感情得不到修补，最终只能不欢而散。

（二）原、被告夫妻生活不和谐

高质量的夫妻生活是家庭幸福必要组成部分。但需要彼此欣赏，以有着深厚的感情及懂得尊重对方为基础。被告的性要求强，把性生活当成家庭生活的重要组成部分，常常不顾原告的感受和身体状况，多次强行要求与原告发生关系。性生活的不和谐，是导致双方感情破裂的重要因素。

（三）原告与被告曾协议离婚未果

20××年××月，原、被告欲协议离婚，但被告依然没有引起足够的重视，态度恶劣，无任何悔改的意思，更无行动表现。

总之，婚后原告辛勤工作的同时，与自己的父母精心照顾着孩子，并辛苦操持家务，经营着来之不易的家庭生活。但被告利用原告的善良本质，在生活中把个人意愿肆无忌惮地强加于原告，使原告身心俱疲，在婚姻中毫无尊严可言，双方的精神和感情都渐行渐远，双方的矛盾到了无法调和的地步，再无和好的可能。

二、财产分割处理意见

（一）共同财产

1. 房子

房子属于夫妻共同财产，如果被告取得房屋，请求被告按现价给付原告适当的补偿。

2. 机动车辆

××牌汽车离婚后归男方所有，被告给付原告人民币 2×××0 元，在离婚判决下达之日起 30 内付清。

（二）个人财产

双方各自名下的其他私人财产归各自所有。

（三）婚前财产

属于原告的婚前财产的部分，请全部判归原告。具体财物详见开庭日提交的财产清单。

（四）关于被告的债务说明

根据我们之前了解的情况及被告在法庭上的陈述，该债务存在以下疑点：

1. 该债务发生的时间和事由与被告自述不符

据被告陈述，这笔债包括他读研究生的费用、买车费用及日常开支的费用。据他

自己描述，该债务发生在 20××年，而被告读研究生的时间为 20××年××月到 20××年××月，被告购买别克轿车的时间为 20××年×月份，很明显，这两个事由发生的时间也较借款时间晚很多，明显不符合事实。

2. 该债务的数额总数也不对

据原告所知，被告曾告知在读研期间的学费为 5 万~6 万元，后又说为 7 万~8 万元，而在庭审中被告自己说是 15 万~16 万元，具有明显隐匿财产、虚拟债务的嫌疑。口说无凭，被告要提交学费缴纳费用的证据。

3. 原告本人并没有签字，且被告的债务并没有用于家庭生活

对于以上债务，原告并不知情，且没有履行过任何签字手续。当然，被告身为银行工作人员，对贷款流程相当熟悉，他应该知道贷款需要提交夫妻双方的户口本、身份证，并需要双方到场，进行签字或盖章手续。但是，原告并没有做过任何与贷款相关的行为，所以，原告对此并不知情。同时，这些年一直是原告在照顾家庭，支撑着家庭的开支和孩子的一切费用。所以，假使该债务的存在，被告也没有将该部分款项用于家庭生活。

4. 该债务没有证据支持

这么大的债务，被告并没有出示任何证据，值得怀疑。且被告长期在银行工作，熟悉银行业务和流程，因而，对他而言，虚拟债务，转移财产也不是没有可能。

综上，本代理人认为，该笔债务不属于夫妻共同债务，对此，原告不承担任何责任。

三、请求被告协助，原告取出本人及孩子日常生活物品

针对被告擅自更换门锁，禁止原告及孩子进入共同房屋的情况，被告方说的因为原告方私自推走自行车及电动车的原因不成立。原因有二：①电动车和自行车本就属于婚前财产，是原告平时个人交通工具，且骑走行为发生在被告换锁之后，因需骑走也在情理之中；②婚姻存续期间，原告有权进出共同房屋，拿取个人及孩子日常用品；且被告也认可共同生活房屋内家具家电（详见财产清单）均属原告婚前财产，对于被告所称害怕原告转移财产拿走东西更是无稽之谈。对于被告此种行为，更能看出其性格狭隘，也进一步激化了双方的矛盾，据此推断被告对于正视婚姻中存在的问题，与原告和解并继续生活的意愿并不强烈，婚姻关系中夫妻双方再无任何信任可言。被告更换门锁后，原告已经无法进入到共同的房子中，也对孩子造成了巨大的心理伤害，所以，只能请求法院协助，责成被告予以配合，允许原告把本人及孩子衣物及日常生活用品拿走。

上述代理意见，恳请法庭采信。

此致

××区人民法院

代理人：×××律师

20××年××月××日

（四）《民法典》法律条文指引

第一千零七十九条【诉讼离婚】夫妻一方要求离婚的，可以由有关组织进行调解或者直接向人民法院提起离婚诉讼。

人民法院审理离婚案件，应当进行调解；如果感情确已破裂，调解无效的，应当准予离婚。

有下列情形之一，调解无效的，应当准予离婚：

（一）重婚或者与他人同居；

（二）实施家庭暴力或者虐待、遗弃家庭成员；

（三）有赌博、吸毒等恶习屡教不改；

（四）因感情不和分居满二年；

（五）其他导致夫妻感情破裂的情形。

一方被宣告失踪，另一方提起离婚诉讼的，应当准予离婚。

经人民法院判决不准离婚后，双方又分居满一年，一方再次提起离婚诉讼的，应当准予离婚。

典型案例二　离婚索要彩礼纠纷

（一）案情简介

原、被告经人经介绍认识，在原告给付被告索要的彩礼及物品后，原、被告于2021年9月30日登记结婚，并于2021年10月11日举行了结婚仪式。婚后，原告与被告及被告带来的孩子共同生活。由于原、被告婚前缺乏了解，婚后沟通较少，且被告不同意与原告生育孩子，并常因此事闹矛盾，后被告以其子在县城上学需照顾为由常住娘家。尤其是从2022年8月起直到起诉时，被告一次也未返回婚后的家，其间原告及亲朋好友多次到被告家说和，被告都明确表示不愿再与原告共同生活。在二人婚姻存续期间，被告多次向原告要钱，原告共向其转款××××元，双方共同生活时间过短，被告不愿意尽一个妻子的义务，说明被告一开始就没有与原告共同生活的意愿，按照《民法典》相关规定及公序良俗原则，被告应返还原告彩礼×××××元，及分割共同财产××××元。

（二）案例分析

（1）本案的男女双方因共同生活很短，原告欲离婚并索要彩礼。

（2）被告因不退还彩礼而不同意离婚。

（3）因被告不同意，加大了原告的举证责任，及延缓了双方离婚的诉讼过程。

（三）法律文书研习指导

代理意见

一、关于原被告的婚姻情况

1. 被告是二婚，带着一个五岁的女儿，而原告是第一次结婚。

2. 原被告经人介绍认识，相处时间短，感情基础薄弱，缺乏了解。但媒人是被告的亲阿姨，所以，被告应该对原告有着比原告对被告更多的了解。

3. 为结婚原告支付了×××××元的彩礼，但被告却在登记前就表示出强烈的不愿意，在婚后也不愿意多了解原告，缺乏共同了解。

4. 被告不同意与原告再生育孩子，而原告是独子，迫切想至少生育一个自己的孩子，为此，二人常常发生争吵，婚后不久就分室而居。被告干脆以照顾女儿上学为由，从2022年中秋节起常住娘家，不再回到与原告共同生活的家，且原告及家人多次去道歉、求和、劝和，被告都不接受，被告离婚的意愿坚决。

二、关于彩礼

1. 两人共同生活时间太短

两人于2021年9月30日登记结婚，由于没有感情基础，又缺乏沟通，真正共同生活在一起的时间很短。从2022年9月底女方正式搬走，直至今天的庭审，双方没在一起住过，女方不接电话，断绝与原告的任何交流。

2. 被告自始至终没有共同生活的诚意

被告从婚前不愿意结婚，到婚后不融入婚姻，始终表现出不适应甚至抗拒情绪和行为，也不想去努力与原告增进感情，不愿用心经营家庭。可以说，被告从一开始就没有与原告过日子的诚意。

3. 原告给付彩礼的目的没有实现

原告给付彩礼是为了结婚，而结婚是为了与被告好好过日子，原告如此付出，却不被被告接纳，更没有受到被告尊重。原告给付被告高额彩礼的目的因此落空。

4. 被告应退还原告彩礼才符合恢复原状的责任承担方式

既然被告多次表达想离婚的意愿，把原告给予其的高额彩礼、财物等一并返还。

5. 不退彩礼显失公平

双方结婚时间很短，如果按照被告拒不退还彩礼的逻辑，那被告可多结几次婚，靠这样发家致富，甚至比上班打工赚钱要容易。

6. 被告不退还彩礼的逻辑不符合公序良俗

作为家中的独子，原告是第一次结婚，还付出了高额的彩礼，于农村来讲，原告及家人承受了很多。被告不听劝，拒不回家的做法，让原告一家在村里乡亲们面前抬不起头。原告父母不仅失去了面子，更心疼自己的孩子。原告也是三十多的人了，大龄青年，花重金娶了老婆，加上办酒席的钱，原告一家前后花费20万元以上。如今，原告既没有得到老婆还白花了钱，鸡飞蛋打，这事给谁遇到，都不会痛快。

7. 被告不退彩礼不符合社会新风尚

如今，全社会正在移风易俗，拒绝高彩礼、拒绝大操大办，20万元，对一个普通家庭来说的确不是小数字，如果能共同生活也就不说了，但像被告这种草率的态度，对原告来说真不值得。

三、关于共同财产

其间，被告多次找原告索要生活费，原告共给付了×××××元，这些钱是原告的婚前个人积蓄，但原告只主张一半，即×××××元。

（四）《民法典》法律条文指引

根据最高人民法院关于适用《中华人民共和国民法典》婚姻家庭编的解释（一）第五条规定：当事人请求返还按照习俗给付彩礼的，如果查明属于以下情形，人民法院应当予以支持：

（1）双方未办理结婚登记手续；

（2）双方办理结婚登记手续但确未共同生活；

（3）婚前给付并导致给付人生活困难。

适用前款第二项、第三项的规定，应当以双方离婚为条件。

典型案例三　离婚夫妻共同债务分割纠纷

（一）案情简介

甲男乙女离婚，丙男丁女离婚，但在两对夫妻关系存续期间，丙男向乙女借款，且一直未偿还，后乙女将丙男丁女起诉至法院要求承担夫妻共同债务。在诉讼期间，甲男申请以共同原告的身份加入诉讼，且诉讼期间甲男与丁女结婚。一审法院经审理查明该债务是在甲男乙女婚姻关系存续期间产生的。因当时乙女收入很低，而甲男工作稳定，收入较高，虽然出借人的借条仅有乙女自己签名，但该债权应该属于甲男乙女的共同债权。丁女则主张该债务只是丙男一人所借，其并不知情，钱也没有用于夫妻共同生活，该笔债务与其无关，并提供了大量的证据予以证实。后法院认定乙女的债务应向丙男一人主张。乙女不服，遂上诉，二审法院最终维持了原判。

（二）案例分析

（1）本案涉及两对夫妻关系及其共同财产的情况，既有夫妻共同债务，也有夫或妻的个人债务。

（2）甲男与丁女结婚，使得整个案子及四人间的债权债务变得更为复杂。

（三）法律文书写作指导

庭审笔录可否作为离婚后夫妻共同债务证据的答辩意见

在民事诉讼当中，当事人有时候会以前案的庭审笔录所涉及的案件事实作为另案的证据，那么庭审笔录是否可以作为另案证据使用呢？

虽然我国现行《民事诉讼法》未直接规定庭审笔录属于证据种类，但并不意味着在其中已经划定的八种证据种类中，庭审笔录就找不到自己的"归宿"而不能作为证据使用。

首先，从庭审笔录的来源看，其可以作为证据。

庭审笔录除了是对案件审理流程的纪实外，最重要的是以文字的形式固定了案件的相关证据。作为庭审重要组成部分，如实记录了当事人的陈述和举证质证环节，构成了法院认定案件事实，是居中裁判的基础。

在法院最后的生效裁判文书中可能并未涉及相关事实，甚至尚未对当事人的实体争议作出任何处理（如撤诉裁定），但并不妨碍庭审笔录中双方当事人任何一方自认的事实。证人证言或者其他纪实的案件事实作为证据独立存在。本代理人认为，庭审笔录能否作为证据是一个质的问题，而作为证据的证实力大小则是一个量的问题，两者不能混为一谈。

庭审笔录虽然不能等同于人民法院发生法律效力的裁判文书，但可作为证据，佐证相关事实，至于庭审笔录到底有多大证实力，能否为法院采信，只能依据证据的真实性、正当性和关联性等进行具体分析，而非直接依据庭审笔录免除当事人的举证责任。

其次，从庭审笔录的表现形式来看，其可以视为书证。

书证是指以文字、符号、图形等所记载的内容或表达的思维来证实案件真实的证据。因此，庭审笔录符合书证的本质特征，但与一般的书证不同，庭审笔录特殊性表现在它是法院书记员对当事人以及审讯职员在法庭上言辞的纪实，其性质类似于法院或其他国家机关依职权对相关当事人所做的调查或询问笔录。两者的区别仅仅在于，庭审笔录的形成过程是跟着民事诉讼程序的入行将案件事实纪实在案，有着比较同一的固定程序和格局。

再次，从民事诉讼的诚实信用原则来看，庭审笔录应当可以作为证据。

《民事诉讼法》第十三条明确划定，民事诉讼应当遵循诚实信用原则。

假如在庭审的过程中，放任当事人虚假陈述案件事实，或者滥用诉讼权利，随意地推翻或更改自己已经陈述的案件事实，不仅给法院书记员的纪实工作带来诸多不便，而且有亵渎法律和妨碍庭审秩序之嫌。毕竟，开庭不是儿戏，当事人应当诚实守信，并对自己陈述并纪实在案的事实负责。

最后，从书记员的规避、庭审笔录的补正和自认的撤回来看，庭审笔录的真实性具有保障。

无论新旧《民事诉讼法》都赋予了当事人申请书记员的规避的权利以及对自己的陈述纪实有漏掉或者差错的申请补正的权利，从而在一定程度上防止了因为书记员的故意或过失导致庭审笔录错记或漏掉等情况的发生，确保了庭审笔录的真实性。并且，针对当事人因为自身过错或者第三人原因，在庭审过程中并非出于自身内心真实意思自认的事实，《最高人民法院关于民事诉讼证据的若干划定》第八条也有规定：答应当事人撤回——当事人在法庭辩论终结前撤回承认并经对方当事人同意，或者有充分证据证实其承认行为是在受胁迫或者重大曲解情况下作出且与事实不符的，不能免除对方当事人的举证责任。

综上，庭审笔录可以作为证据使用，且只要符合证据的真实性、正当性和关联性，就应当为人民法院所采信。

具体到本案，一共涉及三个案子，六次诉讼，在这些诉讼中，当事人在庭审中的陈述也即自认行为始终以自己的立场为原则，对自己有利就认可，对自己不利就不认可，但是在本案中，我们将这些庭审笔录拿到一起比对的时候发现，男方和债权人在庭审中的说法前后矛盾，在本案中无法成立，或者无法自圆其说。这些庭审笔录只能说明本案的债务究竟是否存在，若要说明是否偿还，这就需要上诉人甲男和被上诉人债权人进行举证了。

总之，本案的债务与丙女没有关系。如果该债务真实存在，也是甲男一人所为，债权人应该找甲男（债务人）一人偿还。如果甲男一人该偿还本案借款：一是甲男一人所为的借款；二是甲男有多次偿还的机会而没有偿还；三是甲男对离婚协议的财产分割部分反悔，当该协议已经生效，且执行完毕，是甲男的处分行为，目前已经不能反悔。所以，本案的债务与丙女没有任何关系。

（四）《民法典》法律条文指引

第一千零六十三条【夫妻个人财产】下列财产为夫妻一方的个人财产：

（一）一方的婚前财产；

（二）一方因受到人身损害获得的赔偿或者补偿；

（三）遗嘱或者赠予合同中确定只归一方的财产；

（四）一方专用的生活用品；

（五）其他应当归一方的财产。

第一千零六十四条【夫妻共同债务】夫妻双方共同签名或者夫妻一方事后追认等共同意思表示所负的债务，以及夫妻一方在婚姻关系存续期间以个人名义为家庭日常生活需要所负的债务，属于夫妻共同债务。

夫妻一方在婚姻关系存续期间以个人名义超出家庭日常生活需要所负的债务，不属于夫妻共同债务；但是，债权人能够证明该债务用于夫妻共同生活、共同生产经营或者基于夫妻双方共同意思表示的除外。

典型案例四　夫妻离婚时共同的小产权房分割纠纷

（一）案情简介

孙××与王×于20××年××月××日结婚，对位于××市××区××家园小区 B 区××号楼×单元×××室有着共同的产权，但该房屋属于小产权房，没有国家不动产登记中心颁发的不动产登记证，所以，一审法院在判决时，不予分割。孙女不服，遂上诉。

（二）案例分析

房屋应属于上诉人与被上诉人婚姻存续期间内取得的共同财产。因该涉案房屋有"集体土地房屋所有权证"，且在该"所有权证"中的"注意事项"部分对该房屋的所有权情况做了明确的约定，"一是，本证是房屋所有权的合法证件，明确了本房屋产权归'户主'所有，土地归集体所有；二是，如需房产转让、出售或赠予，必须到发证单位办理过户变更手续，另交土地占用费用及手续费"。以上两条已经明确："户主"可以对该共有房屋行使包括占有、使用、收益和处分权四大权能在内的所有权，而不仅仅是一审判决所说的"使用权"。所以，一审判决对该房屋的定性不准，进而导致判决内容发生错误。

（三）法律文书研习指导

民事上诉状

上诉人：孙××，女，汉族，19××年××月××日出生，身份证地址：××省××市××县城区××新街村××号，身份证号：××142×××81×002×1，联系电话：182××××59×7

被上诉人：王×，男，汉族，19××年××月××日出生，住××市×区××家园小区 B 区××号楼×单元×01 室，身份证号：3×××2619×××0×5×1×，联系电话：156×9×8××28

上诉人与被上诉人离婚纠纷一案，上诉人不服山东省德州市德城区人民法院（202×）鲁14××民初×号民事判决书第二项、第三项之内容，现依法提出上诉。

上诉请求：

1. 请求贵院依法撤销××市××区人民法院（20××）鲁14××民初××号民事判决书，发回重审，或在查清事实的基础上直接依法改判，并依法支持上诉人的主张或请求。

2. 请求贵院依法判令本案一审、二审诉讼费以及其他全部费用由被上诉人承担。

事实与理由：

一、一审法院对共有房屋的认定发生事实错误

（一）一审案件对共有房屋的定性发生事实错误

涉案房屋位于××市××区××家园小区B区××号楼×单元×××室，属于××区××办事处大刘社区，该房屋应是上诉人与被上诉人婚姻存续期间内取得的共同财产。因该涉案房屋有"集体土地房屋所有权证"，且在该"所有权证"中的"注意事项"部分对该房屋的所有权情况做了明确的约定："1. 本证是房屋所有权的合法证件，明确了本房屋产权归"户主"所有，土地归集体所有；2. 如需房产转让、出售或赠予，必须到发证单位办理过户变更手续，另交土地占用费用及手续费。"以上两条已经明确，"户主"可以对该共有房屋行使包括占有、使用、收益和处分权四大权能在内的所有权，而不仅仅是一审判决所说的"使用权"。所以，一审判决对该房屋的定性不准，进而导致判决内容发生错误。

（二）一审法院对上诉人出资的认定发生错误

1. 上诉人是用个人的婚前财产对涉案房屋进行出资的

当时房屋的总价款是2×××08元，上诉人出资×××000万，其中包括×00×0元现金支付和××000元的银行存款交易记录，之所以选择结婚当天出资购房，一是为了证明该房产是婚后共同财产，二是为了证明其出资的来源是上诉人的婚前财产，三是××50×0元是当时未交付的余款，不是上诉人有意选择的结果。因当时被上诉人差××50×0元房款尚未交清，且该房款是由被上诉人采用先月供××8元的利息再一次偿还本金的贷款方式购买，而上诉人的出资，直接免去了被上诉人偿还本金及利息的责任。

2. 上诉人出资的时间是在婚后，享有共同的所有权

上诉人出资的时间是20××年××月××日，是双方登记结婚的当天，且是在上诉人与被上诉人的合法夫妻关系被国家认可后才出资该房屋的。上诉人之所以选择在结婚登记后出资，很显然旨在为其出资后能享有该房屋的所有权提供安全保障。

3. 被上诉人向上诉人父母借款×××0×0，是对自身出资的又一次保障

上诉人出资时，为避免将来产生纠纷，特意让被上诉人将×××000元的出资款以向上诉人父母借款的方式，用借条的方式再次加以固定，仅仅是想为其出资后对该房屋的所有权提供一份安全保障。

所以，上诉人是"户主"之一，不是因为被上诉人自愿加上其名字，而是上诉人用实际出资的方式，才成为"户主"。再次证实上诉人出资后取得共有产权的事实，所以，上诉人以户主的身份对该房屋享有所有权，而不仅仅是享的使用权。

（三）一审法院对该房屋的分割认定发生错误

1. 该房屋的"集体土地房屋所有权证"明确允许该房屋进行交易，该房屋可以交易变现。因此，该房屋具备产权分割的条件。

2. 上诉人以出资方式取得该房屋的所有权后，依据《民法典》，上诉人对该房屋享有不区分份额大小的夫妻共同共有的产权，因此，在进行离婚财产分割时，应分得该房屋的一半的房价。

3. 且该涉案房屋所在的××家园同其性质的房屋，早已有被法院查封并作为保全或强制执行对象的案例，再次证明该涉案房屋的产权具有可分割的条件及可能性。

（四）一审法院对该涉案房屋的占有使用和收益等权属认定错误

1. 从一审被上诉人提供的证据及综合双方的实际情况来看，该房屋长期由被上诉人独自占有，上诉人早已于20××年×月××日在第一次起诉离婚前搬离该房屋，且从未也不可能再对该房屋行使共同使用权。

2. 事实上，被上诉人早已将房屋的入户门锁换掉，不经被上诉人同意，上诉人根本无法进门，即便是取回自己的个人衣物这样正当的理由，都遭到被上诉人的一再拒绝。所以，上诉人根本无法使用该共有房屋。

3. 一审法院判决离婚后，被上诉人更不会再让上诉人进家门，所以，一审法院判决共同使用权根本不现实。

二、一审案件对房屋内电器、用品的现状认定发生错误

1. 被上诉人长期实际占有并长期使用该房屋内的设施、电器及被褥等用品，更为关键的是，被上诉人已经将判决第二项所列明的电器中价值较高的空调和冰箱以虚拟债务的形式私自转移。也就是说，现在房屋内判决所列明的家具、家电及用品等，已经被被上诉人单方面处置。在双方办理离婚的期间内，被上诉人已经将判决第三项所列财产进行了转移，即便一审判决将其判给上诉人，但上诉人也得不到，上诉人的权益无法被保障。

2. 电器已经使用×年以上，基于电器更新换代较快的特点及被上诉人四年的使用，现已经无多大的使用价值，因此，该判决部分对上诉人而言，依然是无实际利益。

三、一审法院对车辆认定发生错误

（一）一审法院对××NR98A5福特福克斯车的产权定性发生错误

××NR98A5是上诉人的哥哥赠予上诉人一人，目的是增加上诉人生活的便利，更为重要的是为了提升上诉人的生活质量，而不是离婚时作为夫妻共同财产进行分割，更不是为了分割给被上诉人。因此，一审法院对该车的认定发生事实错误。

（二）一审法院对××521CL福特福克斯的产权定性发生错误

车辆××N521CL福特福克斯轿车是在双方第一次起诉离婚法院判决不离后，上诉人自己零首付全额贷款购买的，且还因此产生法律纠纷，由××区法院以××000元调解结案，目前已经执行终本。这个车贷一直由上诉人自己还钱，既然一审法院对该车认定为共同财产，那上诉人尚欠银行车贷××7×0.7元，作为丈夫的被上诉人应承担一半××3×5.35元。显然一审判决对该车的处理明显不符合事实。

（三）对被上诉人的个人财产认定发生错误

从本判决来看，上诉人对房屋的个人出资、对家里设施的购买出资、两车辆的取得都被划定为夫妻共同财产，离婚时需与被上诉人平均分配。但反过来对比一下，被上诉人此期间内所取得的个人财产及存款呢，同理，也应被分割。既然在第一次离婚时，被上诉人自认每月给上诉人现金6××0元的个人收入，那就以此为基数额进行起算，从20××年××月××日分居到一审判决202×年××月××日，一共13个月，也即总数是×××00元，那么，上诉人可获得其中的一半××000元。

四、一审法院没有注重判决的法律效果和社会效果

一审判决表面上对共有的房屋、房屋内的家电、车辆等都做了看似公平的分割，但房屋的共同使用权如何来实现？房内的设施又如何能实现完璧归赵？上诉人仅享有共同所有权，而不是使用权，即便是判给上诉人使用权，将来申请强制执行也无法操

作与落实。房屋的产权证上标注着房屋共同所有，上诉人提供了形成证据链的取款、付款及借条等一系列证据，却没有起到任何作用。这样的判决，无法做到案结事了，无法取得让人民群众在每一个案件中感受司法公平与正义的法律效果。

从年龄上看，上诉人与被上诉人相差7岁，在女大男小的婚姻中，女方母性的天性及柔美肯定会展露无遗，女方为家庭的付出必然多，女方的亲人也觉得女方出嫁不容易，所以，为提高女方在男方家的地位，必然也会为其女儿准备更多的嫁妆等。女方及家人之所以付出得多，肯定是为了增加上诉人的幸福生活指数。但本次婚姻在持续三年后，双方离婚，女方的出资及陪嫁及对家庭的付出在男方眼里变得一文不值，男方因为离婚得到的越多，女方失去的就越多，且男方的所得是建立在女方失去的痛苦之上的。很显然，女方结婚没有保障，离婚更没有保障。因此，这样的判决没有取得"保障因离婚倾家荡产，40多岁连个落脚地都没有，且每月只能获得2000元的底层妇女的合法权益"的社会效果。

总之，希望二审法院在查清事实的基础上依法改判，将房屋进行分割，保障上诉人的一半产权或者等价的经济收益，将两辆车都判归上诉人所有，判决第三项的电器及家具折价后由被上诉人所有。并判被上诉人给予上诉人一定的经济补偿，以切实维护上诉人的合法权益，还上诉人以公平公正的结果，望判如诉请。

此致

××市中级人民法院

上诉人：×××

202×年×月×日

（四）《民法典》法律条文指引

第一千零六十三条【夫妻个人财产】下列财产为夫妻一方的个人财产：

（一）一方的婚前财产；

（二）一方因受到人身损害获得的赔偿或者补偿；

（三）遗嘱或者赠予合同中确定只归一方的财产；

（四）一方专用的生活用品；

（五）其他应当归一方的财产。

第一千零六十四条【夫妻共同债务】夫妻双方共同签名或者夫妻一方事后追认等共同意思表示所负的债务，以及夫妻一方在婚姻关系存续期间以个人名义为家庭日常生活需要所负的债务，属于夫妻共同债务。

夫妻一方在婚姻关系存续期间以个人名义超出家庭日常生活需要所负的债务，不属于夫妻共同债务；但是，债权人能够证明该债务用于夫妻共同生活、共同生产经营或者基于夫妻双方共同意思表示的除外。

第一千零八十七条【离婚时夫妻共同财产的处理】离婚时，夫妻的共同财产由双方协议处理；协议不成的，由人民法院根据财产的具体情况，按照照顾子女、女方和无过错方权益的原则判决。

对夫或者妻在家庭土地承包经营中享有的权益等，应当依法予以保护。

典型案例五　分割婚内财产纠纷

（一）案情简介

20××年××月，原告×××（子）因交通事故深度昏迷，至今未苏醒，被医生诊断为植物人。×××（父）为给×××（子）治病，向亲朋好友借钱。从2013年的3月8日起×××（儿媳）离家至今一直未归，置处于深度昏迷状态需长时间的护理与照料的丈夫而不顾。后经村委会研究决定，指定×××（父）为其监护人。因×××（儿媳）与×××（父）需要交接，导致监护人无力为原告看病，更无力偿还因此所借的医药费。本案中，被告×××（儿媳）置原告×××（子）生死不顾，作为第一顺序监护人，并未尽到夫妻间的扶养义务。

（二）案情分析

夫妻关系存续期间，因为共同偿债的需要，可以不离婚，仅分割夫妻共同财产。

（三）法律文书研习指导

起诉状

原审：×××，男，19××年××月××日出生，汉族，住××市××县××镇××村。

法定代理人：×××，男，19××年××月××日出生，汉族，住×市××县××××镇××村。

被告：×××，女，19××年××月××日出生，汉族，住×市××县××××镇××村。

诉讼请求：

1. 请求依法分割原、被告婚内夫妻共同财产。

2. 请求依法判令诉讼费用、保全费用等由被告承担。

事实与理由：

20××年××月份，×××（子）因交通事故深度昏迷，至今一直未苏醒，被医生诊断为植物人。×××（父）为给儿子治病，向亲朋好友借钱，因为当时×××（父）并不是×××（子）的监护人，且×××（子）在发病前本人已经成年，智力健全，有自己独立的家庭、工作和收入。从2013年3月8日×××（儿媳）离家至今一直未归。而处于深度昏迷状态的×××（子）需要长时间的护理与照料，无奈，村委会研究决定，指定原告之父×××（父）为其监护人。但是，被告并未与原告的监护人进行财产的分割与交接，导致监护人无力为原告看病，更无力偿还因此所借的医药费。依据《中华人民共和国婚姻法》第十七条及婚姻法解释三的第四条："婚姻关系存续期间，夫妻一方请求分割共同财产的，人民法院不予支持，但有下列重大理由的除外。"其中第二项："一方负有法定扶养义务的人患重大疾病需要医治，另一方不同意支付相关医疗费用的。"本案中，被告置原告生死不顾，作为第一顺序监护人，并未尽到夫妻间的扶养义务。为维护原告合法权益，特诉至贵院，恳请法院依法保护原告的合法权益。

　　此致

×××区（县）人民法院

法定代理人：×××

20××年××月××日

第一千零六十六条【婚姻关系存续期间夫妻共同财产的分割】婚姻关系存续期间，有下列情形之一的，夫妻一方可以向人民法院请求分割共同财产：

（一）一方有隐藏、转移、变卖、毁损、挥霍夫妻共同财产或者伪造夫妻共同债务等严重损害夫妻共同财产利益的行为。

（二）一方负有法定扶养义务的人患重大疾病需要医治，另一方不同意支付相关医疗费用。

典型案例六　夫妻离婚后的经济补偿纠纷

（一）案情简介

原告与被告于20××年××月××日协议离婚。二人婚姻存续期间，被告出轨他人，长期与原告分居，拒不回家，虽然原告多次请求，但被告依然不顾及原告的感情需求，在生活上对原告也不管不问。原被告双方婚后虽未生育，但原告对被告之女马××无论是生活上还是工作上都给予了极大的照顾，尽到了一个母亲应有的责任。但在协议离婚时，被告坚持将原告没尽母亲义务作为协议离婚的唯一理由，这是对原告极大的侮辱与伤害。婚姻关系存续期间，原告无论是对被告的母亲，还是对其家人都尽到了赡养、照顾和帮扶的责任与义务。被告的行为给原告的身心造成较大伤害，导致原告心身疲惫并从此成为一个无依无靠的孤寡老人。原告以离婚后损害责任纠纷为由起诉被告至贵院，以维护自身的合法权益。

（二）案情分析

（1）离婚后受损害一方可要求经济赔偿。

（2）一日夫妻百日恩，百日夫妻似海深。熬过了相濡以沫的日子，也要能享受生活美好，同甘共苦，才是夫妻的恩情。

（3）为补偿付出较多的一方，法律规定可以对婚姻中多付出的一方进行补偿。

（三）法律文书研习指导

民事起诉状

原告：房××，女，汉族，19××年××月××日生，退休职工，住××省××市××区××街×号楼×××室，身份证号：××240119××12××00××，联系电话：157×××4×××9

被告：马××，男，汉族，19××年××月××日生，退休职工，住××省××市××区××大道×××号×号楼，身份证号：××24××19××02××0×3×，联系电话：23××9×8

诉讼请求：

1. 请求依法判令被告对原告进行损害赔偿3××00元。

2. 请求依法判令被告向原告赔礼道歉。

3. 请求依法判令被告承担本案的诉讼费等所有费用。

事实与理由：

原告与被告于20××年××月××日协议离婚。二人婚姻存续期间，被告出轨他人，长期与原告分居，拒不回家，虽然原告多次请求，但被告依然不顾及原告的感情需求，在生活上对原告也不管不问。原被告双方婚后虽未生育子女，但原告对被告之女马××无论是生活上还是工作上都给予了极大的照顾，尽到了一个母亲应有的责任。但在协议离婚时，被告坚持将原告没尽母亲义务作为协议离婚的唯一理由，这是对原告极大的侮辱与伤害。婚姻关系存续期间，原告无论是对被告的母亲还是对其家人都尽到了赡养、照顾和帮扶的责任与义务。被告的行为给原告的身心造成较大伤害，导致原告心身疲惫并从此成为一个无依无靠的孤寡老人。原告以离婚后损害责任纠纷为由起诉被告至贵院，以维护自身的合法权益。

　　此致
××区人民法院

具状人：×××

20××年××月××日

（四）《民法典》法律条文指引

　　第一千零八十八条【离婚经济补偿】夫妻一方因抚育子女、照料老年人、协助另一方工作等负担较多义务的，离婚时有权向另一方请求补偿，另一方应当给予补偿。具体办法由双方协议；协议不成的，由人民法院判决。

典型案例七　离婚协议约定的财产分割执行纠纷

（一）案情简介

　　薛××与陈××于20××年××月××日协议离婚，约定××省××市××区××路×号×号楼×单元×××号，一套面积××.××平方米的房屋归男方所有，男方向薛××支付×万元整，且房屋内财产双方平分。离婚后，陈××没有履行约定，且双方协商无果，无奈，薛××只能起诉至贵院，请依法维护原告的合法权益。

（二）案情分析

　　离婚协议约定的财产分割方式，具有法律效力，双方应该遵守。

（三）法律文书研习指导

民事起诉状

　　原告：薛××，女，汉族，19××年××月××日生，自由职业者，住××省××市××区××路×号×号楼×单元×××号，联系电话：159××××4××9

　　被告：陈××，男，汉族，19××年××月××日生，自由职业者，住××省××市××区××路×号×号楼×单元×××号，联系电话：158××××6××8

　　诉讼请求：

　　1. 请求依法判令被告履行约定，给予原告应得的款项及财产。

　　2. 请求依法判令诉讼费用由被告承担。

　　事实与理由：

　　薛××与陈××于20××年××月××日协议离婚，约定××省××市××区××路×号×号楼×单元×××号一套面积××.××平方米的房屋归男方所有，男方向薛××支付×万元整，且房屋内财产双方平分。离婚后，陈××没有履行约定，且双方协商无果，无奈，薛××只能将其起诉至贵院，请依法维护原告的合法权益。

　　此致
××区人民法院

具状人：薛××

20××年××月××日

（四）《民法典》法律条文指引

　　第一千零五十五条【夫妻地位平等】夫妻在婚姻家庭中地位平等。

　　第一千零六十四条【夫妻共同债务】夫妻双方共同签名或者夫妻一方事后追认等共同意思表示所负的债务，以及夫妻一方在婚姻关系存续期间以个人名义为家庭日常生活需要所负的债务，属于夫妻共同债务。

　　夫妻一方在婚姻关系存续期间以个人名义超出家庭日常生活需要所负的债务，不属于夫妻共同债务；但是，债权人能够证明该债务用于夫妻共同生活、共同生产经营或者基于夫妻双方共同意思表示的除外。

　　第一千零七十六条【协议离婚】夫妻双方自愿离婚的，应当签订书面离婚协议，并亲自到婚姻登记机关申请离婚登记。

　　离婚协议应当载明双方自愿离婚的意思表示和对子女抚养、财产以及债务处理等事项协商一致的意见。

第六编

继承编案例研习

一、《民法典》继承编的相关法律规定

1. 一般性规定

继承制度是关于自然人财富传承的基本制度。本编重申了国家保护自然人的继承权，规定了继承的基本制度。增加相互有继承关系的数人在同一事件中死亡，且难以确定死亡时间的继承规则。增加对继承人的宽恕制度，确定法定继承是在被继承人没有对其遗产的处理立有遗嘱的情况下继承人的范围。继承顺序等均按照法律规定确定的继承方式，明确继承男女平等原则。

2. 法定继承

法定继承是在被继承人没有对自己遗产的处理立有遗嘱的情况下，继承人的范围、继承顺序等均按照法律规定确定的继承方式，明确了继承权男女平等原则，规定了法定继承的顺序和范围，以及遗产分配的基本制度。同时，在现行继承法的基础之上，完善代位继承制度，增加被继承人的兄弟姐妹，先于被继承人死亡的，由被继承人的兄弟姐妹的子女代位继承的规定。

3. 关于遗嘱继承的遗赠

遗嘱继承是根据被继承人生前所立遗嘱处理遗产的继承方式。增加了打印录音新的遗嘱形式。修改了遗嘱效力规则，删除了现行继承法关于公证遗嘱效力优先的规定，切实遵守遗嘱人的真实意愿。

4. 关于遗产的处理

为确保遗产得到妥善管理，顺利分割，更好地维护继承人、债权人的利益，本编增加了遗产管理人制度，明确了遗产管理人的产生方式，职责和权利等内容；完善了遗赠扶养协议制度，适当扩大了扶养人的范围，明确了继承人以外的组织或者个人均可以成为扶养人，以满足养老形式多样化需求；完善了无人继承遗产的归属制度，明确了归国家所有的无人继承遗产应当用于公益事业。

二、通用文书写作研习指导

房屋赠予合同

甲方（赠予人）：

住所：

身份证号码：

乙方（受赠人）：

住所：

身份证号码：

甲方自愿将其房产赠予乙方，房屋共有权人表示同意，依照有关法律规定，各方自愿达成如下合同条款：

第一条　甲方自愿将其拥有所有权的坐落于＿＿＿＿＿＿＿＿＿＿＿＿＿＿＿，建筑面积＿＿＿＿＿平方米的房产（房屋所有权证号为：　　　　　　）赠予乙方，乙方同意接受该房产。该房屋占用范围内的土地使用权随该房屋一并赠予。

第二条　甲方保证房屋在此赠予合同签订前以及合同签订后一直到过户完毕期间该房屋权属状况完整和其他具体状况完整，并保证房屋不受他人合法追索。

第三条　房屋共有权人对甲方的本次赠予表示同意，并自愿签署本赠予合同。

第四条　本合同生效后＿＿＿＿＿日内各方共同到房产管理部门办理有关房屋所有权变更登记的手续。乙方逾期未配合办理产权过户登记的，甲方有权撤销赠予合同。

第五条　在乙方领取"房屋所有权证"后，按有关规定向土地管理部门申请办理该房屋土地使用权变更手续。

第六条　本合同未尽事宜，经各方协商一致另行订立补充合同。补充合同以及本合同的附件均为本合同不可分割的组成部分。

第七条　本合同自合同各方签订并由律师见证后生效。

第八条　本合同一式叁份。其中甲方留执一份，乙方留执一份，公正律师或者公证部门或房管部门留执一份。

甲方（签章）：　　　　　　　　　乙方（签章）：

＿＿＿年＿＿＿月＿＿＿日　　　　　　＿＿＿年＿＿＿月＿＿＿日

放弃继承权声明书

声明人：＿＿＿＿＿＿＿，男/女，＿＿＿＿＿年＿＿＿＿月＿＿＿日出生，身份证号：＿＿＿＿＿＿＿＿＿＿。

声明人：＿＿＿＿＿＿＿，男/女，＿＿＿＿＿年＿＿＿＿月＿＿＿日出生，身份证号：＿＿＿＿＿＿＿＿＿＿。

声明人：＿＿＿＿＿＿＿，男/女，＿＿＿＿＿年＿＿＿＿月＿＿＿日出生，身份证号：＿＿＿＿＿＿＿＿＿＿。

声明人：＿＿＿＿＿＿＿，男/女，＿＿＿＿＿年＿＿＿＿月＿＿＿日出生，身份证号：＿＿＿＿＿＿＿＿＿＿。

我（们）声明人是＿＿＿＿＿＿＿、＿＿＿＿＿＿＿的子女，系他们的第一顺序法定继承人，我父亲/母亲娶过/嫁给第二任妻子/丈夫，与前妻/前夫＿＿＿＿（已病故）共育有3个子女，分别是＿＿＿＿＿、＿＿＿＿＿、＿＿＿＿＿，与后妻/后夫＿＿＿＿育有2个子女，分别是＿＿＿＿＿、＿＿＿＿＿，我父亲/母亲与现任母亲/父亲共有的坐落于＿＿＿幢＿＿＿单元＿＿＿号的房产（房产证编号：＿＿＿＿＿＿＿＿）。目前我们的父亲/母亲已过世，母亲/父亲＿＿＿＿＿＿身体康健。自从我父亲/母亲生病后，一直是后妻/后夫所生女儿＿＿＿＿＿奉照顾，并负担医疗费用、生活费等相关费用。为保障母亲/父亲生活的安定，让母亲/父亲安度晚年，我们自愿做出如下声明：

1. 我（们）自愿放弃对我们父母遗留的上述遗产的继承权；

2. 我们愿意放弃我们父母的存款及其他所有财产权益；

3. 我们不再负担母亲/父亲的生活费用等任何费用，但是，我们依然要尽到对母亲/父亲精神的照顾，比如常回家看望等等。

4. 放弃继承权系我（们）本人自愿，我（们）清楚放弃继承权产生的法律后果。

声明人：＿＿＿＿＿＿＿＿＿＿＿＿＿＿＿年＿＿＿月＿＿＿日

声明人：＿＿＿＿＿＿＿＿＿＿＿＿＿＿＿年＿＿＿月＿＿＿日

声明人：＿＿＿＿＿＿＿＿＿＿＿＿＿＿＿年＿＿＿月＿＿＿日

声明人：＿＿＿＿＿＿＿＿＿＿＿＿＿＿＿年＿＿＿月＿＿＿日

三、典型案例研习

典型案例一　郭某某与子女赡养协议纠纷

（一）案情简介

郭××与马××是二婚，郭×生、郭×英是郭××与前妻所生，郭×荣是郭××与马××的婚生女，后郭××死亡，三子女就遗产分割和继母马××的赡养问题达成协议。

（二）案情分析

家庭成员之间可以就家庭事务进行约定，只要该约定不违反法律、国家强制性规定，不损害他人合法权益，不违背公序良俗，那么，该约定对家庭成员都具有法律效力，各方都应该遵守。

（三）法律文书研习指导

调解书

马××，女，1953年2月20日出生，汉族，住××市××区××路××小区××号楼××单元×××室。身份证号：1521××1953×××062×。

郭×生，男，197×年4月20日出生，汉族，住××省××区工务段××车间××小区。身份证号：15210419××04××6610。

委托诉讼代理人：郭×英，女，19××年×月××日出生，汉族，个体工商户，住××市××区××路××小区13号楼2单元501室。身份证号：15212619×××210624。

郭×生、郭×英就继母马××的赡养问题与马××达成如下协议：

1. 郭×英和郭×生都放弃对郭×良（父）的遗产——位于××区××路××小区3号楼

1 单元 502 室房屋的继承。同时对于继母马××的赡养问题，我们认为她将来可以以房养老，也即谁继承房产，谁对马××尽赡养义务，包括将来生老病死的所有费用都由房产继承人承担。房产继承人遵守此约定。

2. 我们的父亲郭×良与母亲陈××合葬的费用由郭×生和郭×英承担。因为我们母亲陈××已经去世近 40 年，按照习俗，不能随意挪动，所以，我们的意见是让我父亲郭×良回××老家安葬，且费用由我们全部承担。

3. 将来马××百年之后，如果要与我父亲和母亲合葬在一起，我们也同意，但是费用由房产继承人承担。

4. 如果继母马××不同意我父亲回老家安葬，想将我父亲的骨灰留在××地区，并与我父亲合葬的话，所有的安葬费用由马××和房产继承人承担。我们同意将我母亲陈××的骨灰留在××地，不迁至××地。

此协议一式五份，郭×英、郭×生、郭×荣和马××各执一份，法院留存一份，各方都签字或按手印后生效。

郭×生、郭×英、郭×生、郭×荣和马××

20××年××月××日

（四）《民法典》法律条文指引

第一千零四十五条【亲属、近亲属及家庭成员】亲属包括配偶、血亲和姻亲。配偶、父母、子女、兄弟姐妹、祖父母、外祖父母、孙子女、外孙子女为近亲属。

配偶、父母、子女及其他共同生活的近亲属为家庭成员。

第一千一百二十七条【法定继承人的范围及继承顺序】遗产按照下列顺序继承：

（一）第一顺序：配偶、子女、父母；

（二）第二顺序：兄弟姐妹、祖父母、外祖父母。

继承开始后，由第一顺序继承人继承，第二顺序继承人不继承；没有第一顺序继承人继承的，由第二顺序继承人继承。

本编所称子女，包括婚生子女、非婚生子女、养子女和有扶养关系的继子女。

本编所称父母，包括生父母、养父母和有扶养关系的继父母。

本编所称兄弟姐妹，包括同父母的兄弟姐妹、同父异母或者同母异父的兄弟姐妹、养兄弟姐妹、有扶养关系的继兄弟姐妹。

第一千一百三十二条【继承处理方式】继承人应当本着互谅互让、和睦团结的精神，协商处理继承问题。遗产分割的时间、办法和份额，由继承人协商确定；协商不成的，可以由人民调解委员会调解或者向人民法院提起诉讼。

典型案例二　遗嘱继承纠纷

（一）案情简介

被继承人×××（父）于 20××年××月××日在××××医院重症监护室因病医治无效死亡，被继承人的配偶即被答辩人（本诉原告、反诉被告）李××及其本诉的另外两个继承人都享有法定继承权，但是早在 19××年 10 月 25 日，被继承人已经立下遗嘱，表明将该房产留给原告，且被告×××（母）也已在遗嘱上签字，且答辩人（反诉原告、本诉被告）一直居住在该房产中，本诉的其他二被告对此也予以认可。

（二）案情分析

（1）本案是在被继承人去世后对遗产——房产继承发生的争议。

（2）本案是遗嘱继承，但被继承人生前立有二份遗嘱，需要法院审理查明并判定其效力。

（3）本案是亲属之间的争议，子女们只顾争财产，根本不顾及被继承人的父亲及其健在的母亲的感受。

（4）为继承房产，次子做出了荒唐的行为，本案只是本争议的开始，为得到父亲的房产，次子后来启动了十多个诉讼案件，但均以败诉告终。

（三）法律文书研习指导

答辩及反诉状

答辩人（反诉原告、本诉被告）：×××（女），女，汉族，1961年3月生，住××市××区××小区××号楼××单元号楼××单元×××室，身份证号：××140219××10××××××，联系电话：1×0××28××19。

被答辩人（反诉被告、本诉原告）：李××，女，汉族，19××年××月生，住××市××区××小区××号楼××单元号楼××单元×××室，身份证号：××140219××10××××××，联系电话：1×6××34××24。

诉讼请求：

请求依法判令被继承人×××（父）遗留的位于××市××区××小区××号楼××单元号楼××单元×××室归被答辩人即反诉原告所有。

事实与理由：

被继承人×××（父）于20××年××月××日1：50在××××医院重症监护室因病医治无效死亡，被继承人的配偶即被答辩人（反诉被告、本诉原告）李××及其本诉的另外两个继承人都享有法定继承权，但是早在19××年10月25日，被继承人已经立下遗嘱，表明将该房产留给原告，且被告×××（母）也已在遗嘱上签字，且答辩人（反诉原告、本诉被告）一直居住在该房产中，本诉的其他二被告对此也予以认可。为维护原告的合法权益，特诉至贵院，请求依法判决。

此致

×××人民法院

具状人：×××（女）

××××年××月××日

（四）《民法典》法律条文指引

第一千一百二十六条【男女平等享有继承权】继承权男女平等。

第一千一百二十七条【法定继承人的范围及继承顺序】遗产按照下列顺序继承：

（一）第一顺序：配偶、子女、父母；

（二）第二顺序：兄弟姐妹、祖父母、外祖父母。

继承开始后，由第一顺序继承人继承，第二顺序继承人不继承；没有第一顺序继承人继承的，由第二顺序继承人继承。

本编所称子女，包括婚生子女、非婚生子女、养子女和有扶养关系的继子女。

本编所称父母，包括生父母、养父母和有扶养关系的继父母。

本编所称兄弟姐妹，包括同父母的兄弟姐妹、同父异母或者同母异父的兄弟姐妹、养兄弟姐妹、有扶养关系的继兄弟姐妹。

第一千一百三十三条【遗嘱处分个人财产】自然人可以依照本法规定立遗嘱处分个人财产，并可以指定遗嘱执行人。

自然人可以立遗嘱将个人财产指定由法定继承人中的一人或者数人继承。

自然人可以立遗嘱将个人财产赠予国家、集体或者法定继承人以外的组织、个人。

自然人可以依法设立遗嘱信托。

第一千一百三十四条【自书遗嘱】自书遗嘱由遗嘱人亲笔书写，签名，注明年、月、日。

第一千一百四十条【遗嘱见证人资格的限制性规定】下列人员不能作为遗嘱见证人：

（一）无民事行为能力人、限制民事行为能力人以及其他不具有见证能力的人；

（二）继承人、受遗赠人；

（三）与继承人、受遗赠人有利害关系的人。

典型案例三　死后房屋托管协议

（一）案情简介

房阿姨（74岁）为一位孤寡老人，无儿无女。其有一套三室一厅的三居室房产，想在其百年后找人进行托管，受托管人不能卖掉该房屋，只是代管，但可将该房屋出租，用租金去维系该房屋的维修及保养等费用。

（二）案情分析

（1）本案件是一种特殊的遗嘱，立遗嘱人欲对其房产做出合理安排，因此，本案应属于继承法的范畴。

（2）本协议有以房养房的意思表示，也即该房屋交由受托管人管理，但不改变其产权，所需费用可通过出租房屋得以实现。

（3）此类协议在生活中较为少见。

（三）法律文书研习指导

房屋托管协议

委托人：房××，女，汉族，19××年××月××生，退休职工，住××省××市××区××街××号楼×-×-×号，身份证号：××24××19××12××00××，联系电话：1××2××4××79

被委托人：房××1，×，汉族，19××年××月××生，职业××，住××街××号楼××号，身份证号：××24××19××12××00××，为第一托管人和托管负责人

被委托人：房×2，女，汉族，19××年××月××生，职业××，住××街××号楼××号，身份证号：××24××19××12××00××

被委托人：房××3，女，汉族，19××年××月××生，职业××，住××街××号楼××号，身份证号：××24××19××12××00××

被委托人：房××4，女，汉族，19××年××月××生，职业××，住××街××号楼××号，身份证号：××24××19××12××00××

被委托人：肖××，男，汉族，19××年××月××生，职业××，住××街××号楼××号，身份证号：××24××19××12××00××

被委托人：单××，女，汉族，19××年××月××生，职业××，住××街××号楼××号，身份证号：××24××19××12××00××

委托人房××就自有产权房屋的委托管理事宜与被委托人房××1、房×2、房××3、房×4、肖××、单××达成如下协议：

一、委托人自愿将其自有独立产权的坐落××省××市××区××街××号楼×-×-×号的三室一厅、面积为××平方米的房屋委托给房××1、房×2、房××3、房×4、肖××、单××六人进行管理。

二、委托人房××父亲在其年幼时战死沙场，为国捐躯，安息在烈士陵园公墓。其母含辛茹苦独自把其养大成人，也早已病逝，与其父安葬在一起。委托人愿意在其百年之后将其自有房屋由被委托人进行托管，将房屋中的两室出租他人收取房租，将靠门的一间留下为委托人及父母放置牌位及专有私人物品使用，委托人应对房屋进行日常的修缮、保养、维护及管理。

三、房××生前是单身，膝下无儿无女，父母早亡，无法定继承人。为报答父母的养育之恩，房××愿意把自己与父母安葬在一起，以在另一个世界与父母团聚，尽到做女儿的孝心与责任，请管理人在购买墓地时尽量予以成全。

四、房租用于房××自己百年后购买墓地的费用及管理费用，料理后事的费用，及每年在忌日、清明节、农历七月十五日、农历的十月初一及农历的春节时管理人为房××和其父母祭奠的费用。管理人到墓地祭扫时要打扫墓穴、擦拭墓碑，所需费用也从房租中予以扣除。如房租仍有结余，请建独立账户保管，以备后用。

五、在托管期间如遇到被托管房屋被拆迁，或以旧换新，可继续留置所置换房屋中的一室为委托人房××及其父母放灵位，其余房间可继续出租给他人。

六、委托人房××的户口簿、房产证、烈属证、离婚证及法院判决离婚的判决书、本房屋及其物品托管协议书，由负责人房××1代为妥善保管。如遇负责人更换，新的管理人也要尽到妥善保管义务。

七、如主要管理人房××1因为年龄及身体健康等原因，无力再担任主要管理人责任，可由管理人自我推荐或者轮流管理。如遇管理人中途退出管理或者所有管理人过世，或者经全体管理协商一致，可将此协议所托事项继续转交其后人或者愿意承担托管责任的人，以此类推，一直把该房屋的出租延续下去。

八、管理人必须尽到善良管理人的责任，管理人不能将该房屋据为己有，不能违背托管人的遗愿擅自处分该房屋，并将处分款项据为己有，或者违背委托人的遗愿将该房屋的租金挪作他用。如管理人违反上述规定，应对造成的损失承担全部的赔偿责任，并丧失管理人资格。

九、本协议一式九份，委托人、被委托人各执一份，二位见证人各执一份，由以上人员全部签字并经过公证开始生效，托管事宜在委托人死亡后开始执行。

十、未尽事宜，可进行协商补充，并形成书面补充意见，并与本协议具有同等的法律效力。

委托人：　　　　　　　　被委托人：

20××年　月　日　　　　20××年　月　日

见证人：

20××年　月　日

（四）《民法典》法律条文指引

第一千一百三十三条【遗嘱处分个人财产】自然人可以依照本法规定立遗嘱处分个人财产，并可以指定遗嘱执行人。

自然人可以立遗嘱将个人财产指定由法定继承人中的一人或者数人继承。

自然人可以立遗嘱将个人财产赠予国家、集体或者法定继承人以外的组织、个人。

自然人可以依法设立遗嘱信托。

第一千一百三十四条【自书遗嘱】自书遗嘱由遗嘱人亲笔书写，签名，注明年、月、日。

第一千一百四十条【遗嘱见证人资格的限制性规定】下列人员不能作为遗嘱见证人：

（一）无民事行为能力人、限制民事行为能力人以及其他不具有见证能力的人；

（二）继承人、受遗赠人；

（三）与继承人、受遗赠人有利害关系的人。

第一千一百四十四条【附义务遗嘱】遗嘱继承或者遗赠附有义务的，继承人或者受遗赠人应当履行义务。没有正当理由不履行义务的，经利害关系人或者有关组织请求，人民法院可以取消其接受附义务部分遗产的权利。

第一千一百四十七条【遗产管理人的职责】遗产管理人应当履行下列职责：

（一）清理遗产并制作遗产清单；

（二）向继承人报告遗产情况；

（三）采取必要措施防止遗产毁损、灭失；

（四）处理被继承人的债权债务；

（五）按照遗嘱或者依照法律规定分割遗产；

（六）实施与管理遗产有关的其他必要行为。

第一千一百五十一条【遗产的保管】存有遗产的人，应当妥善保管遗产，任何组织或者个人不得侵吞或者争抢。

第七编

侵权责任编案例研习

一、《民法典》侵权责任编的相关法律规定

侵权责任是民事主体侵害他人权益应当承担的法律后果。《民法典》针对侵权领域出现的新情况，吸收借鉴司法解释的有关规定，对侵权责任制度作了必要的补充和完善，共 10 章，95 条。主要内容有：

1. 一般性规定

承担侵权责任的减轻或者免除等一般规则。确立了"自甘风险"的规则：规定自愿参加具有一定风险的文体活动，因其他参加者的行为受到损害的，受害人不得请求没有故意或者是重大过失的其他参与者承担侵权责任。规定了"自助行为制度"：当合法权益受到侵害，情况紧迫且不能及时获得国家机关保护，不立即采取措施使其和其合法权益受到难以弥补的损害的，受害人可以在保护自己合法权益的必要范围内，采取扣留侵权人的财物等合理措施，但是应当立即请求有关国家机关处理，受害人采取的措施不当造成他人损害的，应当承担侵权责任。

2. 关于损害赔偿

确立侵害他人人身权益和财产权益的赔偿规则，完善精神损害赔偿制度，规定因故意或者重大过失侵犯自然人具有人身意义的特定物，造成严重精神损害的，被侵权人有权请求精神损害赔偿；为加强对知识产权的保护，提高侵权违法成本，对故意侵害他人知识产权，情节严重的，被侵权人有权请求相应的惩罚性赔偿。

3. 关于责任主体的特殊规定

主要是针对无民事行为能力人、限制民事行为能力人及其监护人的侵权责任，用人单位的侵权责任、网络侵权责任以及公共场所的安全保障义务，等等。增加规定委托监护的侵权责任，完善网络侵权责任制度，完善了权利人通知规则和网络服务。提供者的转通知规则，更好地保护权利人的利益，平衡好网络用户和网络服务提供者之间的利益。

4. 关于各种具体侵权责任

对产品生产销售、机动车、交通事故医疗、环境污染和生态破坏、高度危险、饲养动物、建筑和物件等领域的侵权责任作了具体的规定。完善生产者、销售者召回缺

陷产品的责任。增加依照相关规定采取召回措施的，生产者、销售者应当负担被侵权人因此支出的必要费用；明确交通事故赔偿责任的顺序即先由机动车强制保险理赔，不足部分由机动车商业保险理赔，仍不足的由侵权人赔偿；保障患者的知情同意权，明确医务人员的相关说明义务，加强医疗机构及其医务人员对患者隐私和个人信息的保护；增加规定生态文明损害的惩罚性赔偿制度，并明确规定了生态环境损害的修复和赔偿规则；加强生物安全管理，完善高度危险责任，明确占有或使用高致病性危害物造成他人损害的，应当承担侵权责任；完善高空抛物坠物治理规则，为保障好人民群众的生命财产安全，对高空抛物坠物治理规则作了进一步的完善，规定禁止从建筑物中投掷物品，并针对行为人难以确定的问题，强调有关机关应当依法及时调查，查清责任人，并规定物业服务企业等建筑物管理人应当采取必要的安全保障措施，防止此类行为的发生。

二、典型案例研习

典型案例一　外观专利侵权纠纷

（一）案件简介

被告×××在没有掌握足够侵犯其外观设计专利事实及证据的前提下，通过原告的阿里巴巴淘宝网店，谎称要求原告提供售后服务，并以取得的该配件作为判定原告对其侵权的证据，向××省××市中级人民法院提起外观专利侵权之诉。但因为其据以诉讼的关键证据——涉案水泵的外观专利被国家知识产权局最终宣告为无效专利，被告为挽回面子，向法院提出撤诉申请，并获得准许。但是，原告为应诉，多支出了律师费、差旅费、专利鉴定费等各项费用，并因财产被保全导致经营严重受阻，产生经济损失、精神痛苦和名誉受损。现裁定书已经生效，原告的损失也已确定，为维护原告的合法权益，特诉至贵院，请求法院确认二被告赔偿原告各项损失共计人民币××××××元；本案的诉讼费、保全费等均由被告承担。

（二）案例分析

（1）原被告之间是买卖合同关系，其买卖方式是通过微信聊天达成的。原告通过被告的其他客户得知了被告生产该水泵，且该水泵拥有专利权，但是，被告为了达到垄断原告所在地销售的目的，在原告不再购买其水泵后，在明知原告不生产也不销售或许诺别人销售相同或相似的侵权商品后，毅然以老顾客需要售后服务为由，套取了原告的售后服务的水泵、公司名称、地址、联系人、电话及公司账户等详细信息，并在拿到涉案水泵的第一时间内进行全程公证，为诉讼做足了准备，后在杭州中级人民法院对原告提起侵犯其专利权的诉讼，即（××××）浙01民初字××××号案，并对原告的财产进行了扣押保全。为应诉，原告向国家知识产权局提起了无效之诉，最终被告的外观专利被宣告为无效专利，被告因此永久性丧失了外观专利权，也不再是该专利权人。为挽回面子，原告直接撤回（××××）浙01民初字××××号案，但被告的损失已经产生。

（2）在被告公证封存涉案水泵后，起诉前，被告同时向阿里店铺举报原告侵犯了其专利，从而导致了原告涉嫌侵权的两款产品被下架，且其所在的阿里店铺被降级，后阿里公司对原告店铺采取了"删除对应商品信息"的措施，导致原告无法直接提供其在阿里的经济损失。阿里公司还对全店商品进行了搜索降权处理，最终导致产品搜索后无法展示，进店客流量骤降，成交额下滑，除曾买过的客户能找到购买链接外，因降权后来几乎没有新客户进店。

（3）此后，原告以被告所售产品存在虚假宣传和存在质量瑕疵为由，向所在地法院提起了撤销原被告买卖合同之诉。其间，为确定质量问题，原告申请了质量鉴定，但鉴定机构不依据法定程序进行鉴定，最终给出了产品合格的鉴定结论，原告败诉。原告提起上诉审理，但二审维持原判，原告又启动再审程序。

（4）为挽回其经济损失，原告向鉴定机构所在法院提起了侵权之诉。直接的证据是在二审阶段，原告单方申请了两份鉴定，鉴定结果却与一审中鉴定机构给出的结论相反，也即鉴定结果是水泵不合格。事实上，被告虽然对水泵同时拥有外观设计、实用新型及发明三个专利，但其外观专利已经无效。实用新型专利与发明专利是同时做出的申请，虽然下达得早，但在其获得专利发明后，法律规定不能再同时拥有实用新型专利，且其实用新型到期后，被告并没有续费，视为自动放弃。本案还有一个关键点，就是被告只申请了一款产品的发明专利，但却在其所有的水泵上以铭牌的方式在显著的位置标注了发明和实用新型专利号，明显属于虚假宣传。为此，原告以被告扰乱市场秩序为名，向被告所在地质量监督所进行了投诉、立案，但没有收到满意答复，下一步原告可能会针对其不作为提起行政诉讼。

（5）原告也尝试着以虚假宣传为案由进行立案，但立案庭分析后认为其依然是买卖合同纠纷，依据"一事不再理"的原则，答复"不符合受理条件"。

（6）为胜诉，原告启动了买卖合同纠纷之诉、侵权纠纷之诉，并启动了行政诉讼或复议，可谓是用尽了权利救济途径。

（7）同时，本案在管辖上也存在一定的争议。按民事诉讼法及合同编的法律规定，原告可以在所在地进行诉讼，但最终并没有被立案，这里的原因有些复杂，但也反映了各地法院做法的不同。就本案，还存在是特殊地域管辖还是普通的管辖问题。是以侵权提起，列为知识产权案件由知识产权法庭审理，还是交由普通法院的普通法庭按一般侵权之诉审理，存在一定的争议。最终按一般侵权之诉在被告所在地完成诉讼权利的救济。

（三）法律文书研习指导

代理词

尊敬的审判长：

我是××律师事务所的律师，通过庭前的调查与今天的庭审，我对案件有了更为全面的了解，围绕着本庭的焦点，发表如下的代理意见。

一、被告公司是本案适格的主体

1. 涉案被侵权的产品——水泵，是由第二被告公司生产的。

2. 第一被告只是该水泵的所有权人，第一被告将其拥有外观专利产品的水泵的生产权仅仅授权给第二被告公司，且第二被告是该专利权产品的唯一授权生产者。

3. （××××）浙01民初字××××号侵权之诉是一种被告×××"假想"的一种理由。

因为，原告的店铺从未单独售卖过该水泵，水泵是其配件，而不是销售或许诺他人销售的产品之一。

4. 起因也是因为被告×××认为原告售后服务提供的水泵侵犯了被告×××所拥有的外观专利权，具体包括被告×××所有的该项专利的人身权和财产权，当然包括使用权在内，而被告公司是该外观专利的使用权人，且是该外观专利产品的生产者。

5. 被告×××为被告公司的法定代表人，对被告公司的生产经营全面负责。

6. 原告被告原来是客户关系，即第一被告将被告公司生产的水泵卖给原告，且在原告的代理人×××与被告×××就买卖水泵的微信聊天记录中，被告×××提供的水泵照片及发货箱体等的多处显著标明"×××©"（第一被告名字）和"×××有限公司"（第二被告的名称）的字样。

综上，被告公司是涉案争议专利权的使用权人及该专利产品承载的产品——水泵的生产者。因此，是本案适格的主体。

二、二被告应承担原告的各项经济损失

（一）代理人认为原告为应诉（××××）浙01民初字××××号案及本案所遭受的各项经济损失均应由二被告连带承担。

1. 二被告存在明显的侵权故意

二被告围绕着起诉原告惩罚与报复其不再购买其涉水泵的事实，进而达到垄断原告所在地区水泵市场的目的；第一被告到原告处考察及与原告员工×××的聊天记录及公证书中的内容均证实其明知原告不生产，也不销售涉案水泵，而滥用其所拥有的专利权，存在明显的侵犯原告合法权益的主观故意。

2. 且为了达到故意侵犯原告的目的，被告实施了一系列的侵权行为。购买—公证—起诉—购买诉讼保险—提起保全—撤诉，完成对原告的一系列侵权行为。

3. 被告的起诉保全等侵权行为，导致原告产生了一系列的经济损失。

4. 被告的起诉行为与原告的损失存在直接的因果关系。

（二）应承担侵权责任的具体理由

1. 被告滥用了其所拥有的外观专利权

无论是从（××××）浙01民初字××××号之三民事裁定书外观专利侵权之诉第一被告×××提供的证据来看，还是从本案提供的证据及庭审来看，被告都存在明显的侵权故意及围绕着该故意实施了一系列的侵权行为，直接导致了本案原告遭受了重大经济损失。

（1）被告×××拥有专利权是其启动××××案最为关键的证据，而被宣告无效构成本案起诉的关键证据

正如被告×××在庭审中所提供的专利权证书及评价报告书所证实的，被告×××是本案的专利权人，因此，构成其启动××××号案件起因。但该专利权已经被宣告无效，其产生了自始无效、当然无效、绝对无效的法律后果。所以，被告×××基于该专利权所享有的各项权利被取消，成为本案侵权之诉的起因。

（2）相对于发明和实用新型来讲，外观专利权本身的新颖性要求最低，即便是国家知识产权局依据授予其专利权，但是，作为专利权人的被告梁××清楚其权利行使的边界，也是最应该预见到其专利权会被宣告无效的可能性很大，而不是在没有掌握足够证据的情况下，盲目选择自己的客户——原告来"取证"（在李××与被告梁××的对

话中，二被告自认是为了取证），且被告梁××自认起诉是对原告不再向其进货后的报复行为，进而达到垄断原告所在地区销售市场，排除其他竞争者进入××省××市区（为原告所在地）市场的目的。

总之，被告×××起诉原告的行为存在滥用其专利权的故意。

2. 被告×××提起（××××）浙01民初字××××号外观专利侵权之诉，具有明显的"故意"，被告有预谋地取得了所谓的关键证物

（1）被告×××指使×××（淘宝会员名：流浪乞丐787×）冒充原告的客户，并谎称其"购买"原告的蒸汽机设备的配件"水泵"需要售后服务，以此骗取涉案的关键证物"售后水泵"。

（2）被告×××明知原告并不生产水泵，也不销售或许诺销售水泵，其获得的证物"水泵"是原告购买别的生产者的且作为其售后服务的配件提供给被告的。原告企业的负责人×××与被告×××的通话可以证实其起诉的故意：

原告企业的负责人×××："你当时来我公司，你也知道水泵不是我公司生产的，你也知道是谁做的，但是你却把我告上法庭，并封我公司账户。"

被告×××："当时没有理解。上次通过×××经理（原告所在地另一水泵购买商）找过你，跟你说得很清楚，我的目标不是你。如果目标是你，我不可能告你，你想想就行，你扣个证明就行。"

（3）被告的员工×××在要求售后服务的过程中，有意套取了原告的名称、住址、公司的账户等关键信息，为启动（××××）浙01民初字××××号的起诉和查封原告的财产做足了准备。

据被告×××提供的公证书：（20××）×（省的简称）×（市的简称，一般是该市的第一个字）证字第×××号公证书（如：（20××）浙台证字第××××号），阿里巴巴聊天截图（图片39、40、41、42）聊天记录可以证实，被告员工×××通过原告阿里店铺进入并以购买过的客户来进行售后套取水泵：图片39中流浪乞丐说（被告员工×××）："我之前在你店铺购买的××设备"（事实上没买过）；图片39中流浪乞丐说（被告员工×××）："叫师傅过来看说水泵坏了，你这边能卖我一个水泵给我？"（故意套取水泵，而不是其他配件）；图片40中流浪乞丐说（被告员工×××）："大概是去年买的，我合伙人买过来的"（故意骗取原告的信任）；图片41中流浪乞丐说（被告员工×××）："好像上半年吧，我也记不清了"。（以谎言欺骗原告，达到获取水泵并进行诉讼的目的）。

（4）在被告员工×××收到关键证物水泵后，并不是找原告指导其安装，而是先找来公证人员，从进入快递站到开包整个过程进行了公证，所以，该公证书的制作恰恰证明了蓄意取证的全过程。

3. （××××）浙01民初字××××号侵权案的关键证据——公证书内容恰恰能证明原告没有销售和许诺销售的行为

（1）该公证书只提供了原告以"售后"服务提供郭××的水泵，并没有提供或公证原告销售或许诺他人销售给除郭××之外的其他人水泵的证据，也即该公证书证明的事实是唯一的，具有明显的目的性。该公证书是孤证，被告×××没有提供其他证据，因此无法用其他证据印证。

（2）被告×××明知原告没有任何销售或许诺销售行为。从被告×××提供（2019××证字第××××号公证书所提供的原告店铺出售中的产品的截图，公证书中第12、13、14

图片均可证明原告的阿里店铺只出售蒸汽洗车机整机设备，不单独售卖水泵。且在原告企业的负责人×××与被告×××的通话记录也证实，被告×××明知原告并不生产也不销售水泵后，依然为取证达到垄断市场的目的而"故意起诉"原告。

4. 以被告提供的（××××）浙01民初字××××号案件的受理及保全过程来看

（1）证实其"购买"水泵，并制作公证书的目的是起诉原告，再次证明其存在着侵犯原告合法权益的"故意"，并围绕着该"故意"，实施了购买、公证、起诉、保全等一系列侵权行为。

（2）被告存在明显的故意，为达到对原告财产进行保全的目的，被告购买诉讼保险的做法，及在庭审中被告的代理人明确表示因保全错误所导致原告的损失应"由保险公司"承担的说法，不但证实其认可该起诉行为会导致原告存在损失，且证实其存在明显的转嫁诉讼风险的侵权故意。

5. （××××）浙01民初字××××号裁决书证实其存在侵犯原告合法权益的故意

（1）原告以"专利无效申请"为由提出了对（××××）浙01民初字××××号的中止审理，且法院做出了中止审理等待其裁判结果的裁定，表明无效宣告是决定（××××）浙01民初字××××号裁决结果的关键性证据。

（2）在被告的专利被宣告无效后，在确定了自己失去诉讼的权利后，被告×××提出了撤诉申请，再次证实其对原告存在侵权的"故意"。

（3）本案最终法院做出"同意撤回"这一裁定结果，而没有考虑到无效宣告的关键证据所带给被告永久性丧失胜诉权的事实，使得被告侵犯原告合法权益的"故意"得以用法院裁决的形式固定下来，再次证实了被告存在"故意"侵权的意图。

三、原告的损失

1. 公司账户被冻结影响资金流转，需要靠借款维持运营；

2. 申请无效专利所支出的申请费、律师费、证据保全费、差旅费等各项费用；

3. 为应诉（××××）浙01民初字××××号案支出的律师费、证据保全费、差旅费等各项费用；

4. 因被告的投诉行为招致其在阿里公司的店铺产品被下架，严重影响其销量的经济损失；

5. 由于被告的故意侵权，导致原告招致同行的笑话及销量锐减的等所带来的精神痛苦等各项损失；

6. 为追回被被告侵权所招致的经济损失，启动本案所支付的律师费、证据保全费、差旅费等各项费用。

以上费用共计：3××135.6+2××4+1××7＝3×××96.5 元

四、对原告观点的回应与驳斥

1. 被告×××拥有外观专利权及专利产品的生产和销售权，是其对原告实施侵权行为的权利基础。

2. 原被告之间是买卖双方，原告是其水泵的使用者，且因为被告不提供售后服务，导致原告的蒸汽设备被退货，从而原告不再向被告购买水泵也是事实。且原告所在的区域××省××市还存在被告的很多客户，被告想以侵犯其专利权要求大额赔偿并以此告诫原告所在地买方不得终止买卖合同也是事实，更是被告提起（××××）浙01民初字××××号案的"恶意"所在，这是被告实施侵权行为的起因条件。

3. 被告在明知原告不生产也不销售更没有许诺他人销售任何侵权水泵的情况下，有意指使郭××谎称要求原告售后，有意套取原告的地址、账户，并获得关键证物"售后水泵"，这是被告实施侵权的主观故意条件。

4. 被告为垄断原告所在地水泵销售，恶意实施公证取证—起诉—保全—撤诉等一系列侵权行为，这是其侵权的行为条件。

5. 在其外观专利被宣告无效后，被告发现其借助法院的力量达到侵权的目的落空后，及时撤诉，退回诉讼费用让自己的损失减少到最小，并购买诉讼保险，转嫁风险，被告滥用其诉权和滥用其专利权的一系列行为，与原告之间的经济损失和精神痛苦存在直接的因果关系。

所以，被告×××拥有专利权和诉权是客观事实，但是被告强调其专利权利的合法性，也是客观事实，可被告避而不谈其对原告实施的一系列侵权行为并因此使得原告遭受各种诉讼的主观故意也是事实，被告的答辩及辩解不是围绕着侵权行为的"故意""实施""导致原告损失"及"行为与损失之间存在因果"关系的逻辑展开的，很显然，其说法没有法律与事实根据。

五、总结

被告采用欺骗手段获取涉案水泵，这构成侵权的故意。所以，本案的焦点是被告是否存在侵权的故意并实施了有意图的一系列侵权行为，并因此导致原告的各项经济损失。

1. 被告采用欺骗手段获取涉案水泵

原告在阿里巴巴店铺只是销售原告的××设备的整机，被告为了达到起诉原告的目的，谎称曾在阿里巴巴上购买原告的××设备的水泵出了故障，让原告进行售后服务。因为当时原告并不销售该产品，被告要求线下交易，并要求付款到原告的对公账户。被告采用欺骗的手段获取了涉案水泵，并以此认定原告侵权，为起诉和后来的查封保全答辩人财产做了准备。所以，本案是被告采用了欺诈手段，明知道原告并未生产、销售或者许可销售涉案水泵，并未实施侵权的行为的情况下，故意起诉原告，以达到其目的，本案属于浪费司法资源的虚假诉讼，应予以驳回。

2. 涉案水泵只是原告完成售后服务的行为，并不是被告所假想的实施了销售的侵权行为

原告一再强调，原告只是为了完成售后服务而收取了涉案水泵的成本费，并不存在销售行为。在被告的工作人员谎称购买了原告的洗车设备后，原告一心只想着进行洗车设备的售后服务，并真心维护消费者的合法利益，保持良好的市场秩序与关系。因为该设备已经过了质保期，为保障设备的进行使用，原告只收取了该配件水泵的成本费，且目的还是为完成售后服务，仅此而已。

3. 原告在阿里巴巴店铺从未单独销售过涉案水泵

原告并没有单独销售涉案水泵，原告也没资格销售该水泵。从被告提供的原告阿里巴巴店铺销售货品的截图，也证实原告没有把涉案水泵作为销售的对象，该涉案水泵依然只是原告××设备的一个零部件，原告给被告提供给水泵，也只是为了完成售后服务，仅此而已。

总之，被告在原告不再购买其涉案水泵后，为了达到垄断原告所在地市场的目的，有意歪曲事实。被告拥有外观专利权，应当正确行使，这也是国家赋予其专利保护的

目的所在。但是，被告却滥用了该权利，在没有掌握足够证据的情况下，恶意起诉被告，且二被告实施了一系列的恶意侵权行为，导致了原告的权益受损及为维护权益受损所支付的各项经济损失，且被告的故意行为与原告损失之间具有直接的因果关系，具备侵权的构成要件。因为涉案产品是由第二被告生产的，第一被告与第二被告之间存在连带责任。

所以，被告基于故意，实施了一系列的侵权行为，这是导致原告遭受经济损失及精神痛苦的根本和直接原因，二被告理应承担侵权责任。

代理人：×××律师

××××年××月××日

附：

损失计算明细

1. 无效专利申请费用××××元；

2. 无效专利申请所花费的律师费×××××元；

3. 为应诉所做的证据保全费（公证费）××××元；

4. 应诉的差旅费×××××元；（其中无效专利的差旅费：××-××高铁往返票××××元、食宿费××××元、交通费××××元）

5. 为应诉外观专利侵权所支付的律师费×××××元；

6. 资金被冻结造成经营困难的补偿费××××元（按200×××元支付宝贷款利息计算）；

7. 精神及名誉补偿××××万元；

8. 因对方的恶意投诉，导致原告在阿里巴巴网站上一款热销宝贝型号为FQYY-B2019A产品被下架，造成该产品损失利润××××元。

（××××年××月××日被迫下架，截至××××年××月份共计××个月，单品链接按每月××单成交计算，预计成交××单，每单利润为40%，每单最高售价××××元，最低售价××××元，均价×××××元，合计利润为××××××元。）

以上共计：××××××元。

原告：××××有限公司

××××年××月××日

典型案例二　故意伤害身体健康的损害赔偿纠纷

（一）案情简介

2019年3月2日晚20时30分，被告在××××区××区××门口因行车问题与被害人×××发生争执并厮打，被告使用其随车携带的砍刀及匕首将原告砍伤，致使原告身体多处受伤，原告因全身多处刀刺伤引起中度休克，其伤情为重伤二级。同时，原告面部皮肤疤痕长度，左侧眼眶骨折、左侧上肢骨折、左侧上肢皮肤瘢痕长度为轻伤一级；左侧上颌骨骨折、左眼斜视、颈部皮肤瘢痕、右侧胸腔积气、右侧胸壁穿透创及左侧上肢神经损伤为轻伤二级，被告因为故意伤害罪被判处有期徒刑6年。从事发到起诉的一年多，原告花去了大笔的医药费，且劳动能力严重受影响，无法正常工作，只能遵医嘱在家静养，已经负债累累，且截止到起诉时原告并未获得足额经济赔偿。为维护原告的合法权益，特向法院提出：①请求依法判令被告赔偿原告医疗费、伤残补助金、误工费、交通费、营养费、二次手术费、精神损失费等各项损失共计人民币3××000元；②本案的所用费用均由被告承担。

（二）案情分析

（1）由于加害人的不配合，被害人维权赔偿之路变得异常艰难；

（2）加害者自己没有钱赔偿，其父母及家人也没有赔偿的意愿；

（3）本案最终的民事赔偿无法实现，只能等到加害人出狱有经济条件后再进行赔偿。

（三）法律文书研习指导

民事起诉状

原告：×××，男，×族，19××年××月××日出生于××省××市，初中文化，个体经营，住××区××街道办事处×××村79号。身份证号：×××××××××××××××××，联系电话：×××××××××××

被告：×××，男，×族，19××年××月××日出生于××省××市，初中文化，个体经营，住××区××街道办事处×××村79号。身份证号：×××××××××××××××××，联系电话：×××××××××××

20××年××月××日被告因涉嫌故意伤害罪被刑事拘留，同年××月××日被逮捕。现羁押于×××看守所。

诉讼请求：

1. 请求依法判令被告赔偿原告医疗费、伤残补助金、误工费、交通费、营养费、二次手术费、整形费、精神损失费等各项损失共计人民币××0000元。

2. 本案的所用费用均由被告承担。

事实与理由：

20××年××月××日晚××时××分，被告在××××××区××小区二期门口因行车问题与被害人（原告）发生争执并厮打，被告使用其随车携带的砍刀及匕首将原告砍伤，致使原告身体多处受伤，原告因全身多处刀刺伤引起中度休克，其伤情为重伤二级。同时，原告面部皮肤疤痕长度，左侧眼眶骨折、左侧上肢骨折、左侧上肢皮肤瘢痕长度为轻伤一级；左侧上颌骨骨折、左眼斜视、颈部皮肤瘢痕、右侧胸腔积气、右侧胸壁穿透创伤及左侧上肢神经损伤为轻伤二级。被告因犯故意伤害罪被判处有期徒刑6年。从事发到起诉的一年多，原告花去了大笔的医药费，且劳动能力严重受影响，无法正常工作，只能遵医嘱在家静养，已经负债累累，且截止到起诉时原告并未获得足额经济赔偿。为维护原告的合法权益，特诉至贵院，请求依法判决。

此致

××区人民法院

具状人：×××

20××年××月××日

司法鉴定申请书

原告：×××，男，×族，19××年××月××日出生于××省××市，初中文化，个体经营，住××区××街道办事处×××村79号。身份证号：××××××××××××××××××，联系电话：××××××××××

申请事项：

请求人民法院依职权指定医院或相关司法机构确定申请人的伤残等级、误工期限、护理期限及护理人数、营养期限、二次手术费等。

事实与理由：

申请人与×××人身伤害赔偿纠纷一案已诉于贵院，现已受理。申请人及其家人为治疗事故造成的伤害，花费一定的费用。根据《最高人民法院关于审理人身损害赔偿案件适用法律若干问题的解释》和《中华人民共和国民事诉讼法》之规定，为维护申请人的合法权益，特向人民法院申请指定医院或相关机构确定申请人的伤残等级、误工期限、护理期限及护理人数、营养期限、二次手术费等。

此致

××××区人民法院

申请人：××

2020年××月××日

人身损害赔偿计算清单

1. 残疾赔偿金：9×××00（按上一年度的平均收入）×12% = 10××42.4元（注：存在多个伤残级别的，取高级别，其他累加，并加上级别系数，每年都会增加，十级为10%，多一个十级累加2%，九级对应为20%……一级为100%）

2. 误工费：4××05元÷365天×270天 = 35××0.55元。（注：如自己有收入，提供收入证明，如果没有，按从事××行业上一年度的平均收入）

3. 护理费：2×××2（以护理人员的工资证明为依据）

（1）住院期间：4××7元÷30天×60天 + 5××7元÷30天×60天 = 8××4+11074 = 19××8元。

（2）出院后护理费：4387元÷30天×60天 = 8××4元。

4. 营养费：30元×60天 = 1800元。

（注明：2、3、4的误工费、护理费、营养费以法医鉴定结论为准。）

5. 住院伙食补助费：60天×100元 = 6000元。

6. 医药费：2××38.96+176.1 = 2××15.06元（以实际花费及提供的票据为准）

7. 鉴定费：××00元（以实际花费及提供的票据为准）

8. 交通费：××7.3元（以实际花费及提供的票据为准）

9. 二次手术费：××000（以实际花费及提供的票据为准）

10. 精神损失费：××00元

11. 病例打印及邮寄费用：95元（以实际花费及提供的票据为准）

　　　以上共计：××09××.31元。

车辆评估拍卖申请书

申请人：×××，男／女，×族，19××年××月××日出生于××省××市，初中文化，个体经营，住××区××街道办事处×××村××号。身份证号：×××××××××××××××××，联系电话：×××××××××××

申请事项

一、请求法院对被申请人×××所有的，车牌为××××××的车辆进行评估、拍卖，偿付申请人故意伤害赔偿款的本息。

二、本案评估、拍卖费用由被申请人承担。

事实与理由

申请人与被申请人故意伤害纠纷一案，经××××区人民法院判决结案，××××区人民法院于20××作出（20××）鲁××××（所在区法院的代码）刑初字第×××号《刑事附带民事判决书》已经生效，被申请人未按判决书确定的内容履行义务，申请人已向贵院申请强制执行。

为保证法院的生效法律文书得到履行及保障申请人的合法权益，特申请贵院对被申请人的上述财产进行评估、拍卖，并以拍卖所得款项向申请人清偿本息。

此致

××××区人民法院

申请人：×××

20××年××月××日

变更诉讼请求申请书

原告：×××，男／女，×族，19××年××月××日出生于××省××市，初中文化，个体经营，住××区××街道办事处×××村79号。身份证号：×××××××××××××××××，联系电话：×××××××××××

被告：×××，男／女，×族，19××年××月××日出生于××省××市，初中文化，个体经营，住××区××街道办事处×××村79号。身份证号：×××××××××××××××××，联系电话：×××××××××××

20××年××月××日因涉嫌故意伤害被刑事拘留，同年××月××日被逮捕。现羁押于×××看守所。

诉讼请求：

将原诉讼请求的数额变更2××××2.31元。

事实与理由：

20××年××月××日晚20时30分，被告在××经济技术开发区×××小区二期门口因行车问题与被害人××发生争执并厮打，被告使用其随车携带的砍刀及匕首将原告砍伤，致使原告身体多处受伤，原告因全身多处刀刺伤引起中度休克，其伤情为重伤二级。现司法鉴定为面部裂创为十级伤残、左眼外伤十级伤残、误工期270日，护理期120日，营养期60日，住院期间×人护理，出院后×人护理，需要从肱骨和左眼眶第二次手术内固定取出治疗费为共计1×××0元，基于以上事实，故将请求数额变更为2××××2.31

元。现为维护原告的合法权益，特诉至贵院，请求依法判决。

此致
×××区人民法院

具状人：×××

20××年××月××日

典型案例三　机动车交通事故侵权纠纷（代理肇事者）

（一）案例简介

20××年××月××日，张××驾车在某地行驶时，碰到了何某倒地，何××倒地后导致右手骨折，后经住院治疗，出院后在家保养。其间保险公司垫付医药费1万元，张××垫付5×××元，后张××自己做了伤残鉴定，并起诉至法院，要求赔偿。

（二）案例分析

（1）保险公司与当事人之间的赔偿分配：诉讼费、鉴定费、后续医疗费、伙食补贴和营养费是由肇事者自己负担，误工损失、医疗费、交通费、伤残补助等，由保险公司从保险费中出。

（2）新旧赔偿标准的交接以生效日为准，生效日前为旧法，生效日后为新法。

（3）可以降低鉴定的误工期、护理期等标准，赔偿标准按省属统一计算。

（4）鉴定以后对单方鉴定不服，就应申请鉴定，否则，后面会很被动。

（5）在司机只购买了交强险的情况下，保险公司的赔偿是有限度的，且该赔偿费用以保险事故发生时间的截止时间为20××年××月××日。如果事故发生在该日之前，则是按原保额及老标准进行赔偿；如果是发生该日之后，则按新规定来理赔。

（6）一定要注意举证时限的问题。

（7）对地方法院的法官不公正待遇也要进行坚决抗衡。

（8）如果认为在庭审中受到了不公正待遇，可以向法官提出，并采取一些行为措施，如拒绝在庭审笔录中签字。

（三）法律文书研习指导

答辩及代理意见

答辩人：×××，男/女，×族，19××年××月××日出生于××省××市，初中文化，个体经营，住××区××街道办事处×××村79号，身份证号：×××××××××××××，联系电话：×××××××××

被答辩人：×××，男/女，×族，19××年××月××日出生于××省××市，初中文化，个体经营，住××区××街道办事处×××村79号，身份证号：×××××××××××××，联系电话：×××××××××

被答辩人：××财产保险股份有限公司济南市商河支公司，统一社会信用代码：×××××××××××××，住××省××市××县××路××××小区2号商铺×××南邻×××号

法人代表：××，职务：经理

答辩人与被答辩人机动车道路交通事故侵权纠纷一案，提出如下答辩意见。

一、原告并不构成伤残

被答辩人的伤情并不严重，但被答辩人住院时间为 29 天，有些过度医疗，所以，应当以实际伤情所需要的住院天数来计算。

二、对鉴定结论不服

1. 鉴定机构给出的误工期、护理期和营养期等与实际伤情不符。

从鉴定结论来看，被答辩人并不构成伤残级别，所要求的赔偿只是凭鉴定机构结论，所需后续治疗费 1×××0 元，没有医学和科学依据，同时，误工期、护理期、营养期明显过长，且与实际伤情及伤残情况并不相符，同意保险公司进行重新鉴定。

2. 误工期、护理期和营养期等应包括××天的住院时间在内。

鉴定结论为："综合评定误工 180 日，护理 60 日，营养 90 日"。因此，应包括住院期间的 29 天，根据伤情来看，被答辩人×××只是伤到了左手，并不影响其行动和生活，所以，其本人完全可自理，同时，×××并没有固定的职业、稳定的收入，无法证明其务工损失，所以，根本没有误工，更谈不上误工收入。

3. 事发时间是 20××年的××月 23 日，一切损失应该按 20××年的计算标准来算。20××年××省城镇人均收入为 3××98 元，农村则为 1××26 元。如果是按城镇居民来算，其计算如下：

(1) 无法提供收入证明的，无从证明其损失的计算依据。

(2) 护理费应该提供护理人员的收入证明，以 60 日计算；其在鉴定结论中，并没有对护理人员及人数进行鉴定，因此，不明确赔偿依据来源及计算标准。

(3) 营养费应该是 90 天×30 元＝2700 元

(4) 鉴定意见所说的复查费是每月一次，从事故发生到庭审，除去住院治疗期间，从 20××年 10 月计算至 20××年 1 月份，总共是×次，一次×2 元，共计××0 元，住院期间的检查费应包括在医疗费中，且已经支付，不应该重复计算。

(5) 复印费没有写明复印内容，与本案无关，无法证明其真实性，不予认可。

(6) 交通费未提供正规的票据，适用每天 20 元的规定无法律与事实依据，所以，不予认可。

(7) 后续治疗费应该应以医院诊疗结束后实际支出的票据为准。

三、被告已经向原告支付过 15×39 元，请予以扣除

答辩人向被答辩人×××支付 2×39 元，向××第一人民医院支付医药费 2 000 元，答辩人还请自己的工友×××到××第一人民医院送现金 1 000 元给原告，以上费用共计人民币 5×39 元，请在被答辩人的诉讼请求中扣除。

四、被答辩人第二被告应该承担全部的赔偿责任

1. 依据机动车交通事故强制保险单的约定来看，答辩人的车辆××××××在第二被告处投保交强险的情况，其中，保险公司的责任限额是："死亡伤残赔偿限额为 110 000 元，医疗费用赔偿限额为 10 000 元，财产损失 2 000 元"，且在发生交通事故时处于有效的保险期间内。"

2. 2020 年 9 月 2 日出台中国银保监会发布《关于实施车险综合改革的指导意见》："交强险总责任限额从 12.2 万元提高到 20 万元。其中死亡伤残限额从 11 万元提高到 18 万元，医疗费用限额从 1 万元提高到 1.8 万元，财产限额维持 0.2 万元不变"，因此，第二被告应就原告的主张承担全部的赔偿责任。

3. 死亡伤残赔偿项目包括：丧葬费、死亡补偿费、受害人亲属办理丧葬事宜支出的交通费用、残疾赔偿金、残疾辅助器具费、护理费、康复费、交通费、被扶养人生活费、住宿费、误工费、精神损害抚慰金；医疗费用赔偿范围：医药费、诊疗费、住院费、住院伙食补助费，必要的、合理的后续治疗费、整容费、营养费；财产损失赔偿范围：道路交通事故造成的财产利益的直接减损以及间接减损。

因此，原告的主张应由第二被告承担，且第二被告应退还答辩人垫付的××39元。

答辩人：×××

20××年××月××日

被告对本案的质证及辩论意见

一、第一次鉴定结论的后续治疗费过高

从鉴定结论来看，答辩人并不构成伤残级别，所要求的赔偿只是凭鉴定机构结论，所需后续治疗费10 000元，与实际伤情及伤残情况并不相符，同意保险公司进行重新鉴定。在第二次鉴定中将误工期、护理期、营养期的"三期"全部降低，没有医学和科学依据，所以，被告×××在第一次庭审中同意保险公司的重新鉴定。

第一次庭审结束后，法庭组织调解，被告×××同意调解，并积极配合法院的调解工作。其间，保险公司又重新申请了鉴定，为节省资源，被告×××并没有再提出鉴定。但在第一次庭审的陈述和书面答辩状及第二次庭审的法庭调查的质证、辩论和最后陈述环节中，被告都表达了对后期治理费过高的答辩意见。鉴于第二次庭审中，法庭没有将第一被告提出重新鉴定和要求法庭依据实际情况酌情降低后期治疗费的情况记录在庭审笔录中，且在第一被告提出后，法庭未进行补正。

基于公平原则，后续治疗费应以原告诊疗结束后的实际支出的票据为准。

二、营养期应包括29天的住院时间

二次鉴定结论均为："综合评定"。因此，营养期应包括住院期间的29天，且营养期以重新鉴定的结论即75日为准。

三、复查费过高，其与第一次鉴定结论不符

第一次鉴定结论所说的复查费是每月一次，从事故发生到庭审，除去住院治疗期间，从20××年××月计算至20××年××月份，总共是5次，一次××元，共计4××元，住院期间的检查费应包括在医费中，且已经支付，不应该重复计算。

四、复印费没有写明是复印内容，无法证明其真实性，与本案无关，不予认可。

五、交通费未提供正规的票据，适用每天20元的规定无法律与事实依据，所以，不予认可。

六、修车费应该由第二被告承担，在第一被告垫付后，第二被告应该返还给第一被告

依据《机动车交通事故强制保险单》的约定来看，第一被告×××的车辆×××××××在第二被告处投保交强险的情况，其中，保险公司的责任限额是："死亡伤残赔偿限额为110 000元，医疗费用赔偿限额为10 000元，财产损失2 000元"，且在发生交通事故时处于有效的保险期间内。目前，庭审中原告及第二被告保险公司均认可要将原告×××的受损摩托车修理好。依据常识，修理是需要费用的，该费用是由被告×××预付1×××

元，实际支付也为1×××元，并没有再补交，也没有被退费，所以，在第一被告×××为其垫付后，该修车费用应由保险公司实际承担，并将垫付的1×××元费用予以返还。

因为是网络开庭，该1×××元的支付凭证，我方在第一次开庭后发送给书记员，在第二次开庭前已经上传至该案的微信群聊中并上传至网络庭审程序的"其他材料"中，并在第二次开庭时法庭询问第一被告×××有无证据提交时，第一被告×××对此证据的内容及证明的目的进行了陈述，但是法庭以过了举证期限为由，不让举证，并不听取第一被告及其代理律师的解释与陈述，且在原告认可的情况下，法庭依然拒绝第一被告×××提交该证据。所以，在法庭的暗示下，原本对该证据予以认可并质证的原告及第二被告保险公司，反而都对该证据的真实性、关联性及合法性予以否认，而法庭坚决要第一被告×××的诉权保留在庭审笔录中，让第一被告×××另行主张，法庭的不公正庭审行为明显违背了中立原则，且严重侵犯了第一被告×××的自由举证质证及发表辩论意见的权利，为此，第一被告×××对此程序的不合法及享有的追偿权保留启动其他程序予以追究的权利。

七、二次鉴定费均应由原告或被告保险公司承担

第一次鉴定是原告单方委托的鉴定，第二次鉴定是由被告保险公司提起的重新鉴定，第一次鉴定原告受益，第二次鉴定第二被告保险公司受益，而第一被告没有任何主动权，所以，在这样的情况下，第一被告均不应该承担二次鉴定的费用。

八、对第二次鉴定结论超出申请范围的答辩及辩论意见

第二次鉴定是由保险公司提出的，但依据该鉴定结论，保险公司仅提出了护理期和误工期的重新鉴定，而该鉴定结论却超出了申请的范围，将营养期也做了新的鉴定结论。该鉴定内容对第一被告×××有利，第一被告×××对其内容予以采纳，但该鉴定结论超越申请范围，明显存在程序硬伤和瑕疵。对此，原告及第二被告保险公司均未提出异议，且法庭也没有就此事作出释明，所以，第一被告×××提出此关键证据的瑕疵，希望法庭就此鉴定结论能否作为证据给出一个合理的解释。

九、第一被告同意调解，请法庭组织调解

本案原告的诉请水分过大，有调解的空间。且本案的性质是交通事故引起的侵权，属于法庭应该组织调解的案件。但在庭审中，法庭并未组织调解，在第一被告×××提出后，在没有征求原告意见的情况下，直接对第一被告×××调解的请求予以拒绝，明显不符合程序的要求。第一被告×××所有的意见均以答辩和辩论发表的观点为准。

代理人：×××

20××年××月××日

上诉状

上诉人：×××，男/女，×族，19××年××月××日出生于××省××市，初中文化，个体经营，住××区××街道办事处×××村79号，身份证号：×××××××××××××××××，联系电话：××××××××××

被上诉人：×××，男/女，×族，19××年××月××日出生于××省××市，初中文化，个体经营，住××区××街道办事处×××村79号，身份证号：×××××××××××××××××，联系电话：××××××××××

被上诉人：××财产保险股份有限公司济南市商河支公司，统一社会信用代码：×× ××××××××××××××，住××省××市××县××路××××小区 2 号商铺×××南邻×××号

法人代表：××，职务：经理

上诉人与被上诉人机动车交通事故责任纠纷一案，上诉人不服××省××市铁路运输法院（20××）陕××××民初××号民事判决书，现依法提出上诉。

上诉请求：

1. 请求贵院依法撤销××省××市铁路运输法院（20××）省的简称××××民初××号民事判决书，发回重审，或在查清事实的基础上直接依法改判，并依法支持上诉人的诉讼请求。

2. 请求贵院依法判令本案一审、二审诉讼费及其他费用全部由被上诉人承担。

事实与理由：

一审判决认定事实错误，适用法律错误，适用程序错误，据以判定的证据不足，应发回重审，或者在查清事实的基础上直接依法改判。具体理由如下：

一、一审法院认定事实严重错误

1. 对二次鉴定存在认定错误

第一次鉴定为被上诉人×××的单方鉴定，且第二次鉴定对其内容已经做了降低处理。所以，第一次鉴定的结论存在标准过高的可能性，但一审法院只对部分鉴定结论组织了重新鉴定，尤其是对需要上诉人个人承担的部分没有组织重新鉴定，尽管在答辩中，上诉人提出了质疑，但一审法院在没有向上诉人释明的情况下，自动视为上诉人放弃重新鉴定，并在第一次鉴定结论被推翻后依然采纳第一次鉴定的后续治疗费，很显然属于事实认定错误。

2. 一审法院对后续治疗费的事实认定错误

两次鉴定结论，被上诉人都不构成伤残级别，治疗费用才 1×××1 元，后续治疗费则为×0000 元，所要求的赔偿只是凭鉴定机构结论。既与实际伤情及伤残情况并不相符，更没有医学和科学依据，因为第二次鉴定中将误工期、护理期、营养期的"三期"全部降低，很显然，该医疗费也应相应降低。

3. 对鉴定费由上诉人承担认定不当

第一次鉴定是第一被上诉人的单方鉴定，第二次鉴定费用是由第二被上诉人提起的重新鉴定。第一次鉴定是第一被告受益，第二鉴定是第二被告保险公司受益。而作为上诉人来讲，并没有主动权，鉴定费用由上诉人承担，明显不当。

4. 对第二次鉴定结论超出申请范围的事实认定错误

第二次鉴定是由第二被上诉人保险公司提出的，但依据该鉴定结论，保险公司仅提出了护理期和误工期的重新鉴定，而该鉴定结论却超出了申请的范围，将营养期也给出了新的鉴定结论，超越申请范围，明显存在程序硬伤和瑕疵。对此，二被上诉人均未提出异议，且一审法庭并未对上诉人提出此关键证据的瑕疵作出释明，明显存在处理不当。

5. 一审法院判定的数额超越了诉讼请求

基于一审诉状和判决书，原告申请数额各项共计 52×××.××元，包括误工费 24×××元，护理费 9××9.20，营养费 3××0 元，住院伙食补助费 2××0 元，门诊复查费 9×4 元，复印费 43 元，交通费 5×0 元，鉴定费用 1××0 元，后续医疗费×0000 元。但一审法院

判决被上诉人保险公司赔偿 2×××8 元，认可了其之前垫付的 ×0000 元，判定上诉人支付 1×××2 元，认可其上诉人前垫付的 5××9 元，四项合计 55××× 元，明显超越了被上诉人在诉状中请求数额 52×××.×× 元。更何况一审诉讼请求提出的依据——第一次鉴定结论，已经被第二次鉴定结论就营养期、误工期和护理期进行修改，做了数额降低的重新鉴定，所以，一审判决的数额低于诉讼数额才对。

二、一审法院据以做出裁判的证据不足

1. 二次鉴定结论明显存在不一致，在第一次单方鉴定已经被重新鉴定所推翻的情况下，一审法院却将唯一没有重新鉴定的后续治疗费的鉴定结论作为唯一的认定证据，且不顾及被上诉人×××真实的伤情和实际状况，直接作出判决，存在明显的证据不足。

2. 对被上诉人的误工费及伙食费采用××省城镇私营单位就业人员年平均工资标准的证据不足。一审法院并没有就被上诉人×××的身份、职业等基本情况组织质证，直接在判决中对其采用私营单位从业人员的标准，很显然没有任何法律依据，也剥夺了上诉人进行抗辩的权利。

三、本案存在程序错误

1. 重新鉴定不符合程序要求

上诉人在第一次庭审中同意保险公司的重新鉴定，且在第一次庭审结束后，法庭组织调解程序中，上诉人同意调解，并积极配合调解，但在等待调解结论期间，保险公司又申请了重新鉴定，且一审法院并没有告知上诉人。保险公司申请的是部分重新鉴定，组织了只对保险公司赔偿减损有利的第二次鉴定，而对上诉人不利部分并未完全组织重新鉴定，且并没有向上诉人释明。很显然，一审法院存在程序错误。

2. 法庭对上诉人针对后续治疗费过高的意见处理不当

一审法庭明知上诉人在第一次庭审的陈述和书面答辩状及第二次庭审的法庭调查的质证、辩论和最后陈述环节中多次表达了对后期治疗费过高的答辩意见后，其并未向上诉人释明的情况下，再次组织唯独不包括后期治疗费的重新鉴定，很显然存在程序错误。

3. 一审法院剥夺了上诉人对后续医疗费用治疗费过高的抗辩权

在第二次庭审中，一审法院拒绝第一被告提出的重新鉴定申请和依据实际情况酌情降低后期治疗费的要求如实记录在庭审笔录中，且在第一被告提出异议后，一审法院依然拒绝如实记录。

4. 对 1××× 元的修车费用组织质证存在程序错误

在第一次庭审结束后，上诉人发现遗漏了 ×0×0 元修车收据，及时将此证据发送给一审法院，在第二次开庭前已经上传至该案的微信群中，在庭审中上传至网络庭审程序的"其他材料"中。并在第二次开庭时法庭询问第一被告有无证据提交时，第一被告对此证据的内容及证明的目的进行了陈述，但是法院以该费用不是正式发票为由，不让举证，且不听取第一被告代理律师的解释与陈述。更不可思议的是，在被上诉人×××予以认可的情况下，依然拒绝上诉人提交该证据，导致原本对该证据予以认可并质证的二被上诉人，反而都对该证据的真实性、关联性及合法性予以否认，而法庭坚决要求上诉人接受诉权保留，让上诉人另案主张。法庭的不公正庭审及不注重效率的行为明显违背了中立原则，且严重侵犯了上诉人举证、质证及发表辩论意见的权利与自由。

5. 判决数额超越诉讼请求范围

被上诉人在诉状中请求数额 52×××.××元，而判决的数额为 55×××元，其间被上诉人×××没有增加诉讼请求，判决数额超越诉讼请求范围，应认定为无效。

综上，请求贵院依法查清事实，分清是非，补充证据，在正确适用法律的基础上，撤销原判决，或直接改判，或发回重审，以维护上诉人的合法权益。

此致

××省××市中级人民法院

上诉人：×××

20××年××月××日

典型案例四　机动车交通事故侵权责任纠纷（代理受伤的被害人）

（一）案情简介

20××年××月×日 17 时 00 分，被告驾驶鲁 N×××60 号轻型普通货车沿××东大道由南向北行驶至××市××区××大道与××路交叉路口时，与沿×路由东向西正常行驶的原告的电动自行车相撞，造成两车损坏，致使原告受伤住院接受治疗。后经××市公安局交通警察支队事故处理大队的道路交通事故认定书认定被告对此次事故负全部责任，原告不负责任。原告受伤经××××医院诊断为脑震荡、蛛网膜下腔出血、多发肋骨骨折、额部皮裂伤、头皮血肿等，住院治疗一个月，需要停工休息三个月。

事故发生后，原告多次找被告协商处理，均未果。为维护原告的合法权益，特向法院提出：①请求依法判令被告赔偿原告医疗费、伤残补助金、误工费、交通费、营养费等各项损失共计×××××元；②本案的所用费用均由被告承担的诉讼请求。

（二）案情分析

（1）本案是由于被告疏忽大意导致的交通事故，被害人家境不好，急需这笔费用；

（2）被告只为车辆购买了交通强制责任保险，并没有其他的责任险，也拿不出那么多钱，后来在执行程序中，只能调解结案，分次分期支付赔偿额。

（三）法律文书研习指导

财产保全申请书

申请人：×××，女，汉族，19××年××月生，××××棉织造有限公司职工，住××市××区×街××号，身份证号：37×××××7×××1×××43，联系电话：13××××6045

被申请人：张志颖，男，汉族，19××年××月生，住××市××区×××镇×××村×××号，身份证号：37×××××99×××2×9，联系电话：15×××2××5。

被申请人：××财产保险股份公司××中心支公司，住址：××市××区×××路×××××园综合楼 1 单元×层×号。联系电话：26×××19。

法定代表人：××，职务：公司经理

申请人诉被申请人道路交通事故损害赔偿纠纷一案贵院已受理，为了防止被申请人转移财产和便于法律文书生效后的顺利执行，现申请人依法申请人民法院扣押被申请人张××的鲁 N×××60 号轻型普通货车和查封相当于起诉价值 1×××00 元的财产，申请人自愿为本申请提供担保。

此致

××区人民法院

申请人：×××

20××年××月××日

代理词

尊敬的审判长、审判员：

本律师受原告的委托，担任本案诉讼代理人。通过调查了解、查阅案件材料以及参加法庭审理，对本案已有全面了解，提出如下代理意见。

一、原告对此次事故不负责任，原告的损失理应由被告承担

20××年××月××日××时00分，被告驾驶××××60号轻型普通货车沿××东大道由南向北行驶至××市××区××大道与××路交叉路口时，与沿天河路由东向西正常行驶的原告的电动自行车相撞，造成两车损坏，致使原告受伤住院接受治疗。后经××市公安局交通警察支队事故处理大队的道路交通事故德公交认字〔20××〕第1××××8号认定书认定被告对此次事故负全部责任，原告不负责任。原告受伤经××××医院诊断为脑震荡、蛛网膜下腔出血、多发肋骨骨折、额部皮裂伤、头皮血肿等，住院治疗一个月，需要停工休息三个月。

依据《中华人民共和国道路交通安全法》第七十六条"机动车发生交通事故造成人身伤亡、财产损失的，由保险公司在机动车第三者责任强制保险责任限额范围内予以赔偿；不足的部分，按照下列规定承担赔偿责任：机动车之间发生交通事故的，由有过错的一方承担赔偿责任；双方都有过错的，按照各自过错的比例分担责任。"依据该法第七十四条："对交通事故损害赔偿的争议，当事人可以请求公安机关交通管理部门调解，也可以直接向人民法院提起民事诉讼。"事故发生后，原告多次找被告协商处理，均未果。无奈，原告只能向人民法院提起民事诉讼，请求法院依法判决。

二、被告赔偿原告因人身损害所遭受的医药费、误工费、交通费等各项损失

此次事故造成原告受到人身伤害，鉴定费用为十级伤残。原告花去医药费2×××9.69元，伤残赔偿金6×××4元，误工费1×××2.03元，护理费7××4.24元，营养费为1××0元，住院伙食补助费1××0元，精神抚慰金3××0元，祛斑费7××0元，交通费8×0元，保全保全费5×0元，电动车损失费4×5元，伤情鉴定费为3××0元，电动车评估费1×0元，以上费用共计人民币1××××4.96元。

三、被告承担本案的诉讼费用

本次事故是由被告违章驾驶造成的，且在事后发生后，被告不积极主动赔偿，原告多次设法联系被告并让步，求和解纠纷，均未果。无奈，只能提起诉讼。所以，本次诉讼完全是由被告不积极赔付造成的，理应由其承担诉讼费用。

综上，被告的违章驾驶是造成此次事故的原因，加之不积极主动赔偿，更是导致事故久拖不决，损失扩大的原因。恳请法庭综合考虑，采纳代理人的观点，支持原告的主张。

委托代理人：×××律师

20××年××月××日

（四）《民法典》法律条文指引

第一千一百六十五条【过错责任原则】行为人因过错侵害他人民事权益造成损害的，应当承担侵权责任。

依照法律规定推定行为人有过错，其不能证明自己没有过错的，应当承担侵权责任。

第一千二百零八条【机动车交通事故责任的法律适用】机动车发生交通事故造成损害的，依照道路交通安全法律和本法的有关规定承担赔偿责任。

第一千二百一十三条【交通事故责任承担主体赔偿顺序】机动车发生交通事故造成损害，属于该机动车一方责任的，先由承保机动车强制保险的保险人在强制保险责任限额范围内予以赔偿；不足部分，由承保机动车商业保险的保险人按照保险合同的约定予以赔偿；仍然不足或者没有投保机动车商业保险的，由侵权人赔偿。

典型案例五　机动车交通事故侵权纠纷（代理死亡的被害人）

（一）案情简介

20××年××月××日××时××分许，被告驾驶×H×××M 号小型轿车沿 G××8 线由西向东行驶至××县××镇公安检测站西处时，采取措施不当，驶入道路左侧，与由东向西行驶的原告郭昌春驾驶的鲁 NH×××W 号型普通轿车相撞，致使被害人受伤住院接受治疗，车辆损坏。后经××市××县公安局交通警察支队事故处理大队的道路交通事故×公交认字〔20××〕第 3714××12021×××513 号认定被告对此次事故负全部责任。被害人×××受伤经××县人民医院和中国人民解放军联勤保障部队第×××医院门诊诊断书诊断为多发性骨折、肋骨骨折、肱骨骨折、肩胛骨骨折、多发失血性休克、脾破裂、电解质紊乱、ARDS 凝血障碍、肺部感染、脑震荡、盆腹腔积液、蛛网膜下腔出血、多发肋骨骨折、额部皮裂伤、头皮血肿等。因病情相当严重，即便转入×××医院重症监护室 ICU 病房治疗一个多月，依然无力回天，不幸于 20××年××月××日死亡。

（二）案情分析

（1）机动车交通事故可能造成健康权的侵害，甚至是对生命的剥夺，是发生最频繁的侵权纠纷。受害人失去健康甚至生命的痛苦，是永远无法弥补的痛。每年我国交通致死的人数占据非正常死亡人数的第一位。所以，交通事故侵权纠纷是律师最常处理的纠纷和业务。

（2）在法院，有专门处理交通事故的法庭。由专业法官负责，程序流程化、专门化，效率比较高。后来，事故纠纷处理都移送到"道交一体化平台"，法院调解和保险公司的经济赔偿一步到位。

（3）本案的肇事导致一死一伤，已经构成交通肇事罪。因为疫情原因，肇事者又是女性，且之前没有违法犯罪记录，加之交通肇事罪本身是过失犯罪等原因，肇事者成功取保候审。

（4）交通肇事罪成立后，肇事者取得被害人的谅解是其从轻或减轻处罚的一个重要环节，但本案的犯罪人错误地认为自己购买的保险足够支付被害人索要的经济损失等全部赔偿费用，因此，态度比较强硬，不愿意主动和解，更不愿意再自己拿钱求得谅解。

（5）在检察院阶段，犯罪人拒签认罪认罚书，且在庭审中仍然不认罪，从而导致没有为自己求得从轻处罚赢得机会。

（6）交通肇事罪必然是刑事附带民事的诉讼，如果民事部分与刑事部分一起进行，被害人会参与刑事部分的庭审，从而为刑事部分的定罪量刑起到监督作用，但其民事赔偿部分不能主张精神损害赔偿。如果是单独提起民事诉讼，则可同时主张经济损失及精神损害赔偿，但却无法参与刑事部分的庭审，顶多只是旁听，但依据法庭纪律，旁听人员无法发言更无法阐释自己的观点。刑民合一的诉讼中，更有利于被害人维护权利，即便是放弃精神损害赔偿也值得。因为，精神损害赔偿是从保险金中出，但保险是限额的，同时，精神损害赔偿并没有多少钱。

（三）法律文书研习指导

刑事附带民事起诉状

原告：郭××1，男，汉族，19××年××月××日出生，住××市××县×××镇××村××号，身份证号：3724××19××0×0×5816，联系电话：159×××5628。

原告：郭××2，×，汉族，19××年×月×日出生，住××市××区××路411号××号楼×单元4××室，身份证号：3724231××8××025834，联系电话：13××348××10。

原告：郭××3，×，汉族，19×1年1月6日生，住北京×××区有限公司主题公园和度假区管理分公司职工，住北京市通州区张家湾镇皇木厂村，身份证号：3714××19××01××5827，联系电话：151×××1418。

原告：郭××4，×，汉族，住××市××县×××镇××村××号，身份证号：371427198××××05813，联系电话：151×××5778。

被告：王×，女，汉族，19××年××月××日出生。住××市××县×××镇白庄村654号，身份证号：37××2719××××165846，联系电话：139×××7003。

被告：中国××财产保险股份公司××支公司，住址：××市××县×××路×号，统一社会信用代码：91××1427××745××26G，电话：0534-3××602，9××18。

法定代表人：安××，职务：公司经理

诉讼请求：

1. 请求依法判令二被告赔偿因导致被害人×××受伤致死所产生的医疗费、伤残补助金、丧葬费、误工费、交通费、营养费、后期治疗费、鉴定费、车辆损失费等各项损失共计人民币1×××68.16元。

2. 请求依法判令二被告赔偿原告郭××医疗费、伤残补助金、误工费、交通费、营养费、鉴定费、车辆损失费等各项损失共计人民币1×××77.356元。

3. 请求依法判令二被告赔偿原告精神损失费50×××元。

4. 本案的诉讼费等均由二被告承担。

事实与理由：

20××年××月××日15时16分许，被告驾驶×H×××M号小型轿车沿G308线由西向东行驶至××县××镇公安检测站西处时，采取措施不当，驶入道路左侧，与由东向西行驶的原告郭××2驾驶的鲁NH×××W号型普通轿车相撞，发生交通事故，致使被害人受伤住院接受治疗，车辆损坏。后经××市××县公安局交通警察支队事故处理大队的道路交通事故德公交认字〔20××〕第3714××12021×××513号认定被告对此次事故负全部责任。被害人×××受伤经××县人民医院和中国人民解放军联勤保障部队第×××医院门诊诊断书诊断为多发性骨折、肋骨骨折、肱骨骨折、肩胛骨骨折、多发失血性休克、脾破裂、电解质紊乱、ARDS 凝血障碍、肺部感染、脑震荡、盆腹腔积液、蛛网膜下腔出血、多发肋骨骨折、额部皮裂伤、头皮血肿等。因病情相当严重，被害人即便转入×××医院重症监护室 ICU 病房治疗一个多月，依然无力回天，不幸于20××年××月××日死亡，这个家永久地失去了女主人，慈祥、善良、能干的母亲。后经法医鉴定为交通事故是致其死亡的原因。原告郭××2 被医院诊断为髌骨骨折，治疗后，遵医嘱在家休养。后查实，肇事车辆在第二被告处投保交强险、商业保险等，事故发生后，双方并未达成任何有效的调解协议，现为维护原告的合法权益，特诉至贵院，望判如诉求。

此致
××县人民法院

具状人：郭××，×××，×××，×××签字

2022 年××月××日

申请书

申请人：郭××，×，汉族，19××年×月×日出生，住××市××区××路411 号××号楼×单元4××室，身份证号：3724231××8××025834，联系电话：13××348××10。

申请事项：

请求人民法院依职权指定保险公司或价格评估机构确定申请人的车辆受损的程度及应获得赔偿的数额等。

事实与理由：

申请人与××道路交通事故侵权责任纠纷一案已诉于贵院，现正在审理中，在此次事故中申请人的车辆鲁 NH×××W 受到严重的撞击，车辆严重受损，××对此次事故负全责，申请人的车辆需要××及其保险公司进行损害赔偿。根据《中华人民共和国民事诉讼法》之规定，为维护申请人的合法权益，特向人民法院申请指定保险公司或价格评估机构确定申请人的车辆受损的程度及应获得赔偿的数额等。

此致
××县人民法院

申请人：×××

20××年××月××日

赔偿明细

第一部分　王××（死者）赔偿费用明细

一、死亡赔偿金：948×××÷20×11＝47×××11＝521×××元

二、丧葬费：45×××.5 元

三、费用明细：

1. 医药费：共计：402×××.36 元，具体包括：

××：32×××.31 元

转医院费用：3×××.35 元

共计：35××85+5×43.7+237+3×00＝3××465.7 元

2. 住院伙食补助：100 元/日×40 天＝4×00.00 元

3. 误工费：18×××÷365×40＝2×××.63 元（按 2022 年全国农村居民可支配收入平均数 18931 元计算）

4. 护理费：

院内 4×00 元÷22×40 天×1 人＝8××1.82 元（护理人 1）

院内 81×4.62 元/天×40 天×1 人＝3××84.85 元（护理人 2）

5. 营养费：30 元/日×40 日＝1×00.00 元

6. 鉴定费及相关费用：2×180 元

7. 交通补助：1×00.00 元

合计：1××1368.16 元

第二部分　×××（伤者）赔偿费用明细

一、鉴定结果：

1. 不构成伤残级别，后续费用以实际治疗为准

2. 误工期 150 日；

护理期：60 日（院内 2 人、院外 1 人）；

营养期：60 日；

住院时间：10 日。

二、人身损害费用明细

1. 住院费：××市人民医院和××县人民医院共计：1××16.52 元

××县人民医院：6727.84 元

××市人民医院：3688.68 元

2. 住院伙食补助：100 元/日×10 天＝1000.00 元

3. 误工费：9122.1 元/天÷22×150 天＝6××96.136 元

4. 护理费：院内外共计：8093 元

院内 129.9 元/天×10 天×2 人＝2598.00 元

院外 129.9 元/天×50 天×1 人＝5495.00 元

5. 营养费：30 元/日×60 日＝1800 元

6. 交通补助：1000.00 元

7. 鉴定及相关费用：3120 元

鉴定费：2×××.00 元　打印费：320 元

8. 残疾辅助费用：

助行器价格：1××.75 元，固定支架：××.95 元，共计 2××.70 元

9. 二次治疗费用：以实际花费为准，希望对方预付 100××元

10. 精神损害赔偿金：100××.00 元

三、财产损失：车辆被鉴定为全损，相关费用共计：7××00 元。

1. 车辆被鉴定的价格：6××00 元

2. 车辆鉴定费：3××0 元

3. 停车费：1××0 元

4. 拖车费：××0 元

合计：1××777.356 元

代理词

尊敬的审判员:

本律师受原告的委托,担任本案的代理人。通过调查了解、查阅案件材料以及参加法庭的审理,对本案已有全面了解,现就本案的情况发表如下的代理意见:

一、刑事部分

本代理人认为:

1. 被告1构成交通肇事罪,且证据确凿。

2. 被告1应该判处有期徒刑,且不适用缓刑。

(一)被告1的犯罪行为符合《中华人民共和国刑法》133条的犯罪构成

根据公安的讯问笔录,结合案情、本案的证据及被告1的表现,被告1造成一死一伤的严重后果,已经符合我国《中华人民共和国刑法》第133条的规定,构成交通肇事罪。

(二)被告1的自首不是典型的自首,对其良性应从紧掌握

被告1报警是事实,但被告1作为肇事者,报警更是一种法定义务。如果被认定为自首的话,也绝对不是典型的自首,所以,在量刑方面我们尊重检察院的监察建议,同时也尊重法院的判决,但建议对被告1的量刑采用法定刑,在量刑方面尽量从严控制幅度。

(三)被告1主观并不认为是犯罪,应对其进行严惩

被告1并没有从主观上认识到自己的交通肇事行为是剥夺他人生命等严重后果的犯罪行为。

一是被告1在检察阶段拒不认罪认罚,即便是公诉人对为其释明后,依然拒绝认罪认罚。

二是在今天的庭审中,将王×交通事故的责任归责于当时路上有车辙,避而不谈即便是在路面凹陷不平有车辙的情况下,其车速高达到80~90km/h(庭审中自我陈述的)的事实,证实其因高速导致车辆失控直接冲到马路对面,撞到被害人正常行驶的车辆,且被告1的自我陈述与被害人车辆的行车记录仪对事发经过的记录严重不符,存在有意逃避责任的主观故意。

三是被告1本人将犯罪原因归于意外,其代理人又说是不可抗力,与案件事实明显不符,只能说明一点,被告1从主观上并不认罪。

总之,被告1因交通肇事,导致一死一伤的严重后果,已经构成交通肇事罪,其报警行为虽然被认定为自首,但其从内心及主观认识上并未认罪悔罪更不认罚,因此,应对其定罪后,在量刑上应从紧掌握。

二、民事部分

要求被告及其保险公司承担被害人的各项经济损失,超出保险公司负担或者不在保险公司赔偿范围的部分,由被告全额负责赔偿。

(一)被告1拒绝对被害人进行赔偿

一是被告1刑事方面不认罪,这是其在民事方面拒不赔偿的原因,所以无法取得被害人的谅解。

二是被告1认为其购买了保险,被害人的民事赔偿由保险公司负责,其本人并不

会承担，也即她认为不用花她自己的钱。

三是被告1内心也不想进行赔偿。在讯问笔录中，被告1是在加油站工作，但在庭审中却说自己是无业，家庭主妇，无经济能力。

四是被告1与被害人是比较近的亲戚关系，而不是别人，但被告1并不顾及亲戚情分，拒不道歉也拒不进行经济赔偿，与其庭审中将交通肇事原因归结于意外且不认罪的说法是一致的。

（二）保险公司应在责任范围内进行赔偿

被告1购买了交强险，也购买了保额为100万的商业险，且被告1对此次交通事故负有全责，且在保险有效期间内，保险公司作为承保人，应在其责任范围内承担保险责任。

至于保险公司所辩解的鉴定费是间接费用，交通费过高等理由，明显缺乏事实与法律根据。护理人员是被害人的子女，其收入高是事实，原告也提供了相应的证据，所以，在护理费方面也应按照我方的实际损失进行赔偿。原告所提出的赔偿明细客观真实，并没有漫天要价，因此，保险公司应按我方要求的数额进行赔偿。

（三）被告1应承担超出保险公司负担或者不在保险公司赔偿范围的部分的赔偿

被告1是肇事者，其肇事车辆尽管有保险公司承保，但其本人仍应对保险责任范围外的经济赔偿部分承担责任。

（四）被告1应承担精神损害赔偿部分

被告1的交通肇事行为，导致一死一伤的严重后果，已经严重伤害了被害人的家人。

被害人1因被告1的交通肇事，导致肋骨骨折、肱骨骨折、肩胛骨骨折、多发失血性休克、脾破裂、电解质紊乱、ARDS 凝血障碍、肺部感染、脑震荡、盆腹腔积液、蛛网膜下腔出血、多发肋骨骨折、额部皮裂伤、头皮血肿等症状，可见，被害人1遭受了极其严重的创伤，在××县人民医院切除脾脏，进行紧急处理后，因为病情相当严重，不得不转院，但即便是转入×××医院的重症监护室ICU病房治疗一个多月，依然无力回天，还是不幸于20××年8月7日死亡。被害人1的死亡，给这个家带来巨大悲痛，从此这个家永久地失去了女主人，一位慈祥、善良、能干的母亲。后为证明其死因，进行了解剖的法医鉴定，被害人1的遗体从脑部到整个腹腔，全部被打开，内脏全部摘出来，腹腔只能用其他填充物填满，而在解剖完后其内脏只能单行打包与遗体一起进行火化。这位善良的老人怎么也不会想到自己在生前和死后竟然会遭受如此痛苦，且依据我国的公序良俗，人的遗体是要保持完整的，被告1交通肇事导致被害人1死亡及遗体的处理，已经超越了习俗所能理解的范围，因此，无法获得被害人原谅也是可以理解的，更何况被告1内心还没有主动求得谅解的诚意。

而被害人2被医院诊断为髌骨骨折，虽然静养了五个月，但依然不能长时间走路，更不能负重，一到阴雨天，膝盖就会隐隐作痛，落下终生伤痛。且交通事故是自己在驾车过程中发生的，自己眼睁睁看着其母亲被撞，从被送医院开始，自己就与其母亲分离，直到其母死亡也没见到最后一面。因此，被害人2常常半夜被惊醒，内心充满了自责与悔恨，终生在对母亲的遗憾与忏悔中遭受着身心的煎熬……

因为一场车祸，这个家彻底被改变了：从此失去了女主人，郭父晚年失去了老伴儿，孩子们失去了母亲，孙子们失去了奶奶，而被害人娘家失去了女儿，失去了姐妹……

而这一切都是因为被告 1 驾车操作不当导致的一场车祸。

因此，被告 1 应对原告们承担精神损失赔偿责任。

代理人：×××律师
20××年××月××日

刑事附带民事上诉状

上诉人：×××1，汉族，19××年××月××日出生，住××市××县×××镇××村××号，身份证号：3724××19×0×0×5816，联系电话：159×××5628。

上诉人：×××2，汉族，19××年×月×日出生，住××市××区××路 411 号××号楼×单元 4××室，身份证号：3724231××8×02××34，联系电话：13××348××10。

上诉人：×××3，汉族，19×1 年 1 月 6 日生，住北京×××区有限公司主题公园和度假区管理分公司职工，住××市××区××村××号，身份证号：3714××19×01××5827，联系电话：151×××1418。

上诉人：×××4，汉族，住××市××县×××镇××村××号，身份证号：371427198×××05813，联系电话：151×××5××8。

被上诉人：王×，汉族，19××年××月××日出生。住××市××县×××镇白庄村 654 号，身份证号：37××2××9×××16×46，联系电话：139×××7××3。

被上诉人：中国××财产保险股份公司××支公司，住址：××市××县×××路×号，统一社会信用代码：91××1××7××745××26G，电话：0××4-3××602，9××18。

法定代表人：安××，职务：公司经理

诉讼请求：

1. 请求将民事部分被害人 1 受伤致死而所产生医疗费、伤残补助金、丧葬费、误工费、交通费、营养费、后期治疗费、鉴定费、车辆损失费等各项损失由人民币 9×××36.75 改判为人民币 10×××68.16 元。

2. 请求将民事部分被害人 2 医疗费、伤残补助金、误工费、交通费、营养费、鉴定费、车辆损失费等各项损失由原判决的 1×××58.35 元改判为人民币 18××77.356 元。

3. 请求支持四原告的第三项诉讼请求，即要求二被告赔偿四原告精神损失费 50×××元。

事实与理由：

一、一审案件对被害人 1 受伤致死所产生各项费用认定发生错误。

一审法院死亡赔偿金是按××省标准计算的，我们要求按全国的标准计算，应为 5×××32 元，医疗费应按实际支出为 40××44.36 元、丧葬费应采用××省 2021 年的六个月月平均工资标准应为 4××00.5 元，院内应按二人护理，护理费共计 4××66.67 元，且上诉人郭××提供了收入证明及运营证等证据，应按照其实际损失计算务工损失。鉴定费应为 2××805 元，被害人已经死亡，在鉴定前需停放、解冻、存储、为法医鉴定进行必要的医学处置等，这些都需要实际花费，因此，应按上诉人提供的赔偿明显及证据进行赔偿。交通费应为 1××0.00 元，为往返医院、解决纠纷等，上诉人实际产生了该项费用。对原判决没有支持的被害人本人的误工费，上诉人主张应按 20××年全国农村居民可支配收入平均数元计算应为 20××.63 元的项目应予以支持；总之，应将被害人 1 的赔偿数额更改为人民币：1××1×68.16 元。

二、一审法院对被害人×××2受伤而所产生各项费用认定发生错误

一审法院对被害人×××2护理费应改为8×3元，包括院内2人护理费2××8元，和院外一人护理费为5××5元，交通费应为1××0元，误工费以实际损失为准进行计算。一审法院没有认定预付1××00元手术费及精神损失费，与事实不符，虽然被害人2并未构成伤残等级，但仍然需要遵医嘱进行定期复查，也需要二次手术予以后期治疗或矫正，这些费用都将会不断产生，且在日后的生活中其因膝盖功能严重受损，负重和运动都将受到不同程度的影响，精神痛苦是在所难免的。

三、一审法院对被上诉人王×垫付费用及提存×××××元费用的认定发生错误

1. 一审法院对垫付费用的事实认定及程序处理不当

从证据的真实性来讲，该组证据不是原件，无法证明其真实性。从关联性讲，无法证明该组证据是用于被害人的治疗费用的目的。从出具人来讲，该组证据的证人与被上诉人王×有着直接的利害关系，其证据具有明显的倾向性，不足以采信。从程序上来讲，该组证据是在过举证期后提出的，第一次开庭为何不提供，且一审法院没有给出再次提供的时间限定。更为重要的是，该组证据并没有得到上诉人的认可，因此，一审法院不能因此认定其具有悔过表现，更不应该将其作为被上诉人王×建议在×年××个月的基础上减少2个月刑期的证据与事由。

2. 一审法院对被告提存×××××元的事实认定发生错误

该提存是被上诉人单方的行为，与上诉人无关，更没有尊重上诉人，并是双方协商一致的行为，因此，不能作为其获得上诉人谅解证据；依据《民法典》的相关规定，本款项不符合提存的条件；同时，被上诉人王×提存该款项是为了获得在1年10个月的基础上减少2个月刑期，而不是出于自愿对被害人进行补偿。上诉人对一审法院认定其提存的做法不予认可，也不予接受。

四、一审法院不予支持上诉人的精神损害赔偿认定不符合事实

上诉人的请求完全符合民法典精神损害的相关规定，因此，法院对上诉人的精神损害赔偿应予以支持。

总之，本案在第一次开庭时，20××年全国人身损害赔偿的标准已经划定并公开发布。基于人身的无价性，本交通事故责任的民事赔偿部分应该采用就高不就低的原则，上诉人要求本案的民事赔偿部分应该采用上诉人在一审中提交的赔偿明细的各项标准进行赔偿。

此致
××市中级人民法院

上诉人：×××1 ×××2 ×××3 ×××4
20××年××月××日

（四）《民法典》法律条文指引

第一千一百六十五条【过错责任原则】行为人因过错侵害他人民事权益造成损害的，应当承担侵权责任。

依照法律规定推定行为人有过错，其不能证明自己没有过错的，应当承担侵权责任。

第一千一百七十九条【人身损害赔偿范围】侵害他人造成人身损害的，应当赔偿医疗费、护理费、交通费、营养费、住院伙食补助费等为治疗和康复支出的合理费用，

以及因误工减少的收入。造成残疾的，还应当赔偿辅助器具费和残疾赔偿金；造成死亡的，还应当赔偿丧葬费和死亡赔偿金。

第一千一百八十条【以相同数额确定死亡赔偿金】因同一侵权行为造成多人死亡的，可以以相同数额确定死亡赔偿金。

第一千一百八十一条【被侵权人死亡时请求权主体的确定】被侵权人死亡的，其近亲属有权请求侵权人承担侵权责任。被侵权人为组织，该组织分立、合并的，承继权利的组织有权请求侵权人承担侵权责任。

被侵权人死亡的，支付被侵权人医疗费、丧葬费等合理费用的人有权请求侵权人赔偿费用，但是侵权人已经支付该费用的除外。

第一千二百零八条【机动车交通事故责任的法律适用】机动车发生交通事故造成损害的，依照道路交通安全法律和本法的有关规定承担赔偿责任。

第一千二百一十三条【交通事故责任承担主体赔偿顺序】机动车发生交通事故造成损害，属于该机动车一方责任的，先由承保机动车强制保险的保险人在强制保险责任限额范围内予以赔偿；不足部分，由承保机动车商业保险的保险人按照保险合同的约定予以赔偿；仍然不足或者没有投保机动车商业保险的，由侵权人赔偿。

典型案例六　鉴定机构侵权纠纷

（一）案情简介

在××组装厂诉××市××泵业有限公司、梁××1 和梁××2 买卖合同纠纷一案中，××鉴定机构作为受法院委托的第三方鉴定机构，未公正客观地履行鉴定职责，给出的鉴定结论严重不符合事实，且不遵守委托流程，导致××组装厂在诉讼中败诉，导致××组装厂各项损失共计人民币 3×××60 元。××组装厂败诉后，为证实被鉴定物存在质量瑕疵，只能再次委托鉴定机构进行检验，并为此多支付了鉴定费用，遭受了经济损失、名誉损失且负责人遭受到同行的嘲笑等精神痛苦。虽然，××组装厂试图与××市××泵业有限公司、梁××1 和梁××2 多次协商，但均未达成有效的赔偿协议。

（二）案情分析

（1）本案中××质检所未尽鉴定职责，未在法院给定的时间内按鉴定申请书中项目完成全部检测即出具鉴定报告，导致委托人败诉。为此，委托人起诉××质检所，要求其在鉴定的范围内承担因败诉遭受的各项经济损失。

（2）××质检所因专业技术不到位被起诉侵权的案子并不多，且一般鉴定机构会为了保全名声主动选择调解，安抚委托人的情绪。本案中，××质检所先是退还鉴定费，撤回鉴定结论，但其鉴定书依然在法院、委托人及对方手上，导致对方当事人在其后的行政处罚中将结论书作为对己方有利的证据，也即××质检所并没有彻底消除鉴定结论的影响，从而给委托人造成了第二次损害。

（3）在结束鉴定后，××质检所并未及时归还鉴定物，从而阻碍了委托人再次进行鉴定，给委托人寻求质量是否合格设置了障碍。因为即便是委托人再次委托鉴定，但因为不是同一批鉴定物，即便别的鉴定机构给出产品质量不合格的鉴定，对方和鉴定机构都会以鉴定物不具有同一性，而对第二次和第三次鉴定的真实性不予认可，从而导致委托人无法胜诉。

（三）法律文书研习指导

起诉状

原告：×××××组装厂，住所地：××省××市××区××镇××村，统一社会信用代码：923714××××3H8YA167。

负责人：李××　联系电话：135××××5583

被告：××市××××检验监督所，住所地：××省××市××区××路××号，统一社会信用代码：123×××××4943844022。

法定代表人：×××，职务，主任，联系电话：05××-69×××56

诉讼请求：

1. 请求被告退还原告交付的鉴定物××；

2. 请求被告赔偿原告因败诉而遭受的各项损失人民币3×××60元；

3. 请求判令被告连带承担本案的鉴定费、诉讼费、保全费、律师费、交通费等共计人民币6××36元，其均由被告承担；

4. 请求判令被告赔偿原告精神损失人民币×××00元。

事实与理由：

在原告诉××市××泵业有限公司、梁××1和梁××2买卖合同纠纷一案中，被告作为鉴定机构，未公正客观地履行鉴定职责，给出的鉴定结论严重不符合事实，且不遵守委托流程，导致原告在诉讼中败诉，原告各项损失共计人民币3×××60元。原告败诉后，为证实被鉴定物存在质量瑕疵，只能再次委托鉴定机构进行检验，并为此多支付了鉴定费用，且同时遭受了经济损失、名誉损失和精神痛苦。虽然，原告试图与被告多次协商，但均未达成有效的赔偿协议。为维护原告的合法权益，特诉至贵院，望判如诉请。

此致

××市××区人民法院

具状人：××××厂（有限责任公司）

20××年××月××日

损失计算明细

1. 货款及各项损失3×××60元；

2. 一审、二审诉讼费8××5元；

3. 个人委托鉴定费用××00元；

4. 一审保全费2××0元；

5. 一审、二审律师费3××00元；

6. 原告往返××市配合鉴定的交通费用1××1元；

7. 本次诉讼的律师费1××00元。

共计：3×××96元

提交人：××××组装厂（有限责任公司）

20××年××月××日

证据目录

一、××法院（20××）鲁14××法鉴××号的卷宗

证实：

（1）被告不按××法院的委托事项进行鉴定，导致原告申请的鉴定事项被漏鉴，从而导致原告败诉；

（2）被告不按××法院委托的××日内完成鉴定。从20××年××月××日接受委托到20××年××月××日出具鉴定报告，20××年××月××日订正，20××年××月××日被××法院催办，尤其是20××年××月××日进行补正的情况说明，都证实被告已经严重超时，存在严重拖沓及不按流程进行鉴定的错误。

二、撤回鉴定结论函

证明：被告将撤回鉴定的原因归结于原告不予配合，明显与事实不符。

三、录音光盘

证明：该鉴定结论一是没有就申请项目做完整鉴定，二是没有进行鉴定并给出公正的鉴定结论。

（1）原告并没有干扰被告鉴定，第4~8台水泵之所以没有鉴定是因为无法修复，而不是因原告干扰不让其修复，更没有干扰被告进行鉴定；

（2）撤回鉴定的真实原因与证据三所给出的原因矛盾。

四、质检报告二份

证实：涉案标的物的性能和功能与铭牌标注的不同，存在明显质量问题，与被告所出具的鉴定结论相悖。

五、诉讼前后第三方水泵新旧铭牌照片及对比

证实：在诉讼期间，第三方修改铭牌参数，将被告做出合格的鉴定结论推翻的事实。

六、国家信访局组织见面会议录音

证实：在20××年××月××日被告就鉴定被信访一事找原告协商，被告的负责人×××所长亲口承认自己部门检验有误的事实。

七、证据：最高院的再审裁定书（20××）鲁民申2××1号

裁定书驳回了原告的再审申请，意味着申请人已经没有可使用的法律救济途径，诉讼程序已用尽。因此，被告出具的鉴定结论，给原告产生了致命的伤害，导致原告的损失无法挽回，被告应承担赔偿原告损失的责任。

八、（20××）鲁1××3民终×××号民事判决书和（20××）鲁××民终1××0号民事判决书

证明：因被告出具的质量鉴定结论导致原告败诉的事实。

九、损失计算明细

证明：原告因被告所受到的各项经济损失及诉讼请求的金额来源。

提交人：××××电动车组装厂（有限责任公司）

20××年××月××日

对被告鉴定行为的几点看法

1. 鉴定时间过长，严重超出了法院在委托鉴定书中限定的鉴定时限

接受委托后，被告行动迟缓，鉴定时间严重超期，严重超出了委托方要求的最长时间，有委托法院的督办函为证。

2. 对鉴定物的选择不够专业

鉴定物是此次鉴定的标的，标的不确定，当然结论就不可靠。

3. 对鉴定标准的选择存在问题

鉴定标准是判定鉴定物是否合格的标准及参照物，参照物不明确，无法得出正确的结论。甚至在复函中多次提到"请法院明示"的字样。如果按铭牌进行鉴定，鉴定内容肯定包括电机，否则无法查清其转速、功率等内容，不明白为何作为专业鉴定机构的第三方会请法院进行指示或明示？

4. 对鉴定物的修理不当

鉴定物应该采用原物及原样才能保证鉴定结论的客观性。诉讼期间的修复，绝对会对结果造成影响。事实上，申请人从未干预过其对鉴定物水泵的修复。

5. 鉴定项目的选择不全

鉴定必须依据申请内容决定其范围，本次鉴定只对申请人提出的前两项进行鉴定，很显然是不对的。

6 鉴定结论的撤回原因解释不符合实际

鉴定结论已经送达委托法院，且申请人已经提出了异议，此期间，鉴定机构还进行了一处更正。很显然，该鉴定结论送达当事人后已经生效，但鉴定人却收回了鉴定结论，且收回的原因不符合客观事实。

鉴定申请书

申请人：××××××××组装厂，住所地：××省××市××区××镇××村，统一社会信用代码：923714××××3H8YA167。

负责人：李×× 联系电话：135××××5××3

被申请人：××市××××检验监督所，住所地：××省××市××区××路××号，统一社会信用代码：123×××××49××8××022。

法定代表人：×××，职务，主任，联系电话：05××-69×××56

申请事项：

请贵院委托第三方鉴定机构对本案争议的标的物水泵所标注的铭牌参数进行重新鉴定。

事实与理由：

原告与被告侵权纠纷一案正在贵院审理中，为便于法庭查清事实，原告特申请对本案争议标的物——水泵，所标注的铭牌参数进行重新鉴定。

此致

××市××区人民法院

具状人：××××组装厂（有限责任公司）

××××年××月××日

<h1 style="text-align:center">原告主张鉴定的必要性说明</h1>

1. 被申请人的鉴定书没有撤回，依然在使用，继续扩大对申请人的损害，为阻止损害的继续发生，需要把质量问题搞清楚；

2. 目前存在与被申请人的鉴定结论相悖的鉴定结论，原告单方委托鉴定的结论是合格，但被申请人的鉴定结论是不合格。所以，同一物品存在两份结论相反的鉴定，究竟孰是孰非，需要进一步鉴定；

3. 目前××市质量监管局的行政处罚决定书已经判定"梁××标注的专利号和实用新型号与国家知识产权局备案的型号及产品构造不一致，梁××明显存在欺诈行为"，很显然，被申请人出具的合格鉴定明显与事实不符；

4. 梁××在诉讼中修改水泵铭牌的行为已经证实了涉案水泵存在质量问题，否则，梁××为何会修改原先的参数；

5. 最高院的再审裁定书裁定驳回申请，意味着申请人已经没有可使用的救济程序途径，因此，需要重新鉴定，以维护申请人的合法权益。

说明人：××××电动车组装厂（有限责任公司）
××××年××月××日

<h1 style="text-align:center">质证及代理意见</h1>

一、对被告出具的质检报告进行如下质疑

1. 质检报告存在鉴定程序错误

××区法院在20××年××月××号委托鉴定，要求30个工作日完成。在××月××日××区法院催办被告××质检所尽快办理，被告一直在拖延时间，在20××年××月××日现场抽取8台水泵，直至20××年××月××日给出检验报告，但检验报告上显示时间为12月1日为送样时间，该时间显然与事实不符。检验报告中的流量单位L（升）存在明显错误，应该是ML（毫升）。原告想提醒法庭的是，检验报告由专业的鉴定师进行鉴定，在交付法院前，需经3位领导签字，所以，出现这样低级的错误实属不应该。且该鉴定报告的内容并不是完整的检验报告。在原告与周主任通话中×主任说"××低压力的流量都很大，是不在标牌范围之内的"，说"给我们再检测一次"。当时，×所长也答应重新按标牌全面检验一次，这说明被告也认为质检存在问题。（×主任×所长电话录音）

2. 质检报告存在鉴定内容错误

被告没有检测××的瓦数转数，只检测了中压力 3.6-3.8MPa 的流量 800-830　680-700　690-720 毫升，高压力 4.6-4.8MPa 的流量 620-640　650-660　650-670 毫升的合格部分。从这个检验结果来看，同样的压力 3 台水泵的流量是不一样的，产品的统一性比较差，虽在标牌范围内也是一种不合格的表现，低压力 0-10MPa 的流量没有检测。而原告单方委托的两份质检报告，在 0.125MPa 的压力下水泵的流量是 1.5 升，这是严重超标，且参数不在标牌范围之内即为不合格产品，但××质检所隐瞒了事实。××质检所积极给我们退回了×万元的检验费，但给我们造成的间接损失却没有给我们赔偿，抽签的×台水泵至今都没有退回。我们通过国家信访局反映这一情况，××质检所在20××年××月××号让我们到他的会议室商讨怎么处理这件事。在过程中×所长上午承认自己部门检验有误，但是下午又不想管这件事了，目前为止还没有兑现对抽样的水泵进行再检的承诺，无奈，被告只能起诉的事实。

3. 存在鉴定标准错误

梁××在××检验所给×所长说水泵没有国家标准、行业标准、企业标准，但××质检所还按国家标准 GB/T3214-2007 方法检验，是严重错误的。×所长知道没有标准，应积极协调，以确定新的检验方案。（有现场录音）

4. 存在鉴定方法错误

在检验前维修过程中，××检验所让梁××用砂纸打磨，是不合乎常理的行为。因为密封圈和陶瓷都是密封在水泵里边的，不可能直接接触，更不能用砂纸打磨，因砂纸打磨能改变水泵的性能，原水泵漏水就是因为密封圈和陶瓷之间有高凸不平的缝隙。经砂纸打磨提高了陶瓷的光滑度，所以不漏水了，坏水泵变成了好水泵，在与×主任通话中，×主任说那些没修的都是漏水的。（电话及现场录音）

5. 存在鉴定检材的错误

该检材是三无产品，具有先天不足。标牌标注不全面，没有执行标准，没有合格证，没有说明书，也是一种不合格的表现。现梁××水泵同一型号所标注的标牌上的内容已全部被修改，可见，梁××自己也承认之前的铭牌标注有误，质量存在一定的问题。

二、被告对原告造成损失

被告的违法鉴定及出具的合格的鉴定报告，直接导致原告一审二审败诉，所以，原告的损失应由被告××质检所全部承担。

且该质检报告被××质量监管局所采用，作为对梁××虚假宣传破坏市场秩序行政处罚的依据，再次给原告造成损失。

被告迟迟不予退还原告送检水泵，导致原告无法使用同一检材进行再次鉴定，使原告维权途中受阻，并直接导致损失的扩大。

三、请求

××质检所为自证清白，应请求法院另行委托第三方对涉案水泵进行检验，查明事实。法院应另行找第三方按标牌上的数据全面检测，以便查清事实。

四、请法院对案外人梁××自认质量存在问题的行为予以认定。

首先，要感谢案外人梁××的帮助。一是，在被告完成鉴定后，案外人梁××修改了涉案水泵的说明书及机体标注。该说明书对涉案水泵的原铭牌参数进行了实质性修改，直接导致原参数发生了根本性变化，水泵原铭牌的"流量"被改为说明书及机身标注中的"理论流量"，原铭牌的"压力"被改为说明书及机身标注中的"最高压力"和"常用压力"，原铭牌的"转速"被改为说明书及机身标注中"最高转速"等。梁××修改参数的行为不符合常人的思维，一是说明原铭牌的参数存在不实情况，梁××欲盖弥彰；二是再次证明被告所出具的检验报告的结论存在问题，因为质检的对象——参数发生变更，梁××用实际行动再次证实了被告所出具的质检报告的结论不能成立，再次证明被告的质检报告结论的真实性不可靠。

其次，梁××通过中间人找原告进行和解。梁××亲口承诺：自愿赔偿原告×××台同款水泵和给予××台水泵维修的售后服务，条件是要求原告撤回所有与梁××有关诉讼，并保证不再诉讼。说明梁××自身已经承认错误，也再次证实被告所出具的质检报告的结论不能成立。

五、总结

总之，被告××质监局出具的报告已经被其"废除"或撤回，但此份所谓"废除"的质检报告，不但直接导致原告在与梁××的买卖合同案件一审二审中败诉，且该份"废除报告"还在被使用，继续对原告产生了扩大的实质性损害。因此，被告所出具的质检报告导致原告的损失继续扩大，请法院判决被告及时消除影响，并赔偿原告的各项经济损失。

代理人：×××律师

202×年××月××日

（四）《民法典》法律条文指引

第六十二条【法定代表人职务侵权行为的责任承担】法定代表人因执行职务造成他人损害的，由法人承担民事责任。

法人承担民事责任后，依照法律或者法人章程的规定，可以向有过错的法定代表人追偿。

第九百二十八条【委托人支付报酬】受托人完成委托事务的，委托人应当按照约定向其支付报酬。

因不可归责于受托人的事由，委托合同解除或者委托事务不能完成的，委托人应当向受托人支付相应的报酬。当事人另有约定的，按照其约定。

第九百二十九条【受托人的赔偿责任】有偿的委托合同，因受托人的过错造成委托人损失的，委托人可以请求赔偿损失。无偿的委托合同，因受托人的故意或者重大过失造成委托人损失的，委托人可以请求赔偿损失。

受托人超越权限造成委托人损失的，应当赔偿损失。

第九百三十条【委托人的赔偿责任】受托人处理委托事务时，因不可归责于自己的事由受到损失的，可以向委托人请求赔偿损失。

典型案例七　教育机构侵权责任纠纷

（一）案情简介

原告×××于20××年11月28日在被告处上街舞兴趣课，遵循舞蹈老师的指令，练倒立动作，导致右手三处骨折和错位。由于被告的带班教师疏于管理，且事故发生后，被告及其带班老师没有在第一时间带原告就医，而是拖延至快到下课时才给家长打电话，让家长自己送医院。被告作为专业的培训机构，在组织教学及应急处理上均未尽到安全管理责任，对原告的损失负有赔偿的法律责任。

（二）案情分析

无民事行为能力或限制民事行为能力人在幼儿园、学校或者其他教育机构学习、生活期间受到人身损害的，幼儿园、学校或者其他教育机构应当承担侵权责任；但是，能够证明尽到教育、管理职责的除外。

（三）精选法律文书研习指导

民事起诉状

原告：石××，男，20××年××月××日出生，汉族，住所：××市××××××区××小区，电话：15××34××9××。

法定代理人：路××，女，19××年××月××日出生，汉族，身份证号码：3××4××19××0××5××44，住所：××市××××区××小区，电话：15××3××1××8。

被告：××市×××区××××××培训学校有限公司，住所地：××省××市××××区×××街道办事处××大道××商住楼×区×号×层，统一社会信用代码：×××××××0MA3QMENU6C，电话：17××5××6××8。

法定代表人：××，董事，电话：1×××5××6××8

诉讼请求：

1. 请求法院判令被告支付原告医疗费、误工费、营养费、损害赔偿金、交通费、护理费、辅导费等相关费用共计人民币××××××元；

2. 请求法院判令被告退还原告已交纳但未使用的学费×××元；

3. 请求被告给予原告精神损失费××××元；

4. 诉讼费等由被告承担。

事实和理由：

原告×××于20××年11月28日在被告处是街舞兴趣课时，遵循舞蹈老师的指令练倒立动作，导致右手三处骨折和错位。事故发生后，被告及其带班老师没有在第一时间带原告去就医，而是拖延至快到下课时才给家长打电话，让家长自己送医院。被告作为专业的培训机构，在组织教学及应急处理上均未尽到安全管理责任，对原告的损失负有赔偿的法律责任。原告曾多方多次欲与被告协商解决，但终究未果。现为维护原告的合法权益，请贵院支持原告的各项诉讼请求。

此致

××××××区人民法院

具状人：×××

2022年××月××日

（四）《民法典》法律条文指引

第一千一百九十九条【教育机构的过错推定责任】无民事行为能力人在幼儿园、学校或者其他教育机构学习、生活期间受到人身损害的，幼儿园、学校或者其他教育机构应当承担侵权责任；但是，能够证明尽到教育、管理职责的，不承担侵权责任。

第一千二百条【教育机构的过错责任】限制民事行为能力人在学校或者其他教育机构学习、生活期间受到人身损害，学校或者其他教育机构未尽到教育、管理职责的，应当承担侵权责任。

第一千二百零一条【在教育机构内第三人侵权时的责任分担】无民事行为能力人或者限制民事行为能力人在幼儿园、学校或者其他教育机构学习、生活期间，受到幼儿园、学校或者其他教育机构以外的第三人人身损害的，由第三人承担侵权责任；幼儿园、学校或者其他教育机构未尽到管理职责的，承担相应的补充责任。幼儿园、学校或者其他教育机构承担补充责任后，可以向第三人追偿。

补充编

破产案例研习

一、法院审理破产案件的完整程序

法院审理破产案件的完整程序（见图8-1）如下：

破产程序的启动—执行案件移送破产审查—指定破产管理人—简易程序—衍生诉讼案件—破产财产的清理—破产费用和共益债务—清理破产债务—债权人会议—重整—破产清算—和解—府院联动和信息化建设

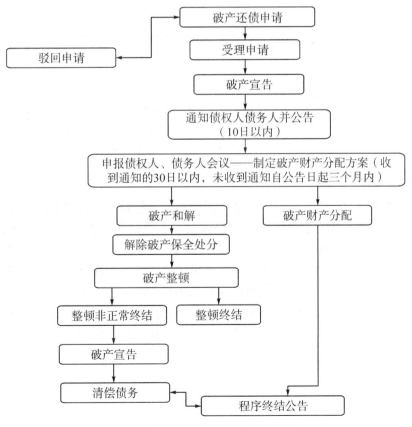

图 8-1 法院审理破产案件的完整程序

二、竞选破产管理人

（一）竞选破产管理人的材料准备

律师事务所需要参与破产管理人竞选。一般情况下，先由竞标者报名，通常具有管理人资格的律师事务所或会计师事务所有资格参与竞标，并最终成为管理人。破产管理人竞选介绍内容如图8-2所示：

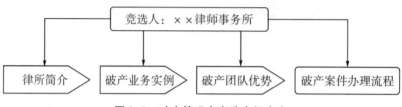

图8-2　破产管理人竞选介绍内容

（二）律师事务所竞选破产管理人的步骤

先由参与者进行竞选演说及向评委会进行介绍，然后由竞选者出价，再由评委投票，最终得票数多、出价低者中标。评委通常由法院的破产审理团队的法官、分管院长、债权人代表及债务人的法定代表人组成，采用民主集中制的表决机制。如下图8-3所示：

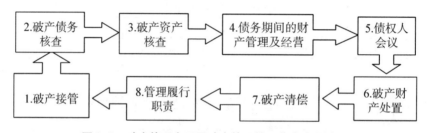

图8-3　破产管理人开展破产管理的工作内容及流程

（三）成为破产管理人后的工作内容

破产管理人确定后，法院会下达破产受理裁定，管理人可以以此裁定开展尽职调查、整理债权债务、进行公告、召开债权人会议、通报破产企业的财产情况等活动，然后进行评估拍卖、处理资产，并进行清偿，管理人应配合法院审理破产案件的进展，完成图8-1的全部程序步骤。在此期间，如果破产管理人发现破产企业及其人员存在违法行为或私自处置破产财产有损破产债权人的行为的，应予以制止，并同时报告给破产受理法院。如果发现可能涉嫌犯罪，可建议法院移送司法机关进行处理，破产案件程序中止，如果发现破产企业没有破产财产可供执行的，应向法院提出终结破产程序的建议。

三、精选法律文书研习指导

×××××生物科技有限公司管理人
公　告

　　××市人民法院根据××××农村商业银行股份有限公司的申请，于20××年××月××日裁定受理××××生物化工有限公司1、××××生物科技有限公司2破产清算两案，并于同日指定××××律师事务所为××公司1和××公司2的管理人。20××年××月××日，管理人接管××公司1、××公司2。在接管过程中，经核查××公司1的财产发现，债务人将生产过程中产生的废渣堆放在厂区内。20××年××月××日，经管理人向××公司1的第一次债权人会议提出请示报告，债权人会议一致通过《管理人请求先行处置破产财产中废料、废液等危化品的请示报告》。现管理人向社会大众发出处置废渣的公告，请有意向的公司或个人于20××年××月××日之前，向管理人（地址：××省××市××区×××路××大厦×楼；邮政编码×××××；联系人：××律师；联系电话：1×××5××7××7）申报竞买意向书（竞买人需具有独立承担民事责任能力；具有良好的商业信誉；具有承接本次竞买活动的相关资质和履行合同所必需的设备、人员和专业技术能力）。本管理人定于20××年××月××日上午9时，在××公司1召开竞买大会，管理人根据竞买人报出的最高价格确定最终的竞买人。

　　特此公告

××公司1、××公司2

20××年××月××日

　　附件一　竞买人需提交的具体材料要求：

　　1. 营业执照（或个人身份证明）及相关资质证书。

　　2. 参与竞买活动人员资质证书及个人简介、竞买报价（报价需明确每吨具体****元）、其他材料。

　　附件二　××××生物科技有限公司厂区废渣照片（略）

×××生物化工有限公司破产清算案管理人报酬方案
（20××）×××破管字第00×号

×××人民法院：

　　本管理人接受贵院指定后，对××××生物化工有限公司可供清偿的财产价值和管理人工作量进行了预测，并初步确定了管理人报酬方案，方案主要内容如下：

　　一、管理人报酬的确定方法

　　管理人接受指定后，依法接管了破产人的财产。就破产财产现状而言，××××生物化工有限公司可供清偿的财产为其固定资产。20××年××月××日，××大正资产评估有限公司出具资产评估报告，××××生物化工有限公司实物资产在评估基准日时总价值为×××××××.××元。

　　截至20××年××月××日，本管理人处理××××生物化工有限公司破产清算事务累计工作时间两个多月，时间长，工作量大。基于管理人履行资产管理职责及债权审核工作的工作量以及繁杂性，并依据《最高人民法院关于审理企业破产案件确定管理人报酬的规定》第2条第1款，"管理人报酬应以债务人最终可供普通债权人清偿的财产总额按相应比例分段累计"的规定，经管理人研究决定，按下列比例计取管理人报酬：

1. 不超过100万元（含本数，下同）的，按12%确定；
2. 超过100万元至500万元的部分，按10%确定；
3. 超过500万元至1000万元的部分，按8%确定；
4. 超过1000万元至5000万元的部分，按6%确定；
5. 超过5000万元至1亿元的部分，按3%确定；
6. 超过1亿元至5亿元的部分，按1%确定。

本案中××××资产评估有限公司出具资产评估报告，债务人实物资产及货币资产总价值为人民币××××××××.××元。根据管理人报酬的规定，本案管理人报酬应为：××××××.××元，鉴于该破产案件无职工债权等实际情况，管理人秉承人道主义精神将管理人报酬最终确定为1××××万元。

二、管理人报酬收取时间

根据《最高人民法院关于审理企业破产案件确定管理人报酬的规定》第3条的规定，本管理人在破产程序期间分期、分段收取报酬，具体分期、分段计取的时间如下：

第一次：破产财产初次分配之前收取50%报酬；

第二次：破产财产再次分配之前收取30%报酬；

第三次：破产财产最终分配之前收取20%报酬。

三、管理人报酬收取方式

根据《最高人民法院关于审理企业破产案件确定管理人报酬的规定》第10条的规定，最终确定的管理人报酬及收取情况，应列入破产财产分配方案。

管理人收取报酬时应向人民法院提出书面申请，由人民法院确定支付管理人的报酬。

特此报告

××××生物化工有限公司管理人

20××年××月××日

关于裁定确认×××××建筑材料有限公司债权表记载债权的申请

×××人民法院：

贵院根据××××农村商业银行股份有限公司的申请于20××年××月××日裁定受理××××生物化工有限公司破产一案，并于20××年××月××日指定××××律师事务所为××市××××材料有限公司破产管理人。

管理人接受指定后，以邮寄方式向已知××市××××材料有限公司债权人送达了"债权申报通知书"，截止到第一次债权人会议召开前，共有×家债权人向管理人申报了债权，债权金额共计2××××77.32元，财产担保债权金额4××××09.48元，无财产担保债权金额15××××67.84元，债权人的具体情况及确认的债权数额详见附件"债权确认表"。管理人依法对上述债权人申报的债权进行了审查并编制了债权表，在××××生物化工有限公司第一次债权人会议上将初步审查结果提交债权人会议核查并将债权表进行了公示，贵院在第一次债权人会议上已告知对该审查结果有异议的债权人应在第一次债权人会议后十五日内提出。

现异议期已经届满，上述×笔债权的债权人未向管理人提出异议，债务人或其他债权人对上述债权的审查结果也均未提出异议，请求贵院裁定对上述债权进行确认。

特此申请

×××生物化工有限公司
20××年××月××日

附表：

×××生物化工有限公司债权表

清偿顺序	序号	债权人名称	债权申报金额/元			申报债权性质	确认金额/元	备注（全部或部分债权未予以确认的原因）
			本金	利息	合计			
担保债权	1	×××农村商业银行股份有限公司	4×××9.48			金融借款	4×××9.48	
第一顺序职工债权					0		0	
					0		0	
					0		0	
第二顺序社会保险费用、税收债权和欠薪保障金					0		0	
					0		0	
					0		0	
					0		0	
第三顺序普通破产债权	1	×××农村商业银行股份有限公司	12×××22.22				8×××1.06	债务人为×××木业有限公司、××市××××新型材料有限公司提供保证或抵押的7 500 000元债务及相应利息，可待债权人最终确定债务人应承担责任具体数额后另行申报，管理人再依法予以审核确认
	2	××银行禹城支行	2×××45.62				19×××86.43	(20××)鲁×××民初××××号民事判决确认利息自20××年××月××日至20××年××月××日（破产裁定作出之日）为止，按月利率6.9‰计息。罚息未予确认
	3	孙××	2×××00				7×××0	债权人提供的7×××0元、×××0元的两张借条均无债务人的印章，待提供其他证据后，管理人再予以审核确认

清偿顺序	序号	债权人名称	债权申报金额/元			申报债权性质	确认金额/元	备注（全部或部分债权未予以确认的原因）
			本金	利息	合计			
第三顺序普通破产债权	4	李×			1×××00		1×××00	
	5	××××实业有限公司			9×××0		0	债权人提供的发货明细单系其单方制作，无有债务人收货证明，待提供其他证据后，管理人再另行予以审核确认
	6	××××化工有限责任公司			3×××0		3×××0	债权人已提供材料证明诉讼时效未超过，管理人现予以审核确认
劣后债权								

关于提请债权人会议审议破产财产拟分配方案的报告

××××生物化工有限公司债权人会议：

因××××生物化工有限公司资金不能清偿到期债务，明显缺乏清偿能力，××市人民法院于20××年××月××日做出（20××）鲁××××破申×号民事裁定书，宣告××××生物化工有限公司破产。

现管理人根据《中华人民共和国企业破产法》第115条之规定，拟定《××××生物化工有限公司债权人会议破产财产（拟）分配方案》，提交债权人会议审议表决。

特此报告。

××××生物化工有限公司管理人

20×× 年××月××日

附：《×××××建筑材料有限公司破产财产（拟）分配方案》

××××生物化工有限公司破产清算案
管理人执行职务的工作报告
（2020）×××破管00××号

尊敬的合议庭、债权人会议主席、各位债权人：

××××生物化工有限公司因不能清偿到期债务，明显缺乏清偿能力，经申请人××××农村商业银行股份有限公司于20××年××月××日向××××人民法院提出破产清算申请。

××××人民法院于202×年××月××日作出（20××）鲁××××破申×号民事裁定书，裁定受理××××生物化工有限公司（以下简称债务人）破产清算，并于20××年05月14日作出（2020）鲁××××破×号决定书，指定×××××律师事务所担任管理人（以下简称管理人）。

2020年××月1×日，×××人民法院发布公告，确定债权申报截止日期为20××年06月30日，并定于20××年0×月1×0日上午9时在××省××市人民法院第一审判庭召开第一次债权人会议。

管理人接受指定后，按照《中华人民共和国企业破产法》（以下简称《企业破产法》）的规定及××市人民法院（2020）鲁××××破×号决定书之相关要求，勤勉忠实地履行管理人职责。现将有关执行职务的情况报告如下：

一、债务人基本情况

（一）基本信息

根据管理人于××市行政审批服务局、××市市场监督管理局（工商登记全套档案调取机关）调取的债务人工商登记全套档案（以下简称工商内档）显示，债务人成立于201×年×月1×日，成立时为有限责任公司（自然人投资或控股），公司住所地为××市××工业园；法定代表人为陈××；公司注册资本为人民币1××万元，201×年1×月2×日实收资本人民币10×万元；股东×名，其中股东陈××出资9×万元，持有公司9×%的股权，股东赵××出资×万元，持有公司8%的股权。201×年9月7日，公司注册资本（实收资本）增加至300万元，股东2名，其中股东陈××增加出资至276万元，持有公司92%的股权，股东××出资至24万元，持有公司8%的股权。20××年9月29日，公司类型由"有限责任公司（自然人投资或控股）"变更为"有限责任公司（自然人独资）"；法定代表人由"陈××"变更为"赵××"；股东由"陈××、赵××"变更为"赵××"。陈××将其股权全部转让给赵××，股东为赵××，出资300万元，认缴出资比例100%。现公司的执行董事兼法定代表人为赵××，监事为陈××。公司经营期限为自20××年××月××日至20××年0×月10日。公司经营范围为建筑材料、装饰材料（不含危险化学品）购销，建筑覆膜纸生产、销售（依法须经批准的项目，经相关部门批准后方可开展经营活动）。公司目前处于停业破产清算状态。

（二）债务人目前状况

债务人目前处于停业状态，公司现有留守人员1名（即法定代表人赵××），无其他职工，无欠付职工工资、缴欠社会保险金情形；公司现有办公用房及厂房共11处，生产线4个，锅炉2台，制胶机、废水处理设备等生产设备一宗，变压器1台，叉车1辆，办公用品一宗。债务人自报：公司固定资产原值8×××96.8元，净值5×××23.99元；公司拖欠银行贷款本金1××××000元，其中××银行××支行贷款本金1××××00元，××市农商银行贷款本金9××××00元，拖欠个人借款6×××00元；公司应付账款2××××2.45元，应收账款1×××84.31元。但债务人无总账、明细账、台账、日记账、会计凭证、财务账册、银行存款凭证等财务资料。

二、管理人执行职务的具体情况

（一）执行职务的准备工作

1. 管理人团队的组成和分工情况

本案由管理人负责人赵××牵头总负责，具体分工如下：

（1）财产调查组

组成人员：×××、×××律师

主要职责：接管债务人的财产、印章和账簿、文书等资料；实地查看债务人住所地及调查财产状况（包括但不限于社保、税务、银行存款，不动产，股权、证券，机动车等财产状况）；委托财产审计与评估；催讨清收应收债权；制作财产状况报告等。

（2）债权审核组

组成人员：×××、×××律师

主要职责：配合财产调查组接管债务人企业；合同的清理及涉诉案件的处理等重

大事项决断：债权申报通知与审核；偏颇清偿等撤销权、取回权的审查与执行等。

（3）秘书处

组成人员：×××、×××

主要职责：准备债权人会议材料；负责起草、搜集案件办理过程中的工作记录、管理人工作会议记录、管理人工作报告（包括但不限于定期报告、专项报告、企业破产法规定的其他报告）；

（4）档案管理室等

2. 管理人内部规章制度的建立情况

管理人根据工作需要制定了完善的管理人规章制度，严格规范管理人履行职务，以保证本次破产清算工作顺利、高效地进行。管理人团队建立了周例会及日报制度，定期召开工作会议，通报工作进展，总结经验查找问题，提出意见并部署下一步工作，并派×××律师专人负责就破产工作遇到的具体问题随时向法院进行汇报、请示，接受法院对管理人工作的有效监督与及时指导。

3. 管理人工作计划与方案制定

管理人按照《企业破产法》的规定及××市人民法院（2020）鲁××破4号决定书。根据案件工作内容，对管理人内部成员进行分组、分工，制定详细的工作计划与方案。

4. 聘请工作人员情况

（1）依据《企业破产法》及相关法律规定，本案需要专业的审计机构和专业人员，对破产企业的财务收支、清算活动以及会计信息等进行审查、监督、鉴证和评价，同时保护债权人和债务人的合法权益。管理人聘请××大正资产评估有限公司会计师事务所××分所为本案的审计机构，聘请费用为肆万元整，并于20××年6月16日向××市人民法院提请报告，现向债权人会议提请审核通过。

（2）依据《企业破产法》及相关法律规定，本案需要专业的评估机构和专业人员，对债务人全部有效财产的价值进行评估，评估的结果将确定财产变现底价，为管理人处置破产财产、制定分配方案提供依据。管理人聘请××大正资产评估有限公司为本案的评估机构，聘请费用为贰万元整，并于20××年6月16日向××市人民法院提请报告，现向债权人会议提请审核通过。

5. 管理人自查是否存在利害关系的情况。

管理人及组成人员与债务人、债权人之间不存在利害关系。

（二）接管债务人财产的工作情况

管理人于20××年06月19日，在××市人民法院的监督及指导下，会同审计机构、评估机构工作人员完成对债务人的接管，并与债务人做好交接清单、笔录等工作；交接清单列明：企业财产、印章和账簿、文书等资料的接管时间、接管结果及接管到的资料名称及数量。债务人住所地固定资产已经被××市人民法院依法查封，接管工作的原始工作记录作为本报告附件。为节约破产清算成本，债务人住所地固定资产暂由债务人留守人员法定代表人赵××代为保管，管理人进行实时监管。

（三）债务人财产状况调查工作

管理人为调查债务人财产状况，切实履行管理人职责，通过实地调查、网络核查、电话联系相关人员、申请人民法院开具调查令及前往相关单位查询等方式，开展了以下相关工作：

1. 债务人股东的出资情况

债务人注册资本为人民币 1×0 万元，20××年××月××日，股东陈××货币出资 1×万元，股东赵××货币出资 8 万元，××××会计师事务所有限公司出具验资报告，实际出资存入债务人××银行××支行验资账户 713××××060×××00×××29。20××年××月××日实收资本人民币 1×0 万元，股东×名，其中股东×××货币出资 8×万元，出资增至 92 万元，持有公司 9×%的股权，股东赵××出资×万元，持有公司×%的股权，××××有限责任会计师事务所有限公司所出具验资报告，实际出资存入债务人××银行××支行验资账户 713××××060×××00×××29。20××年××月××日，公司注册资本（实收资本）增加至 3×0 万元，股东×名，其中股东陈××增加出资至 2×6 万元，持有公司 9×%的股权，股东赵秀云出资至×4 万元，持有公司 8%的股权，本次增资无验资报告。

以上有公司章程、验资报告、出资人名册、历次资本变动情况及相应的验资报告等材料证实。

2. 债务人的货币财产状况

管理人通过查询债务人的开户行××××农村商业银行股份有限公司、××银行股份有限公司××支行×个对公账户，其中××××农村商业银行股份有限公司×××支行账户 91×××××4××2×××50×××25 银行存款余额为 6××.25 元，其余×个账户余额为 0；债务人库存现金为 0；无其他货币资金。管理人已申请法院依法予以查封冻结。

3. 债务人的应收款状况

债务人自报的应收账款总金额为 1××××4.31 元，均为债务人经营期间债务人拖欠的货款，形成时间为 20××年××月至 20××年×月，债务人多次催收未能追回欠款。债务人原法定代表人陈××曾于 20××年对××××牧业有限公司提起诉讼，并经××市人民法院判决××公司偿还原告陈××借款本金 4××××0 元及利息，经管理人审查××公司偿还原告陈××借款本金 422 400 元及利息为债务人所出借的款项。现××公司已进入破产程序，陈××作为债权人已向××公司管理人申报债权，待破产清算完毕后予以追回。债务人又曾于 20××年对××市××木业有限公司及王××提起诉讼并申请查封两被告名下存款 1××××0 元，经××市人民法院（20××）×商初×××号民事判决书判决××市××木业有限公司及王××偿还债务人 1×××40 元及利息。其他债务人的债务人经管理人通过电话等多种方式进行核实和催收，未见明显成效。

4. 债务人的存货状况

管理人接管债务人财产过程中，债务人处无存货。

5. 债务人的设备状况

债务人住所地厂房内现有生产线×条，锅炉×台，制胶机、废水处理设备等生产设备一宗（详见评估报告）。其中，×条生产线、钢结构厂房、×吨的燃煤锅炉、制胶搅拌、叉车抵押给××农商银行。

6. 债务人的不动产状况

20××年×月××日，经管理人到××市不动产登记中心调查核实，截至 20××年×月××日 9 时 55 分，××××建筑材料有限公司（91××××256×××20×）在××市不动产登记中心无不动产登记。

债务人住所地占地所有权人系××市×××镇××村民委员会，使用面积 9×0 平方米，20××年×月××日债务人与××村民委员会签订房屋租赁合同，租赁期限至 20××年 1×月

3×日；根据债务人提供的××市国土资源局于20××年××月××日出具的《关于××××建筑材料有限公司项目用地的预审意见》，以及××市发展和改革委员会于20××年11月15日出具的《关于×××建筑材料有限公司年产600万张建筑覆膜纸生产项目备案的通知》（×发改〔2011〕179号文件）能够证实债务人的住所地上建设项目合法。债务人处实际建设的办公用房10间及砖混用房，因土地为租赁无法办理不动产证，该房产无抵押。钢结构厂房作为动产抵押给债权人××市农商银行。

7. 债务人征信

20××年5月29日，管理人到中国人民银行××市支行进行尽职调查，调取了债务人的企业信用报告；从全国企业信用信息公示系统查询了债务人和关联企业的《企业信用信息公示报告》。

8. 债务人对公账户及关联账户的调证情况

为了依法查清债务人的银行贷款资金流向，管理人依法查询了债务人在各银行的对公账户交易明细，并申请××市人民法院开具调查令，依法查询调取了与债务人相关联的公司及个人账户的历史交易明细。

9. 债务人的对外投资状况

经管理人调查债务人无对外投资。

10. 债务人分支机构的资产状况

经管理人调查债务人无分支机构，但存在关联企业，即××市××建材有限公司（曾用名××××商贸有限公司）。该公司实际控制人和经营人是赵××和陈××，公司成立于20××年2月17日，公司住所地为债务人住所地院内，注册资本50万元，公司经营范围："建筑覆膜纸生产、销售；人造板、旋切板、胶合板、木炭、木纤维、塑料制品、五金、电子产品、机电设备及配件销售；建筑材料、装饰材料、包装材料、化工产品（以上不含危险化学品、监控化学品、易制毒化学品的种类）销售。（依法须经批准的项目，经相关部门批准后方可开展经营活动）"

11. 债务人的无形资产状况

经管理人调查债务人无专利权、商标权、著作权、许可或特许经营权等无形资产。

12. 债务人的营业事务状况

经管理人调查债务人已于20××年4月停止营业。

13. 债务人、相对人尚未履行或尚未完全履行的合同情况。

经管理人调查债务人、相对人无尚未履行或尚未完全履行的合同。

14. 债务人财产被其他人占有的状况

经管理人调查债务人财产未被其他人占有。

15. 债务人机动车情况

20××年5月20日，经管理人到××市公安局交通警察支队××大队车辆管理所调查核实，经公安交通管理综合平台查询，未查到××××建筑材料有限公司名下车辆的任何信息。

16. 债务人社保情况

20××年××月18日，管理人通过留守人员（法定代表人赵××）配合就职工情况进行调查了解，我们依法对债务人所欠职工的工资、经济补偿金、社会保险金、一次性养老补助金、医疗费等进行调查。经管理人到××市社会医疗保险事业处、××市社会劳动保险事业处调查核实，债务人现不存在职工债权。

17. 债务人税务情况

202×年×月18日，经管理人到国家税务总局××市税务局进行尽职调查，该局经查询截止到20××年×月18日债务人在系统内无欠税信息，并出具了相关证明。

（四）通知债权人、相关行政管理机构，书面告知债权人进入破产程序

管理人协助法院按照《企业破产法》第14条的规定，于20××年××月18日，在××市人民法院公告栏、债务人××××建筑材料有限公司住所地、《××法制报》上公告债务人进入破产程序，通知债权人申报债权，说明申报债权的期限、地点、管理人的名称及其处理事务的地址、第一次债权人会议召开的时间和地点等内容。并自20××年××月3日开始，向已知的12个债权人送达债权申报通知书等申报材料，其中邮寄送达6个（均已有效签收），直接送达6个。

在通知债权人申报债权的同时，管理人分别向××市的市场监督管理局、××市税务局、××市人力资源和社会保障局等单位送达了法院受理债务人破产清算的裁定书及指定管理人决定书，告知上述部门债务人进入破产清算程序，以防止股权转让、财产转移、滞纳金继续征缴等情况的发生，并通知税务机关依法申报（在依法处置债务人此案产过程中产生的）税款债权、参加债权人会议。

（五）债权申报

1. 接受债权申报

20××年××月××日管理人开始接受债权申报。截至到20××年×月××日，共有××名债权人递交资料申报债权。

2. 债权核查

截至第一次债权人会议召开之日，管理人核查结果为：

（1）已初步确认债权：×个；

（2）待补充证据的债权：×个；其中××市××化工有限公司现有材料不能证明诉讼时效中断。××××实业有限公司现有材料不能证明债务人实际收到该公司发货产品并欠付其货款。

（六）债务人内部管理事务、决定债务人日常开支和其他必要开支、在第一次债权人会议召开前决定继续或者停止债务人营业的工作。

鉴于债务人已于20××年4月停止营业，仅留守法定代表人赵××一人负责代看管债务人现有资产，管理人实时进行监督，因此债务人目前无日常开支和其他必要开支。

（七）债务人财产管理和处分工作

1. 管理人依据《企业破产法》第三十三条之规定，调查了债务人不存在无效行为之情形。

2. 管理人依据《企业破产法》第十六条之规定，调查了债务人不存在人民法院受理破产申请后，债务人对个别债权人的债务清偿情况。

3. 管理人依据《企业破产法》第三十一条之规定，调查了债务人不存在人民法院受理破产申请前一年内发生可撤销行为之情形。

4. 管理人依据《企业破产法》第三十二条之规定，调查了债务人不存在不能清偿到期债务，并且资产不足以清偿全部债务或者明显缺乏清偿能力的情形下，在人民法院受理破产申请前六个月内发生的，仍对个别债权人进行清偿的，且该个别清偿没有

使债务人财产受益。

5. 管理人依据《企业破产法》第三十五条之规定，调查了债务人的出资人出资情况如下：

20××年××月××日，公司注册资本（实收资本）增加至×00万元，股东×名，其中股东陈××增加出资至××6万元，持有公司9×%的股权，股东赵××出资至2×万元，持有公司8%的股权，本次增资无验资报告，需进一步核实。其他出资情况属实。

6. 管理人依据《企业破产法》第三十七条之规定，调查了债务人不存在质物、留置物。

7. 管理人依据《企业破产法》第十八条之规定，调查了债务人不存在已经订立（生效）未履行完毕的合同。

8. 对债务人资产审计、评估工作。

经审计机构××大正有限责任会计师事务所××分所审计后，债务人截止到202×年5月×日资产总额26×××0.85元，负债合计12×××96.97元，股东权益合计-98×××6.12元。（详细数据见审计报告）

经评估机构××大正资产评估有限公司评估后，债务人截止到20××年××月××日实物评估价值54×××3.19元。（详细数据见评估报告）

9. 处分债务人财产的情况。

待债务人的财产经审计、评估机构出具报告经债权人会议审核通过后，进行拍卖、变卖。

10. 债务人财产的追收情况。

现债务人财产不存在高管非正常收入和侵占财产的情况；无取回担保物的情况；无取回在途买卖标的物的情况。

（八）债务人的诉讼和仲裁情况

债务人作为被告的诉讼案件有××银行股份有限公司××支行起诉的1××万元贷款本金及利息，××××市××商业银行股份有限公司起诉的1×0万元的贷款本金及利息，××市人民法院分别于20××年××月××日作出（20××）鲁××××民初××××号民事判决书、20××年××月××日作出（20××）鲁××××民初×××号民事判决书。因债务人已进入破产清算程序，两债权人已申报债权。

（九）关于债权人会议的相关工作

1. 债权申报和审核工作

管理人于20××年××月××日至20××年6月××日，共收到6个债权人申报债权，已对申报的债权登记造册，逐一进行审查，编制债权表。经管理人确认编入债权表的债权总额为人民币16×××26.97元。

2. 第一次债权人会议准备

（1）会议资料准备

管理人根据工作开展实际情况，起草的会议材料，包括《管理人执行职务的工作报告》《关于提请债权人会议核查债权的报告》《关于债务人财产管理方案的报告》《关于提请债权人会议审议破产财产变价方案的报告》《关于提请债权人会议审查管理人报酬方案的报告》等。

（2）会务准备

管理人已开展的准备工作，已通知已申报债权的债权人出席第一次债权人会议；已与人民法院沟通、确认第一次债权人会议召开的时间、地点、会议流程，会议材料；准备了第一次债权人会议签到表、表决表等会议资料。

三、本次会议后工作计划

（一）进一步调查、追回债务人财产

随着破产清算程序的展开，管理人将结合审计、评估情况，继续调查债务人的财产，其中包括依法对债务人的对外债权进行清收，管理人将在法院、审计机构配合下，继续对债务人的财产进行详细、认真调查，采取协商、调解、诉讼等多种方式尽最大可能对债务人财产进行追收，增加破产财产，维护广大债权人的合法利益。

（二）继续做好诉讼案件的应诉、起诉工作

对于债务人尚未审结的案件及不断产生的新案件，管理人将与法院协调开庭时间，准备应诉，维护债务人的利益；同时针对管理人需行使的追偿权、应收对外债权产生的诉讼，做好计划，排期起诉。

（三）管理债务人的财产

依法通知债务人的债务人履行付款或交付财产义务

根据《企业破产法》第25条的规定，管理人将向债务人的债务人发出书面履行债务通知书，并要求其限期履行相应义务。下一步，管理人将根据具体情况，对未按通知履行义务的相对人，经法院或债权人会议批准后，采取诉讼等各种合理方式予以追回对外债权，尽最大可能提高债权人的清偿比例。

（四）代表债务人参加诉讼、仲裁或者其他法律程序

债务人存在的诉讼案件，类型主要为金融借款合同纠纷、买卖合同纠纷。破产受理后，新的诉讼案件会出现，管理人已做好相关准备工作，及时参加诉讼。同时，管理人将代表债务人着手起诉享有对外债权案件，以促使债务人的财产保值、增值。

以上为截至到第一次债权人会议管理人的主要工作情况，特向第一次债权人会议报告。

管理人将在法院和债权人会议的监督下，会同审计机构共同恪尽职守，依法履行管理人法定职责，保障债务人破产清算工作的顺利进行，并争取债务人、债权人等多方面的合作，最大限度地保障债权人的合法权益，促使本案速裁清算程序早日结束。

感谢人民法院对管理人工作的监督与指导，感谢债权人对管理人工作的支持。

特此报告

×××××有限公司管理人

20××年××月××日

债权处置方案

经20××年××月××日在××市人民法院召开的破产公司1××公司、破产公司2××公司第一次债权人会议查明，和破产企业的法定代表人×××自认的关联企业1××××生物化工有限公司为空壳公司，自认关联企业2××市××生物科技有限公司亦为空壳公司，及自认为自己是关联公司2的实际控制人。然××公司（破产公司）与两关联公司均有大量的银行贷款，其中破产公司在×城××银行贷款本金××××.×万元，关联公司1在×城农商

行贷款本金×××万元，公司在×城农商行贷款本金××××万元，但是两破产公司的现有资产评估价合计仅仅为×××××××.××元，其中破产公司1××公司8×××××元，兆×公司5××××××.××元。基于破产人的以上财产及债务状况，现管理人提出以下处置意见。

1. 债权人×城农商行可用破产公司1在贷款时的设备和现有资产的评估价为8××××元来抵偿贷款，因公司破产公司1已经是空壳，且再无可供抵偿的破产财产，同时也不存在除银行贷款之外的其他债务，所以，建议在做以上抵偿后，将尽快终结破产公司1破产程序，请×城农商行尽快联系管理人确认以上破产方案，并及时行使抵偿权。

2. 破产公司2××公司现有财产的最终估价是5××××××.××元，其中××省×城农村商业银行债权共计2×××××××.××元、××市××镇人民政府债权1××××00元，因政府的债权是土地租金，所以，应优先以×城农商行的债权偿还，但农商行有抵押设备的部分债权应除外。

因对破产人现有资产的变价中需要处理一批废旧的化工设备，需聘请专业人士进行专业的拆除与清运工作，这期间必然会产生一笔费用，所以，管理人提出两种债权实现方案。

一是将对该现有资产按照估价起拍，并可进行多次降价，直至最终拍出为止。

二是将对现有财产变价时需要专业拆除设备的费用作为共益费用，由所有债权人在变价总价款中予以扣除，买受人只需支付预估价减去拆除费用的差价，以利于实现变价，使所有债权人都受益。

以上关于破产公司1和破产公司2的债权处置方案需要再次召开债权人会议进行表决通过。

破产公司1、破产公司2的破产管理人
20××年××月××日

关于××××生物化工有限公司
财产管理方案的报告

（20××）×××破管字第××号

××××生物化工有限公司债权人会议：

××××生物化工有限公司因不能清偿到期债务，明显缺乏清偿能力，××××农村商业银行股份有限公司于20××年××月××日向××市人民法院提出对××××生物化工有限公司进行破产清算的申请。

××市人民法院于20××年××月××日作出（20××）鲁××××破3号决定书，指定××××律师事务所担任管理人。

本管理人接受指定后，于20××年××月××日接管了债务人财产，现提交《债务人财产管理方案》供债权人会议审议。

一、债务人财产的接管

（一）接管的具体步骤

20××年××月××日管理人在法院工作人员的配合下协同××××资产评估有限公司和审计公司对××市××××生物化工有限公司的固有资产进行了清点和采取了查封措施；制定的接收方案；交付包括财产通知、接管通知、《接管清单》等在内的各类接管文件。

（二）接管的债务人财产及资料汇总

1. 固定资产和实物资产；

2. 债务人的诉讼案件的材料；

3. 财产权属证书；

4. 印章，证照；

5. 债务人银行账户资料；

6. 文书档案；

7. 其他接管的财产。

（三）未接管债务人财产及资料总汇

详见《接管清单》。

二、债务人财产的管理

（一）对接管财产的管理措施

1. 管理人就接管的财产制定了管理制度、债务人印章和资料的保管和使用办法等。

2. 鉴于债务人已于20××年××月停产，无在职职工，债务人财产已由人民法院查封并暂由债务人的法定代表人赵××代为看管，管理人实时监管。公司印章、文书、资料由管理人保管。

（二）未接管财产的追回措施

本案经调查不存在在途、质押物、可取回等未接管的财产。

特此报告

××××生物化工有限公司

20××年××月××日

附：《财产接管清单》及接管笔录（略）

关于提请××市××××有限公司债权人会议
核查债权的报告

（20××）破管0×号

××××生物化工有限公司债权人会议：

因××××生物化工有限公司因不能清偿到期债务，明显缺乏清偿能力，××××农村商业银行股份有限公司于20××年××月××日向××市人民法院提出对××××生物化工有限公司进行破产清算的申请。

××市人民法院于20××年××月××日作出（20××）鲁××××破申×号民事裁定书，裁定受理申请人对债务人提出的破产清算申请，并于20××年××月××日作出（20××）鲁×××破×号决定书，指定××××律师事务所担任管理人。现管理人将××××生物化工有限公司的债权申报与审查情况向债权人会议报告如下：

一、债权申报情况

20××年××月××日，××市人民法院发布公告确定债权申报期限为××月××日之前。

债权申报期限内，管理人共收到6户债权人申报的6笔债权，申报的债权总额为人民币××××××××元（以下币种同）。

债权人未在确定的债权申报期限内申报债权的，可以在破产财产最后分配前补充申报；但是，此前已进行的分配，不再对其补充分配。为审查和确认补充申报债权的费用，由补充申报人承担。

二、债权审查情况

管理人依照《中华人民共和国企业破产法》第五十七条的规定对申报的债权进行登记造册，对债权的性质、数额、是否属于担保财产、是否超过诉讼时效期间、是否超过强制执行期间等情况进行审查，并编制了债权表。经审查，管理人确认的债权总额为16××××26.97元。其中，对债务人的特定财产享有担保权的债权总额为4××××09.48元，普通债权为11××××17.49元。

管理人未确认及待确认的债权：

1. ××××农村商业银行申报债权中的债务人为××××木业有限公司、××市××××新型材料有限公司提供保证或抵押的7××××00元债务及相应利息，可待债权人最终确定债务人应承担责任具体数额后另行申报，管理人再依法予以审核确认。

2. 德州银行申报债权中的罚息8××9.19元因人民法院生效判决仅确认其利息，罚息未予以保护，管理人对该款未予以确认。

3. 孙××申报债权中的本金1×万元因借款人为赵××个人，并没有债务人的公章，管理人对该1×万元及该部分本金产生的利息待确认。

4. ××市××化工有限公司申报的债权3××00元因提供材料显示的时间超过诉讼时效管理人待确认。

5. ××××实业有限公司申报的债权9××00元因提供的交货明细为债权人单方制作，无债务人的已收货物的证明，管理人待确认。

债权确认的具体情况详见附表。

现依据《中华人民共和国企业破产法》第五十八条第一款规定，管理人将债权表提交债权人会议核查。

特此报告

××××生物化工有限公司

20××年××月××日

××××生物化工有限公司破产清算案
管理人阶段性工作报告

×××人民法院：

20××年××月××日，××市人民法院分别以（20××）鲁×××破申×号、（20××）鲁××××破申××号民事裁定书，裁定受理××××农村商业银行股份有限公司对××××生物化工有限公司（以下简称××公司1）、××××生物科技有限公司（以下简称××公司2）提出的破产清算申请。同日，以（20××）鲁×××破×号、（20××）鲁×××破×号决定书，指定××××律师事务所担任××××生物化工有限公司管理人。

20××年××月××日，管理人收到×市人民法院送达的裁定书与决定书。自接受指定以来，管理人依据《中华人民共和国企业破产法》（以下简称《企业破产法》）第23条、27条的规定，在法院的监督及指导下，勤勉尽责、忠实履行法定职责，积极开展债务人的破产清算管理工作。现将管理人20××年××月××日至××月××日的阶段工作情况及下一步工作安排报告如下：

一、20××年××月××日在××市人民法院召开××公司第一次债权人会议，会议中债务人的法定代表人××自认××××生物化工有限公司为空壳公司，自认关联企业××市××生物科技有限公司亦为空壳公司，且自认其为该公司的实际控制人。然××公司、××公司3两公司均有大量的银行贷款（其中盛丰公司在××农商行贷款1.9万元，鸿达公司在××农商行贷款本金×××万元，××公司2在××××行贷款本金××××万元，但是××公司1和××公司2的现有资产评估价合计仅仅为6×××××8.77，其中盛丰公司8××××0元，兆泰公司5×××××8.77元），且贷款去向不明。另外××公司1、××公司2在××农商行抵押设备存在去向不明的情形，需要管理人进一步尽职调查。

二、20××年9月28日，管理人对××公司2的债务人××××生物科技股份有限公司（以下简称××公司）进行尽职调查，在此过程中管理人发现债务人××公司2于20××年××月××日至××月××日期间，将龙力公司的欠款收回后擅自处理，管理人接管时债务人未向管理人汇报，盛丰公司、兆泰公司无任何的财务凭证、账册、账簿。另外，债务人在20××年6月至7月期间将存在厂区内的大量玉米芯私自处理后，第一债权人会议中，债权人××农商行向债务人法人宋××就此情况核实，宋××自认尚有30余万元玉米芯款，相应的款项至今未向管理人交接。

三、20××年××月××日，管理人根据第一次债权人会议通过的相关事项，发布公告对兆泰公司的废渣进行处理，并定于20××年××月××日进行公开竞标大会。现××公司1、××公司2的现有固定资产需要进行公开竞标拍卖公司后按法定程序公开拍卖。另外，××公司2院内尚有危化品需要进行处理，该危化品来源仍需管理人调查核实，且危化品的处理需要进行严格的申报、审批程序。

四、20××年××月××日，×××公司的最大债权人××××农村商业银行股份有限公司（简称××农商行）向管理人送达《××××××生物科技有限公司、××××生物化工有限公司（公司3）破产案件管理人履职意见书》，就两公司存在的重大问题提出异议，并要求管理人进行尽职调查。管理人相关的尽职调查工作较多。

五、据管理人尽职调查发现，20××年、20××年、20××年，××公司对公账户资金往来频繁且交易金额巨大，然债务人××公司法定代表人×××及相关工作人员均称××公司于20××年就停止经营，此种情形极端反常，需要管理人在法院和债权人的监督下，进行尽职调查。

目前管理人正处于对债务人的资产、债权债务，调查摸底、全面掌握情况阶段，以后将会根据情况的变化，随时进行修改、调整、补充。

综上，虽然上述两公司破产案件的后续工作较多，但管理人将在法院和债权人会议的监督下，恪尽职守，依法履行管理人法定职责，保障债务人破产清算工作的顺利进行，并争取债务人、债权人等多方面的合作，最大限度地保障债权人的合法权益，促使本案清算程序早日结束。

特此报告！

××××生物化工有限公司管理人

20××年××月××日

（四）《民法典》法律条文指引

第五十七条【法人的定义】法人是具有民事权利能力和民事行为能力，依法独立享有民事权利和承担民事义务的组织。

第五十八条【法人成立的条件】法人应当依法成立。

法人应当有自己的名称、组织机构、住所、财产或者经费。法人成立的具体条件和程序，依照法律、行政法规的规定。

设立法人，法律、行政法规规定须经有关机关批准的，依照其规定。

第五十九条【法人民事权利能力和民事行为能力】法人的民事权利能力和民事行为能力，从法人成立时产生，到法人终止时消灭。

第六十条【法人民事责任承担】法人以其全部财产独立承担民事责任。

第六十一条【法定代表人的定义及行为的法律后果】依照法律或者法人章程的规定，代表法人从事民事活动的负责人，为法人的法定代表人。

法定代表人以法人名义从事的民事活动，其法律后果由法人承受。

法人章程或者法人权力机构对法定代表人代表权的限制，不得对抗善意相对人。

第六十二条【法定代表人职务侵权行为的责任承担】法定代表人因执行职务造成他人损害的，由法人承担民事责任。

法人承担民事责任后，依照法律或者法人章程的规定，可以向有过错的法定代表人追偿。

第六十三条【法人的住所】法人以其主要办事机构所在地为住所。依法需要办理法人登记的，应当将主要办事机构所在地登记为住所。

第六十四条【法人变更登记】法人存续期间登记事项发生变化的，应当依法向登记机关申请变更登记。

第六十五条【法人实际情况与登记事项不一致的法律后果】法人的实际情况与登记的事项不一致的，不得对抗善意相对人。

第六十六条【公示登记信息】登记机关应当依法及时公示法人登记的有关信息。

第六十七条【法人合并、分立后权利义务的享有和承担】法人合并的，其权利和义务由合并后的法人享有和承担。

法人分立的，其权利和义务由分立后的法人享有连带债权，承担连带债务，但是债权人和债务人另有约定的除外。

第六十八条【法人终止的原因】有下列原因之一并依法完成清算、注销登记的，法人终止：

（一）法人解散；

（二）法人被宣告破产；

（三）法律规定的其他原因。

法人终止，法律、行政法规规定须经有关机关批准的，依照其规定。

第六十九条【法人解散的情形】有下列情形之一的，法人解散：

（一）法人章程规定的存续期间届满或者法人章程规定的其他解散事由出现；

（二）法人的权力机构决议解散；

（三）因法人合并或者分立需要解散；

（四）法人依法被吊销营业执照、登记证书，被责令关闭或者被撤销；

（五）法律规定的其他情形。

第七十条【法人解散后的清算】法人解散的，除合并或者分立的情形外，清算义务人应当及时组成清算组进行清算。

法人的董事、理事等执行机构或者决策机构的成员为清算义务人。法律、行政法规另有规定的，依照其规定。

清算义务人未及时履行清算义务，造成损害的，应当承担民事责任；主管机关或者利害关系人可以申请人民法院指定有关人员组成清算组进行清算。

第七十一条【清算适用的法律依据】法人的清算程序和清算组职权，依照有关法律的规定；没有规定的，参照适用公司法律的有关规定。

第七十二条【清算中法人地位、清算后剩余财产的处理和法人终止】清算期间法人存续，但是不得从事与清算无关的活动。

法人清算后的剩余财产，按照法人章程的规定或者法人权力机构的决议处理。法律另有规定的，依照其规定。

清算结束并完成法人注销登记时，法人终止；依法不需要办理法人登记的，清算结束时，法人终止。

第七十三条【法人破产】法人被宣告破产的，依法进行破产清算并完成法人注销登记时，法人终止。

第七十四条【法人分支机构及其责任承担】法人可以依法设立分支机构。法律、行政法规规定分支机构应当登记的，依照其规定。

分支机构以自己的名义从事民事活动，产生的民事责任由法人承担；也可以先以该分支机构管理的财产承担，不足以承担的，由法人承担。

第七十五条【法人设立行为的法律后果】设立人为设立法人从事的民事活动，其法律后果由法人承受；法人未成立的，其法律后果由设立人承受，设立人为二人以上的，享有连带债权，承担连带债务。

设立人为设立法人以自己的名义从事民事活动产生的民事责任，第三人有权选择请求法人或者设立人承担。

▶▶ 参考文献

[1] 霍斯特·艾登穆勒，马丁·弗里斯. 德国继承法案例研习（第六版）[M]. 北京：中国法制出版社，2019：164.

[2] 克劳斯·菲韦格，安娜·勒特尔. 德国物权法案例研习（第4版）[M]. 北京：中国法制出版社，2019：281.

[3] 卡尔-海因茨·费策，伊娃·伊内斯·奥博格菲尔. 德国民法总则案例研习 [M]. 中国法制出版社，2020：148.

[4] 江平. 民法学（第三版）[M]. 北京：中国政法大学出版社，2016：167.

[5] 中华人民共和国民法典 [M]. 北京：中国法制出版社，2020：35，96，178，225，346.

[6] 王泽鉴. 债法原理 [M]. 北京：北京大学出版社，2000：211.

[7] 史尚宽. 债法原理 [M]. 北京：中国政法大学出版社，2019：235.

[8] 王利明. 合同法分则研究（下卷）[M]. 北京：中国人民大学出版社，2013：379.

[9] 朱庆育. 合同法评注选 [M]. 北京：北京大学出版社，2019：189.

[10] 民法学编写组. 民法学 [M]. 北京：高等教育出版社，2019：67.

[11] 李显冬. 民法总则案例研习 [M]. 北京：中国政法大学出版社，2014：245.

[12] 李霞，王旭光，王明华. 民法案例研习 [M]. 北京：清华大学出版社，2015：251.

[13] 最高人民法院第三巡回法庭. 最高人民法院第三巡回法庭新型民商事案件理解与适用 [M]. 北京：中国法制出版社，2019：178.

[14] 最高人民法院第四巡回法庭. 最高人民法院第一巡回法庭典型民商事案件裁判观点与文书指导（第1卷）[M]. 北京：中国法制出版社，2020：169.

[15] 最高人民法院民事审判第二庭.《全国法院民商事审判工作会议纪要》理解与适用 [M]. 北京：人民法院出版社，2019：162.

[16] 田士永."民法学案例研习"的教学目的 [J]. 中国法学教育研究，2014（4）：77-91.

[17] 杨立新. 民法案例分析教程 [M]. 5版. 北京：中国人民大学出版社，2021：358.

[18] 彭诚信. 民法案例百选 [M]. 2版. 北京：高等教育出版社，2022：316.

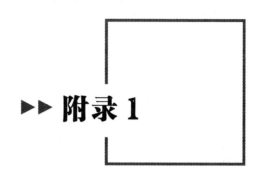

附录1

人民法院贯彻实施民法典典型案例（第一批和第二批）

最高人民法院发布人民法院贯彻实施民法典13个典型案例
（第一批）

2022年2月25日，最高人民法院发布了人民法院贯彻实施民法典典型案例（第一批）。

习近平总书记深刻指出："民事案件同人民群众权益联系最直接最密切。各级司法机关要秉持公正司法，提高民事案件审判水平和效率。"人民法院贯彻实施民法典的成效，最终要落实到每一个案件的审判水平和效率上。典型案例是人民法院贯彻实施民法典工作最形象、最具体、最生动的写照。为了充分发挥典型案例的示范引领作用，全面展示2021年度人民法院贯彻实施民法典的工作成效，以司法裁判引领风尚，最高人民法院按照"一个案例胜过一打文件"的要求，从全国范围内筛选了13件典型案例，今天向全社会发布。

发布贯彻实施民法典典型案例，是指引全国各级人民法院全面深入学习贯彻习近平法治思想的必然要求。努力让人民群众在每一个司法案件中感受到公平正义是习近平总书记对人民法院工作的殷殷嘱托。切实保障社会公平正义和人民权利，是我国国家制度和国家治理体系的显著优势之一。发布典型案例，有利于发挥标杆作用，指引各级人民法院紧扣公平正义这一法治价值追求，进一步加强涉及财产权保护、人格权保护、知识产权保护、生态环境保护等重点领域的民事审判工作和监督指导工作，让社会正气充盈、正义彰显。

发布贯彻实施民法典典型案例，是指引全国各级人民法院站在人民立场，践行司法为民宗旨的重要举措。坚持以人民为中心，坚持法治为人民服务是习近平法治思想的根本立足点。习近平总书记强调："民法典实施得好，人民群众权益就会得到法律保障，人与人之间的交往活动就会更加有序，社会就会更加和谐。"本批案例充分体现了民法典有效化解各类民事纠纷，促进社会和谐、家庭和睦的制度功能，是人民法院践行司法为民、公正司法宗旨的具体成果，有助于指引各级人民法院牢固树立新时代正确司法理念，坚持以人民为中心，充分发挥司法职能作用，更好保障人民权益的实现和发展。

发布民法典贯彻实施典型案例，是宣传民法典精神，讲好中国法治故事，传播中国法治声音的应有之义。民法典充分体现了对生命健康、财产安全、交易便利、生活幸福、人格尊严等各方面权利的平等保护，有鲜明的中国特色、实践特色、时代特色。本批案例，是全国法院2021年间适用民法典处理民事纠纷案件的典型，代表性强、覆盖面广，能够让人民群众真切感受到民法典的人文关怀，有利于推动民法典走进千家万户，走进人民心里。

本批13件案例是在反复研究论证和广泛征求意见的基础上，从全国各高院报送的500余件案例中精选出来，基本涵盖了民法典各编有关新制度新规则，具有以下特点：

一是坚持依法治国与以德治国相结合，弘扬社会主义核心价值观。本批典型案例，通过正确适用民法典新规则、强化裁判文书说理等方式，分清是非、善恶、美丑，彰显了民法典弘扬传统美德和社会公德，强化规则意识，倡导契约精神，维护公序良俗的基本精神，就坚持什么、倡导什么、反对什么、抵制什么旗帜鲜明地亮明了司法态度。例如，在杭州市上城区人民检察院诉某网络科技有限公司英雄烈士保护民事公益诉讼案中，人民法院依法判决被告立即停止在经营项目中以雷锋的名义进行商业宣传，并就使用雷锋姓名赔礼道歉，为网络空间注入尊崇英雄、热爱英雄、敬仰英雄的法治能量。在楼某熙诉杜某峰、某网络技术有限公司肖像权纠纷案中，人民法院在依法适用民法典的规定保护肖像权的同时，结合案情将"爱国"这一社会主义核心价值观要求融入裁判说理，突出了弘扬爱国主义精神的价值导向。

二是聚焦民生痛点难点，依法保护人民权利。本批案例涉及未成年人保护、居住权保护、"头顶上的安全"保护等一系列人民群众普遍关心关注的问题，及时回应了社会关切，把习近平总书记关于"人民对美好生活的向往，就是我们的奋斗目标"的重要指示落到实处。在广州市黄埔区民政局与陈某金申请变更监护人案、梅河口市儿童福利院与张某柔申请撤销监护人资格案中，人民法院通过依法为丧失监护能力的人变更监护关系、撤销构成遗弃犯罪的未成年人母亲的监护资格，确保民法典对未成年人的关爱落到实处。在邱某光与董某军居住权执行案中，执行法院依照民法典规定的居住权登记制度，向不动产登记机构发出协助执行通知书，为丧偶独居老人办理了居住权登记，最大限度地保障了申请执行人既有的房屋居住使用权利。在庚某娴诉黄某辉高空抛物损害责任纠纷案中，人民法院首次适用民法典第一千二百五十四条的高空抛物侵权规则，判决高空抛物者承担赔偿责任，切实维护了人民群众"头顶上的安全"。

三是顺应时代要求，服务保障经济社会高质量发展。本批案例集中体现了人民法院通过贯彻实施民法典，在服务疫情防控、维护交易安全、激发创新活力等方面发挥的积极作用。在黄某诉某物业服务有限公司健康权纠纷案中，人民法院依照民法典的规定认定因拒绝配合疫情防控检查而致使自己摔伤的原告应自负其责，体现了为疫情常态化防控提供有力司法保障的鲜明态度。在某物流公司诉吴某运输合同纠纷案中，人民法院依照民法典的规定认定原告某物流公司代被告履行债务具有合法利益，切实维护了相关民事主体的合法权益，对各级人民法院依法适用民法典新规则妥善化解相关纠纷，切实维护交易安全、保障市场经济健康发展具有积极作用。在某种业科技有限公司诉某农业产业发展有限公司侵害植物新品种权纠纷案中，人民法院依法适用民法典规定，判决故意侵害知识产权情节严重的行为人承担惩罚性赔偿责任，为打击种子套牌侵权、净化种业市场秩序，提供了有力司法保障。

　　本批典型案例，通过"小案件"讲述"大道理"，对于指引人民法院统一正确实施民法典，助力人民群众学习好运用好民法典具有积极意义。下一步，最高人民法院将始终坚持以习近平新时代中国特色社会主义思想为指导，深入贯彻习近平法治思想，坚持严格公正司法，充分发挥典型案件的示范引领作用，深入挖掘民法典实施中的司法案例"富矿"，进一步加强典型案例收集编选工作，及时发布代表性强、覆盖面广的典型案例，宣传好民法典规定精神，传播好中国法治声音。

人民法院贯彻实施民法典典型案例（第一批）

目录导读

一、广州市黄埔区民政局与陈某金申请变更监护人案

（一）典型意义

习近平总书记强调："孩子们成长得更好，是我们最大的心愿。"本案是人民法院、人民检察院和民政部门联动护航困境少年的典型范例。民法典和新修订的《未成年人保护法》完善了公职监护人制度，明确规定在没有依法具有监护资格的人时，由民政部门承担未成年人的监护责任。审理法院以判决形式确定由民政部门担任监护人，为民政部门规范适用相关法律履行公职监护职责提供了司法实践样本，推动民法典确立的以家庭、社会和国家为一体的多元监护格局落实落地。

（二）基本案情

吴某，2010年10月28日出生，于2011年8月22日被收养。吴某为智力残疾三

级，其养父母于 2012 年和 2014 年先后因病死亡，后由其养祖母陈某金作为监护人。除每月 500 余元农村养老保险及每年 2000 余元社区股份分红外，陈某金无其他经济收入来源，且陈某金年事已高并有疾病在身。吴某的外祖父母也年事已高亦无经济收入来源。2018 年起，陈某金多次向街道和区民政局申请将吴某送往儿童福利机构养育、照料。为妥善做好吴某的后期监护，广州市黄埔区民政局依照民法典相关规定向人民法院申请变更吴某的监护人为民政部门，广州市黄埔区人民检察院出庭支持民政部门的变更申请。

（三）裁判结果

生效裁判认为，被监护人吴某为未成年人，且智力残疾三级，养父母均已去世，陈某金作为吴某的养祖母，年事已高并有疾病在身，经济状况较差，已无能力抚养吴某。鉴于陈某金已不适宜继续承担吴某的监护职责，而吴某的外祖父母同样不具备监护能力，且陈某金同意将吴某的监护权变更给广州市黄埔区民政局，将吴某的监护人由陈某金变更为广州市黄埔区民政局不仅符合法律规定，还可以为吴某提供更好的生活、教育环境，更有利于吴某的健康成长。故判决自 2021 年 7 月 23 日起，吴某的监护人由陈某金变更为广州市黄埔区民政局。

（四）《民法典》条文指引

第二十七条　父母是未成年子女的监护人。

未成年人的父母已经死亡或者没有监护能力的，由下列有监护能力的人按顺序担任监护人：

（一）祖父母、外祖父母；

（二）兄、姐；

（三）其他愿意担任监护人的个人或者组织，但是须经未成年人住所地的居民委员会、村民委员会或者民政部门同意。

第三十二条　没有依法具有监护资格的人的，监护人由民政部门担任，也可以由具备履行监护职责条件的被监护人住所地的居民委员会、村民委员会担任。

二、梅河口市儿童福利院与张某柔申请撤销监护人资格案

（一）典型意义

未成年人是祖国的未来和民族的希望，进一步加强未成年人司法保护是新时代对人民法院工作提出的更高要求。本案是适用民法典相关规定，依法撤销监护人资格的典型案例。民法典扩大了监护人的范围，进一步严格了监护责任，对撤销监护人资格的情形作出了明确规定。本案中，未成年人生母构成遗弃罪，为切实保护未成年人合法权益，梅河口市儿童福利院申请撤销监护人资格并申请指定其作为监护人。人民法院依法判决支持其申请，彰显了司法的态度和温度。

（二）基本案情

2021 年 3 月 14 日 3 时许，张某柔在吉林省梅河口市某烧烤店内生育一女婴（非婚生，暂无法确认生父），随后将女婴遗弃在梅河口市某村露天垃圾箱内。当日 9 时 30 分许，女婴被群众发现并报案，梅河口市公安局民警将女婴送至医院抢救治疗。2021 年 3 月 21 日，女婴出院并被梅河口市儿童福利院抚养至今，取名"党心"（化名）。张某柔因犯遗弃罪，被判刑。目前，张某柔仍不履行抚养义务，其近亲属亦无抚养意愿。

梅河口市儿童福利院申请撤销张某柔监护人资格，并申请由该福利院作为党心的监护人。梅河口市人民检察院出庭支持梅河口市儿童福利院的申请。

（三）裁判结果

生效裁判认为，父母是未成年子女的法定监护人，有保护被监护人的身体健康、照顾被监护人的生活、管理和保护被监护人的财产等义务。张某柔的遗弃行为严重损害了被监护人的身心健康和合法权益，依照民法典第三十六条规定，其监护人资格应当予以撤销。梅河口市儿童福利院作为为全市孤儿和残疾儿童提供社会服务的机构，能够解决党心的教育、医疗、心理疏导等一系列问题。从对未成年人特殊、优先保护原则和未成年人最大利益原则出发，由梅河口市儿童福利院作为党心的监护人，更有利于保护其生活、受教育、医疗保障等权利，故指定梅河口市儿童福利院为党心的监护人。

（四）《民法典》条文指引

第三十六条 监护人有下列情形之一的，人民法院根据有关个人或者组织的申请，撤销其监护人资格，安排必要的临时监护措施，并按照最有利于被监护人的原则依法指定监护人：

（一）实施严重损害被监护人身心健康的行为；

（二）怠于履行监护职责，或者无法履行监护职责且拒绝将监护职责部分或者全部委托给他人，导致被监护人处于危困状态；

（三）实施严重侵害被监护人合法权益的其他行为。

本条规定的有关个人、组织包括：其他依法具有监护资格的人，居民委员会、村民委员会、学校、医疗机构、妇女联合会、残疾人联合会、未成年人保护组织、依法设立的老年人组织、民政部门等。

前款规定的个人和民政部门以外的组织未及时向人民法院申请撤销监护人资格的，民政部门应当向人民法院申请。

三、杭州市上城区人民检察院诉某网络科技有限公司英雄烈士保护民事公益诉讼案

（一）典型意义

英雄烈士是一个国家和民族精神的体现，是引领社会风尚的标杆，加强对英烈姓名、名誉、荣誉等的法律保护，对于促进社会尊崇英烈、扬善抑恶、弘扬社会主义核心价值观意义重大。为更好地弘扬英雄烈士精神，增强民族凝聚力，维护社会公共利益，民法典第一百八十五条对英雄烈士等的人格利益保护作出了特别规定。本案适用民法典的规定，认定将雷锋姓名用于商业广告和营利宣传，曲解了雷锋精神，构成对雷锋同志人格利益的侵害，损害了社会公共利益，依法应当承担相应法律责任，为网络空间注入缅怀英烈、热爱英烈、敬仰英烈的法治正能量。

（二）基本案情

被告某网络科技有限公司将其付费会员称为"雷锋会员"，将其提供服务的平台称为"雷锋社群"，将其注册运营的微信公众号称为"雷锋哥"，在微信公众号上发布有"雷锋会员""雷锋社群"等文字的宣传海报和文章，并在公司住所地悬挂"雷锋社群"文字标识。该公司以"雷锋社群"名义多次举办"创业广交会""电商供应链大

会""全球云选品对接会"等商业活动，并以"雷锋社群会费"等名目收取客户费用16笔，金额共计308 464元。公益诉讼起诉人诉称，要求被告立即停止在经营项目中以雷锋的名义进行宣传，并在浙江省内省级媒体就使用雷锋姓名赔礼道歉。

（三）裁判结果

生效裁判认为，英雄的事迹和精神是中华民族共同的历史记忆和精神财富，雷锋同志的姓名作为一种重要的人格利益，应当受到保护。某网络科技有限公司使用的"雷锋"文字具有特定意义，确系社会公众所广泛认知的雷锋同志之姓名。该公司明知雷锋同志的姓名具有特定的意义，仍擅自将其用于开展网络商业宣传，会让公众对"雷锋社群"等称谓产生误解，侵犯了英雄烈士的人格利益。将商业运作模式假"雷锋精神"之名推广，既曲解了"雷锋精神"，与社会公众的一般认知相背离，也损害了承载于其上的人民群众的特定感情，对营造积极健康的网络环境产生负面影响，侵害了社会公共利益。故判决被告停止使用雷锋同志姓名的行为（包括停止使用"雷锋哥"微信公众号名称、"雷锋社群"名称、"雷锋会员"名称等），并在浙江省内省级报刊向社会公众发表赔礼道歉的声明。

（四）《民法典》条文指引

第一百八十五条　侵害英雄烈士等的姓名、肖像、名誉、荣誉，损害社会公共利益的，应当承担民事责任。

第一千条　行为人因侵害人格权承担消除影响、恢复名誉、赔礼道歉等民事责任的，应当与行为的具体方式和造成的影响范围相当。

行为人拒不承担前款规定的民事责任的，人民法院可以采取在报刊、网络等媒体上发布公告或者公布生效裁判文书等方式执行，产生的费用由行为人负担。

四、黄某诉某物业服务有限公司健康权纠纷案

（一）典型意义

民法典明确规定，业主应当配合物业服务企业等执行政府依法实施的应急处置措施和其他管理措施，为物业企业履行疫情防控职责提供了明确的法律依据。本案是人民法院依法处理涉疫情防控措施民事纠纷，为社区依法实施应急处置措施提供坚强司法保障的典型案件。当前疫情防控形势依然严峻，社区是疫情联防联控的第一线，是遏制疫情扩散蔓延的重要战场，必须落实落细各项防控措施。查码验行虽然给居民日常出行增添了些许麻烦，但却是防控疫情的必要举措，意义重大，每个公民都应积极予以配合。本案中，审理法院严格把握侵权责任的归责原则，分清是非、亮明态度、不和稀泥，依法支持社区履行防疫职责，有助于引导社会公众自觉遵守防疫秩序，凸显了司法服务和保障大局的作用。

（二）基本案情

被告某物业服务有限公司为天津市河东区某物业管理方。原告黄某于2020年6月10日由上海市来到该小区探望祖母。彼时正值我国部分地区出现聚集性新冠疫情，天津市有关部门发布紧急防控通知，要求严格落实社区出入口值班值守，加强验码、亮码、登记等疫情防控措施。2020年6月19日9时许，黄某骑共享单车进入小区，物业公司值守保安当即呼喊要求其停车接受亮码、登记等疫情防控检查措施。黄某听到有人呼喊后回头观看，随即加速向前骑行。值守保安即骑车追赶，伸手接触原告背部时

车辆失控摔倒。后黄某将物业公司诉至法院，要求赔偿医疗费、交通费、营养费、护理费、误工费等各项损失共计 57 501.3 元。

（三）裁判结果

生效裁判认为，《民法典》第二百八十六条规定，对于物业服务企业或者其他管理人执行政府依法实施的应急处置措施和其他管理措施，业主应当依法予以配合。事发之时正值聚集性疫情扩散、防控形势严峻的关键时期，某物业服务有限公司依照有关政策要求派员值守、验码登记、阻拦冲岗，是履职尽责的体现，其行为没有过错，不应当承担赔偿责任。黄某在物业人员大声呼喊之际却加速骑行，最终导致摔伤，应自行承担相应后果，遂判决驳回黄某的诉讼请求。

（四）《民法典》条文指引

第二百八十六条第一款业主应当遵守法律、法规以及管理规约，相关行为应当符合节约资源、保护生态环境的要求。对于物业服务企业或者其他管理人执行政府依法实施的应急处置措施和其他管理措施，业主应当依法予以配合。

五、邱某光与董某军居住权执行案

（一）典型意义

民法典物权编正式确立了居住权制度，有利于更好地保障弱势群体的居住生存权益，对平衡房屋所有权人和居住权人的利益具有重要制度价值。本案申请执行人作为丧偶独居老人，其对案涉房屋的居住使用权益取得于民法典实施之前，执行法院依照民法典规定的居住权登记制度，向不动产登记机构发出协助执行通知书，为申请执行人办理了居住权登记，最大限度地保障了申请执行人既有的房屋居住使用权利，对于引导当事人尊重法院判决，推动民法典有关居住权制度的新规则真正惠及人民群众，具有积极的示范意义。

（二）基本案情

邱某光与董某峰于 2006 年登记结婚，双方均系再婚，婚后未生育子女，董某军系董某峰之弟。董某峰于 2016 年 3 月去世，生前写下遗嘱，其内容为："我名下位于洪山区珞狮路某房遗赠给我弟弟董某军，在我丈夫邱某光没再婚前拥有居住权，此房是我毕生心血，不许分割、不许转让、不许卖出……"董某峰离世后，董某军等人与邱某光发生遗嘱继承纠纷并诉至法院。法院判决被继承人董某峰名下位于武汉市洪山区珞狮路某房所有权归董某军享有，邱某光在其再婚前享有该房屋的居住使用权。判决生效后，邱某光一直居住在该房屋内。2021 年初，邱某光发现所住房屋被董某军挂在某房产中介出售，其担心房屋出售后自己被赶出家门，遂向法院申请居住权强制执行。

（三）裁判结果

生效裁判认为，案涉房屋虽为董某军所有，但是董某峰通过遗嘱方式使得邱某光享有案涉房屋的居住使用权。执行法院遂依照民法典第三百六十八条等关于居住权的规定，裁定将董某军所有的案涉房屋的居住权登记在邱某光名下。

（四）《民法典》条文指引

第三百六十八条　居住权无偿设立，但是当事人另有约定的除外。设立居住权的，应当向登记机构申请居住权登记。居住权自登记时设立。

六、某物流有限公司诉吴某运输合同纠纷案

（一）典型意义

民法典合同编新增了具有合法利益的第三人代为履行的规定，对于确保各交易环节有序运转，促进债权实现，维护交易安全，优化营商环境具有重要意义。本案是适用民法典关于具有合法利益的第三人代为履行规则的典型案例。审理法院适用民法典相关规定，依法认定原告某物流有限公司代被告吴某向承运司机支付吴某欠付的运费具有合法利益，且在原告履行后依法取得承运司机对被告吴某的债权。本案判决不仅对维护物流运输行业交易秩序、促进物流运输行业蓬勃发展具有保障作用，也对人民法院探索具有合法利益的第三人代为履行规则的适用具有积极意义。

（二）基本案情

某物流有限公司（甲方）与吴某（乙方）于2020年签订《货物运输合同》，约定该公司的郑州运输业务由吴某承接。合同还约定调运车辆、雇佣运输司机的费用由吴某结算，与某物流有限公司无关。某物流有限公司与吴某之间已结清大部分运费，但因吴某未及时向承运司机结清运费，2020年11月某日，承运司机在承运货物时对货物进行扣留。基于运输货物的时效性，某物流有限公司向承运司机垫付了吴某欠付的46万元，并通知吴某，吴某当时对此无异议。后吴某仅向某物流有限公司支付了6万元。某物流有限公司向吴某追偿余款未果，遂提起诉讼。

（三）裁判结果

生效裁判认为，某物流有限公司与吴某存在运输合同关系，在吴某未及时向货物承运司机结清费用，致使货物被扣留时，某物流有限公司对履行该债务具有合法利益，有权代吴某向承运司机履行。某物流有限公司代为履行后，承运司机对吴某的债权即转让给该公司，故依照民法典第五百二十四条规定，判决支持某物流有限公司请求吴某支付剩余运费的诉讼请求。

（四）《民法典》条文指引

第五百二十四条　债务人不履行债务，第三人对履行该债务具有合法利益的，第三人有权向债权人代为履行；但是，根据债务性质、按照当事人约定或者依照法律规定只能由债务人履行的除外。

债权人接受第三人履行后，其对债务人的债权转让给第三人，但是债务人和第三人另有约定的除外。

七、楼某熙诉杜某峰、某网络技术有限公司肖像权纠纷案

（一）典型意义

本案是人民法院依法打击网络侵权行为，保护自然人人格权益的典型案件。本案中，行为人于"七七事变"纪念日在微博上发表不当言论，并附有他人清晰脸部和身体特征的图片，意图达到贬低、丑化祖国和中国人的效果。该行为不仅侵犯了他人的肖像权，而且冲击了社会公共利益和良好的道德风尚。审理法院在本案判决中依法适用民法典的规定保护他人的肖像权，同时结合案情，将"爱国"这一社会主义核心价值观要求融入裁判说理，既依法维护了当事人的合法权益，也充分发挥了司法裁判的引领示范作用，突出弘扬了爱国主义精神的鲜明价值导向，有利于净化网络环境，维

护网络秩序。

（二）基本案情

2021年7月7日，杜某峰通过其名为"西格隆咚锵的隆"的新浪微博账号发布一条微博（某网络技术有限公司系该平台经营者），内容为"日本地铁上的小乘客，一个人上学，那眼神里充满自信和勇气，太可爱了"，并附有楼某熙乘坐杭州地铁时的照片，引起网友热议。次日，楼某熙的母亲在新浪微博发布辟谣帖："我是地铁小女孩的妈妈，网传我家孩子是日本小孩！在此特此申明：我家孩子是我大中华儿女，并深深热爱着我们的祖国！……"广大网友也纷纷指出其错误。杜某峰对此仍不删除案涉微博，还在该微博下留言，继续发表贬低祖国和祖国文化的言论。后该微博账号"西格隆咚锵的隆"由于存在其他不当言论被新浪微博官方关闭，所有发布的内容从新浪微博平台清除。楼某熙以杜某峰、某网络科技有限公司侵害其肖像权为由，提起诉讼。

（三）裁判结果

生效裁判认为，自然人享有肖像权，有权依法制作、使用、公开或者许可他人使用自己的肖像；任何组织或者个人不得以丑化、污损，或者利用信息技术手段伪造等方式侵害他人的肖像权；未经肖像权人同意，不得制作、使用、公开肖像权人的肖像，但是法律另有规定的除外。本案中，杜某峰发布的案涉微博中使用的图片含有小女孩的清晰面部、体貌状态等外部身体形象，通过比对楼某熙本人的肖像，以社会一般人的认知标准，能够清楚确认案涉微博中的肖像为楼某熙的形象，故楼某熙对该图片再现的肖像享有肖像权。杜某峰在"七七事变"纪念日这一特殊时刻，枉顾客观事实，在众多网友留言指出其错误、楼某熙母亲发文辟谣的情况下，仍拒不删除案涉微博，还不断留言，此种行为严重损害了包括楼某熙在内的社会公众的国家认同感和民族自豪感，应认定为以造谣传播等方式歪曲使用楼某熙的肖像，严重侵害了楼某熙的肖像权。楼某熙诉请杜某峰赔礼道歉，有利于恢复其人格状态的圆满，有利于其未来的健康成长，依法应获得支持。遂判决杜某峰向楼某熙赔礼道歉，并赔偿楼某熙精神损害抚慰金、合理维权费用等损失。

（四）《民法典》条文指引

第一千零一十八条　自然人享有肖像权，有权依法制作、使用、公开或者许可他人使用自己的肖像。

肖像是通过影像、雕塑、绘画等方式在一定载体上所反映的特定自然人可以被识别的外部形象。

第一千零一十九条第一款　任何组织或者个人不得以丑化、污损，或者利用信息技术手段伪造等方式侵害他人的肖像权。未经肖像权人同意，不得制作、使用、公开肖像权人的肖像，但是法律另有规定的除外。

第一千一百八十三条第一款　侵害自然人人身权益造成严重精神损害的，被侵权人有权请求精神损害赔偿。

八、苏某甲诉李某田等法定继承纠纷案

（一）典型意义

本案是适用民法典关于侄甥代位继承制度的典型案例。侄甥代位继承系民法典新设立的制度，符合我国民间传统，有利于保障财产在血缘家族内部的流转，减少产生

遗产无人继承的状况，同时促进亲属关系的发展，引导人们重视亲属亲情，从而减少家族矛盾、促进社会和谐。本案中，审理法院还适用了遗产的酌给制度，即对继承人以外的对被继承人扶养较多的人适当分给遗产，体现了权利义务相一致原则，弘扬了积极妥善赡养老人的传统美德，充分体现了社会主义核心价值观的要求。

（二）基本案情

被继承人苏某泉于2018年3月死亡，其父母和妻子均先于其死亡，生前未生育和收养子女。苏某泉的姐姐苏某乙先于苏某泉死亡，苏某泉无其他兄弟姐妹。苏某甲系苏某乙的养女。李某田是苏某泉堂姐的儿子，李某禾是李某田的儿子。苏某泉生前未立遗嘱，也未立遗赠扶养协议。上海市徐汇区华泾路某弄某号某室房屋的登记权利人为苏某泉、李某禾，共同共有。苏某泉的梅花牌手表1块及钻戒1枚由李某田保管中。苏某甲起诉请求，依法继承系争房屋中属于被继承人苏某泉的产权份额，及梅花牌手表1块和钻戒1枚。

（三）裁判结果

生效裁判认为，当事人一致确认苏某泉生前未立遗嘱，也未立遗赠扶养协议，故苏某泉的遗产应由其继承人按照法定继承办理。苏某甲系苏某泉姐姐苏某乙的养子女，在苏某乙先于苏某泉死亡且苏某泉的遗产无人继承又无人受遗赠的情况下，根据《最高人民法院关于适用〈中华人民共和国民法典〉时间效力的若干规定》（以下简称《时间效力规定》）第十四条，适用民法典第一千一百二十八条第二款和第三款的规定，苏某甲有权作为苏某泉的法定继承人继承苏某泉的遗产。另外，李某田与苏某泉长期共同居住，苏某泉生病在护理院期间的事宜由李某田负责处理，费用由李某田代为支付，苏某泉的丧葬事宜也由李某田操办，相较苏某甲，李某田对苏某泉尽了更多的扶养义务，故李某田作为继承人以外对被继承人扶养较多的人，可以分得适当遗产且可多于苏某甲。对于苏某泉名下系争房屋的产权份额和梅花牌手表1块及钻戒1枚，法院考虑到有利于生产生活、便于执行的原则，判归李某田所有并由李某田向苏某甲给付房屋折价款人民币60万元。

（四）《民法典》条文指引

第一千一百二十八条　被继承人的子女先于被继承人死亡的，由被继承人的子女的直系晚辈血亲代位继承。

被继承人的兄弟姐妹先于被继承人死亡的，由被继承人的兄弟姐妹的子女代位继承。

代位继承人一般只能继承被代位继承人有权继承的遗产份额。

九、欧某士申请指定遗产管理人案

（一）典型意义

侨乡涉侨房产因年代久远、继承人散落海外往往析产、确权困难，存在管养维护责任长期处于搁置或争议状态的窘境，不少历史风貌建筑因此而残破贬损。本案中，审理法院巧用民法典新创设的遗产管理人法律制度，创造性地在可查明的继承人中引入管养房屋方案"竞标"方式，让具有管养维护遗产房屋优势条件的部分继承人担任侨房遗产管理人，妥善解决了涉侨祖宅的管养维护问题，充分彰显了民法典以人为本、物尽其用的价值追求，为侨乡历史建筑的司法保护开创了一条全新路径。

（二）基本案情

厦门市思明区某处房屋原业主为魏姜氏（19世纪生人）。魏姜氏育有三女一子，该四支继承人各自向下已经延嗣到第五代，但其中儿子一支无任何可查信息，幼女一支散落海外情况不明，仅长女和次女两支部分继承人居住在境内。因继承人无法穷尽查明，长女和次女两支继承人曾历经两代、长达十年的继承诉讼，仍未能顺利实现继承析产。民法典实施后，长女一支继承人以欧某士为代表提出，可由生活在境内的可查明信息的两支继承人共同管理祖宅；次女一支继承人则提出，遗产房屋不具有共同管理的条件，应由现实际居住在境内且别无住处的次女一支继承人中的陈某萍和陈某芬担任遗产管理人。

（三）裁判结果

生效裁判认为，魏姜氏遗产的多名继承人目前下落不明、信息不明，遗产房屋将在较长时间内不能明确所有权人，其管养维护责任可能长期无法得到有效落实，确有必要在析产分割条件成就前尽快依法确定管理责任人。而魏姜氏生前未留有遗嘱，未指定其遗嘱执行人或遗产管理人，在案各继承人之间就遗产管理问题又分歧巨大、未能协商达成一致意见，故当秉承最有利于遗产保护、管理、债权债务清理的原则，在综合考虑被继承人内心意愿、各继承人与被继承人亲疏远近关系、各继承人管理保护遗产的能力水平等方面因素，确定案涉遗产房屋的合适管理人。次女魏某燕一支在魏姜氏生前尽到主要赡养义务，与产权人关系较为亲近，且历代长期居住在遗产房屋内并曾主持危房改造，与遗产房屋有更深的历史情感联系，对周边人居环境更为熟悉，更有实际能力履行管养维护职责，更有能力清理遗产上可能存在的债权债务；长女魏某静一支可查后人现均居住漳州市，客观上无法对房屋尽到充分、周到的管养维护责任。故，由魏某静一支继承人跨市管理案涉遗产房屋暂不具备客观条件；魏某燕一支继承人能够协商支持由陈某萍、陈某芬共同管理案涉遗产房屋，符合遗产效用最大化原则。因此判决指定陈某萍、陈某芬为魏姜氏房屋的遗产管理人。

（四）《民法典》条文指引

第一千一百四十六条　对遗产管理人的确定有争议的，利害关系人可以向人民法院申请指定遗产管理人。

十、宋某祯诉周某身体权纠纷案

（一）典型意义

本案是民法典施行后，首例适用民法典第一千一百七十六条"自甘冒险"规定作出判决的案件。民法典施行前，由于法律规定不明确，人民法院在处理文体活动中身体受伤引发的民事纠纷时，容易出现认识分歧，进而引发争议。民法典确立"自甘冒险"规则，既统一了思想认识，又统一了裁判尺度。本案审理法院结合具体案情，适用"自甘冒险"规则，明确判决对损害发生无故意、无重大过失的文体活动参加者，不承担赔偿责任，亮明了拒绝"和稀泥"的司法态度，宣示了冒险者须对自己行为负责的规则，不仅弘扬了社会主义核心价值观，促进了文体活动的健康有序发展，也为民法典新规则的实施提供了有益的司法经验。

（二）基本案情

宋某祯、周某均为羽毛球业余爱好者，自2015年起自发参加羽毛球比赛。2020年

4月28日上午，宋某祯、周某与案外四人在北京市朝阳区红领巾公园内露天场地进行羽毛球3对3比赛。运动中，宋某祯站在发球线位置接对方网前球后，将球回挑到周某方中场，周某迅速杀球进攻，宋某祯直立举拍防守未果，被羽毛球击中右眼。事发后，宋某祯至北京大学人民医院就诊治疗，术后5周余验光提示右眼最佳矫正视力为0.05。宋某祯遂诉至法院，要求周某赔偿医疗费、护理费、住院伙食补助费、营养费等各项费用。

（三）裁判结果

生效裁判认为，竞技体育运动不同于一般的生活领域，主要目的即为争胜，此类运动具有对抗性、人身危险性的特点，参与者均处于潜在危险中，既是危险的潜在制造者，也是危险的潜在承担者。羽毛球运动系典型的对抗性体育竞赛，除扭伤、拉伤等常规风险外，更为突出的风险即在于羽毛球自身体积小、密度大、移动速度快，运动员如未及时作出判断即会被击中，甚至击伤。宋某祯作为多年参与羽毛球运动的爱好者，对于自身和其他参赛者的能力以及此项运动的危险和可能造成的损害，应当有所认知和预见，而宋某祯仍自愿参加比赛，将自身置于潜在危险之中，属于"自甘冒险"的行为。依照民法典第一千一百七十六条第一款，在此情形下，只有周某对宋某祯受伤的损害后果存在故意或重大过失时，才需承担侵权损害赔偿责任。本案中，周某杀球进攻的行为系该类运动的正常技术动作，周某并不存在明显违反比赛规则的情形，不应认定其存在重大过失，且现行法律未就本案所涉情形适用公平责任予以规定，故宋某祯无权主张周某承担赔偿责任或分担损失。2021年1月4日，一审法院判决驳回宋某祯的全部诉讼请求。二审法院判决驳回上诉，维持原判。

（四）《民法典》条文指引

第一千一百七十六条 第一款自愿参加具有一定风险的文体活动，因其他参加者的行为受到损害的，受害人不得请求其他参加者承担侵权责任；但是，其他参加者对损害的发生有故意或者重大过失的除外。

第一千一百八十六条 受害人和行为人对损害的发生都没有过错的，依照法律的规定由双方分担损失。

十一、浮梁县人民检察院诉某化工集团有限公司环境污染民事公益诉讼案

（一）典型意义

本案是我国首例适用民法典惩罚性赔偿条款的环境污染民事公益诉讼案件。民法典侵权责任编新增规定了污染环境和破坏生态的惩罚性赔偿制度，贯彻了"绿水青山就是金山银山"的环保理念，增强了生态环境保护力度，是构建天蓝地绿水净的美好家园的法治保障。审理法院在判令被告承担生态环境修复费用、环境功能性损失等补偿性费用之外，采取"基数+倍数"的计算方式，结合具体案情决定以环境功能性损失费用为计算基数，综合考虑侵权人主观过错程度、侵权后果的严重程度、侵权人的经济能力、赔偿态度、受到行政处罚的情况等调节因素确定倍数，进而确定最终的惩罚性赔偿数额，为正确实施环境污染和生态破坏责任惩罚性赔偿制度提供了有益借鉴。

（二）基本案情

2018年3月3日至同年7月31日期间，被告某化工集团有限公司（以下简称被告公司）生产部经理吴某民将公司生产的硫酸钠废液交由无危险废物处置资质的吴某良

处理，吴某良又雇请李某贤将30车共计1124.1吨硫酸钠废液运输到浮梁县寿安镇八角井、浮梁县湘湖镇洞口村的山上倾倒，造成了浮梁县寿安镇八角井周边约8.08亩范围内的环境和浮梁县湘湖镇洞口村洞口组、江村组地表水、地下水受到污染，影响了浮梁县湘湖镇洞口村约6.6平方公里流域的环境，妨碍了当地1000余名居民的饮用水安全。经鉴定，两处受污染地块的生态环境修复总费用为人民币2168000元，环境功能性损失费用共计人民币57135.45元，并产生检测鉴定费95670元。受污染地浮梁县湘湖镇洞口村采取合理预防、处置措施产生的应急处置费用共计人民币528160.11元。其中，吴某良、吴某民、李某贤等因犯污染环境罪已被另案判处三年二个月至六年六个月不等的有期徒刑。公益诉讼起诉人起诉请求被告公司赔偿相关生态环境损害。

（三）裁判结果

生效裁判认为，被告公司将生产废液交由无危险废物处置资质的个人处理，放任污染环境危害结果的发生，主观上存在故意，客观上违反了法律规定，损害了社会公共利益，造成严重后果。且至本案审理期间，涉案倾倒废液行为所致的环境污染并未得到修复，损害后果仍在持续，符合民法典第一千二百三十二条规定的环境侵权惩罚性赔偿适用条件。综合该公司的过错程度、赔偿态度、损害后果、承担责任的经济能力、受到行政处罚等因素，判令其赔偿环境修复费用2168000元、环境功能性损失费用57135.45元、应急处置费用532860.11元、检测鉴定费95670元，并承担环境污染惩罚性赔偿171406.35元，以上共计3025071.91元；对违法倾倒硫酸钠废液污染环境的行为在国家级新闻媒体上向社会公众赔礼道歉。

（四）《民法典》条文指引

第一千二百三十二条　侵权人违反法律规定故意污染环境、破坏生态造成严重后果的，被侵权人有权请求相应的惩罚性赔偿。

十二、某种业科技有限公司诉某农业产业发展有限公司侵害植物新品种权纠纷案

（一）典型意义

种子是农业的"芯片"，种业知识产权保护事关国家粮食安全，事关农业科技自立自强。习近平总书记强调，要把种源安全提升到关系国家安全的战略高度，实现种业科技自立自强、种源自主可控。本案是适用民法典规定的惩罚性赔偿制度，打击种子套牌侵权、净化种业市场秩序的典型案件。民法典侵权责任编新增规定了知识产权侵权惩罚性赔偿制度，为各类知识产权纠纷适用惩罚性赔偿提供了一般规则，对于建设知识产权强国，保障经济社会高质量发展具有重要作用。本案中，审理法院秉持强化植物新品种权保护的司法理念，在侵权人拒不提供交易记录、相关账簿的情况下，依法适用举证妨碍制度，参考其宣传的交易额合理推定侵权获利达到100万元以上，并依法适用民法典及《种子法》规定的惩罚性赔偿制度，按照计算基数的二倍确定惩罚性赔偿金额为200万元，实际赔偿总额为基数的三倍。本案判决对于切实解决知识产权侵权维权难度大、赔偿数额低的问题，形成对恶意侵权行为的强有力威慑，彰显种业知识产权司法保护力度，具有积极示范作用。

（二）基本案情

某种业科技有限公司为水稻新品种"金粳818"的独占实施被许可人。某农业产业

发展有限公司在不具有种子生产经营许可证的情况下，未经许可在微信群内发布"农业产业链信息匹配"寻找潜在交易者，并在收取会员费后提供种子交易信息，与买家商定交易价格、数量、交货时间后安排送交无标识、标签的白皮袋，或者包装标注为其他商品粮的"金粳818"种子。某种业科技有限公司诉请判令某农业产业发展有限公司停止侵权，并赔偿经济损失300万元。

（三）裁判结果

生效裁判认为，某农业产业发展有限公司系被诉侵权种子的交易组织者、决策者，其行为构成销售侵权。由于该公司拒不提供相关账簿，故审理法院参考其宣传资料，综合考虑侵权情节推定侵权获利达到100万元以上，并以此为基数。该公司明知未经许可销售授权品种繁殖材料的侵权性质，所销售的被诉侵权种子部分包装未标注任何信息、部分包装标注为其他商品粮，试图掩盖侵权行为和逃避责任追究的意图明显，具有侵权恶意。其未取得种子生产经营许可证生产经营种子，可以认定为侵权行为情节严重。因此，审理法院依法适用惩罚性赔偿，按照基数的二倍确定惩罚性赔偿数额，全额支持权利人诉请。

（四）《民法典》条文指引

第一千一百八十五条　故意侵害他人知识产权，情节严重的，被侵权人有权请求相应的惩罚性赔偿。

十三、庾某娴诉黄某辉高空抛物损害责任纠纷案

（一）典型意义

本案是人民法院首次适用民法典第一千二百五十四条判决高空抛物者承担赔偿责任，切实维护人民群众"头顶上的安全"的典型案例。民法典侵权责任编明确禁止从建筑物中抛掷物品，进一步完善了高空抛物的治理规则。本案依法判决高空抛物者承担赔偿责任，有利于通过公正裁判树立行为规则，进一步强化高空抛物、坠物行为预防和惩治工作，也有利于更好地保障居民合法权益，切实增强人民群众的幸福感、安全感。

（二）基本案情

2019年5月26日，庾某娴在位于广州杨箕的自家小区花园散步，经过黄某辉楼下时，黄某辉家小孩在房屋阳台从35楼抛下一瓶矿泉水，水瓶掉落到庾某娴身旁，导致其惊吓、摔倒，随后被送往医院救治。次日，庾某娴亲属与黄某辉一起查看监控，确认了上述事实后，双方签订确认书，确认矿泉水瓶系黄某辉家小孩从阳台扔下，同时黄某辉向庾某娴支付1万元赔偿。庾某娴住院治疗22天才出院，其后又因此事反复入院治疗，累计超过60天，且被鉴定为十级伤残。由于黄某辉拒绝支付剩余治疗费，庾某娴遂向法院提起诉讼。

（三）裁判结果

生效裁判认为，庾某娴散步时被从高空抛下的水瓶惊吓摔倒受伤，经监控录像显示水瓶由黄某辉租住房屋阳台抛下，有视频及庾某娴、黄某辉签订的确认书证明。双方确认抛物者为无民事行为能力人，黄某辉是其监护人，庾某娴要求黄某辉承担赔偿责任，黄某辉亦同意赔偿。涉案高空抛物行为发生在民法典实施前，但为了更好地保护公民、法人和其他组织的权利和利益，根据《时间效力规定》第十九条规定，民法典施行前，从建筑物中抛掷物品或者从建筑物上坠落的物品造成他人损害引起的民事

纠纷案件,适用民法典第一千二百五十四条的规定。2021年1月4日,审理法院判决黄某辉向庾某娴赔偿医疗费、护理费、交通费、住院伙食补助费、残疾赔偿金、鉴定费合计8.3万元;精神损害抚慰金1万元。

(四)《民法典》条文指引

第一千二百五十四条 禁止从建筑物中抛掷物品。从建筑物中抛掷物品或者从建筑物上坠落的物品造成他人损害的,由侵权人依法承担侵权责任;经调查难以确定具体侵权人的,除能够证明自己不是侵权人的外,由可能加害的建筑物使用人给予补偿。可能加害的建筑物使用人补偿后,有权向侵权人追偿。

物业服务企业等建筑物管理人应当采取必要的安全保障措施防止前款规定情形的发生;未采取必要的安全保障措施的,应当依法承担未履行安全保障义务的侵权责任。

发生本条第一款规定的情形的,公安等机关应当依法及时调查,查清责任人。

最高人民法院发布人民法院贯彻实施民法典16个典型案例
(第二批)

2023年1月12日上午,最高人民法院举行人民法院全面深化民法典贯彻实施新闻发布会,发布第二批人民法院贯彻实施民法典典型案例和民法典颁布以来人民法院贯彻实施民法典基本情况。

党的二十大将全面依法治国提升到新境界,强调"必须更好发挥法治固根本、稳预期、利长远的保障作用,在法治轨道上全面建设社会主义现代化国家",并对严格公正司法提出了明确要求,为人民法院在新时代新征程上更加充分地履行司法职能,贯彻好、实施好民法典,推动良法进一步转化为善治,指明了前进方向,提供了行动指南。

习近平总书记深刻指出:"民事案件同人民群众权益联系最直接最密切。各级司法机关要秉持公正司法,提高民事案件审判水平和效率。"人民法院贯彻实施民法典的水平和效果,最终要落实到每一个具体案件的公正高效裁判中。为贯彻落实好习近平总书记的重要指示精神,最高人民法院周强院长多次强调,要切实把习近平法治思想贯彻落实到审判工作的全过程、各方面,坚持严格公正司法,充分发挥典型案件的示范引领作用,努力让人民群众在每一个司法案件中感受到公平正义。2022年2月,最高人民法院发布了第一批13件人民法院贯彻实施民法典典型案例,引起了强烈反响。为了贯彻落实好党的二十大精神,以更加具体形象生动的方式展示人民法院贯彻实施民法典的工作成效,用公正审判弘扬法治,以司法裁判引领风尚,今天我们向社会发布第二批贯彻实施民法典典型案例。

本批案例共16件,是在反复研究论证和广泛征求意见的基础上,从全国范围内精选出来的,旨在更好地指引人民法院统一正确实施民法典,始终强调明辨是非、惩恶扬善、定分止争,对"和稀泥"的做法坚决说不。同时,发布本批案例也是为了更好地发挥司法案例的价值引领和行为导向作用,通过"小案件"讲述"大道理",以有力量、有是非、有温度的裁判指引人民群众学习民法典、信赖民法典、运用民法典。

本批案例具有以下特点:

一是旗帜鲜明弘扬社会主义核心价值观。为贯彻落实习近平总书记关于"推动把社会主义核心价值观贯穿立法、执法、司法、守法各环节，使社会主义法治成为良法善治"的重要指示精神，最高人民法院印发了《关于深入推进社会主义核心价值观融入裁判文书释法说理的指导意见》等一系列规范性文件。各级人民法院紧扣民法典关于弘扬社会主义核心价值观的立法宗旨依法裁判，不断提高审判质量效果，涌现了一批政治效果、法律效果、社会效果有机统一的优秀案例。发布本批案例，是人民法院贯彻党的二十大精神，坚持依法治国和以德治国相结合，把社会主义核心价值观融入法治建设、融入社会治理、融入日常生活的一次重要实践。本批案例着重强调在家庭生活中弘扬优良家风，在社会交往中鼓励见义勇为、助人为乐，在经济活动中遵循诚信原则、维护契约精神，就坚持什么、倡导什么、反对什么、抵制什么旗帜鲜明地亮明了法律立场和司法态度。特别是在杭州市临平区人民检察院诉陈某英雄烈士保护民事公益诉讼案中，人民法院依法认定陈某的行为侵害了肖思远烈士的名誉、荣誉，损害了社会公共利益，应当承担民事责任，向全社会鲜明表达了英烈不容诋毁、法律不容挑衅的坚定立场。

二是充分展示人民法院坚持司法为民的积极作为。习近平总书记指出，推进全面依法治国，根本目的是依法保障人民权益。民法典是"人民权利宣言书"。我国民法典健全和充实了民事权利种类，形成了更加完备的民事权利体系，完善了权利保护和救济规则，构建了规范有效的权利保护机制，对于保障人民日益增长的美好生活需要，具有十分重要的意义。人民法院贯彻好实施好民法典，就是要把权利保护置于突出位置，坚持司法为民、公正司法，使权利保护更加充分、更加有效，不断增强人民群众获得感、幸福感和安全感，促进人的全面发展。本批案例涵盖了人身权、财产权中的不同权利类型，涉及婚姻家庭生活、经济交往的不同领域，既体现了民法典对权利保护的全面性，更是人民法院践行以人民为中心的发展思想，充分发挥司法职能、依法保障人民权益的生动实践。例如，在马某臣、段某娥诉于某艳探望权纠纷案中，人民法院依法支持了原告探望孙女的请求，这对于保障未成年人健康成长，维护老年人合法权益，维护平等、和睦、文明的家庭关系，具有积极意义。

三是全面彰显民法典保护产权、优化营商环境的制度价值。党的二十大报告强调要"优化民营企业发展环境，依法保护民营企业产权和企业家合法权益，促进民营经济发展壮大"，中央经济工作会议指出，要推动经济发展在法治轨道上运行，依法保护产权和知识产权，恪守契约精神，营造市场化、法治化、国际化一流营商环境。本批案例重点选取了一批适用民法典保护企业物权、债权、名誉权和知识产权的典型案例，有利于引导各级人民法院更好地贯彻落实党的二十大和中央经济工作会议精神，进一步提升运用民法典保护产权和企业家合法权益、优化营商环境的司法能力和实效。其中，安徽某医疗科技公司诉安徽某健康科技公司名誉权纠纷案就是人民法院依法维护企业名誉权，引导市场主体通过良性竞争实现高质量发展的典型案例。

四是突出强调在司法工作中贯彻新发展理念。为经济社会高质量发展提供有力司法服务，必须在审判工作中完整、准确、全面贯彻新发展理念。本批案例注重准确适用民法典有关市场交易的新制度新规则，充分发挥民法典维护交易安全、维护市场秩序的制度功能，强调对民法典绿色原则的贯彻，依法打击污染环境的行为，旨在引导各级人民法院把握新发展阶段、贯彻新发展理念、构建新发展格局，为推进中国式现代化提供有力司法保障。在上海市奉贤区生态环境局与张某新、童某勇、王某平等生态环境赔偿诉讼案中，人民法院判决由国家规定的机关委托修复生态环境，所需费用由侵权人负担，是践行习近平生态文明思想和绿色发展理念的生动实践。

法律的生命在于实施，法律的权威也在于实施，通过典型案例树立标杆、明确导向，是人民法院深化民法典贯彻实施的重要抓手。下一步，最高人民法院将进一步加强案例工作，聚焦群众关切的民生热点，彰显民法典的鲜明价值导向，深入挖掘人民法院实施民法典的案例"富矿"，通过一个个典型案例，让民法典条文变得更加鲜活生动，让群众真切感受到民法典对人民美好生活的重大作用和重大意义。

人民法院贯彻实施民法典典型案例（第二批）

目录导读：

一、乐平市民政局申请撤销罗某监护人资格案

（一）典型意义

未成年人是祖国的未来和民族的希望，进一步加强未成年人司法保护是新时代对人民法院工作提出的更高要求。本案是人民法院准确适用民法典关于监护制度的规定，并主动延伸司法职能，与有关部门合力守护未成年人健康成长的典型案例。本案中，人民法院根据案件具体情况依法撤销了原监护人的监护人资格，指定民政部门作为监护人，同时向民政部门发出司法建议书，协助其更好地履行监护职责，为被监护人的临时生活照料、确定收养关系、完善收养手续以及后续的生活教育提供司法服务。

（二）基本案情

被申请人罗某系吴某1（11岁）、吴某2（10岁）、吴某3（8岁）三姐弟的生母。

罗某自三子女婴幼时期起既未履行抚养教育义务，又未支付抚养费用，不履行监护职责，且与他人另组建家庭并生育子女。罗某在知道三个孩子的父亲、祖父均去世，家中无其他近亲属照料、抚养孩子的情况下，仍不管不问，拒不履行监护职责达 6 年以上，导致三子女生活处于极其危困状态。为保障三姐弟的合法权益，乐平市民政局向人民法院申请撤销罗某对三姐弟的监护人资格，并指定该民政局为三姐弟的监护人。

（三）裁判结果

生效裁判认为，被申请人罗某作为被监护人吴某 1、吴某 2、吴某 3 的生母及法定监护人，在三名被监护人年幼时离家出走，六年期间未履行对子女的抚养、照顾、教育等义务；在被监护人父亲去世，三名被监护人处于无人照看、生活危困的状况下，被申请人知情后仍怠于履行监护职责，导致三名未成年人流离失所，其行为已严重侵害了三名被监护人的合法权益。监护人怠于履行监护职责导致被监护人处于危困状态，人民法院根据乐平市民政局的申请，依法撤销了罗某的监护人资格。被监护人的祖父过世，祖母情况不明，外祖父母远在贵州且从未与三名被监护人共同生活，上述顺位亲属均不能或者不适合担任吴某 1、吴某 2、吴某 3 的监护人。考虑到现在的临时照料家庭能够为孩子们提供良好的成长环境和安定的生活保障，经人民法院与乐平市民政局沟通后，明确三名被监护人由乐平市民政局监护，便于其通过相应法定程序与"临时家庭"完善收养手续，将临时照料人转变为合法收养人，与三姐弟建立起完整的亲权法律关系。如此，三姐弟能获得良好的教育、感受家庭的温暖，三个临时照料家庭的父母也能享天伦之乐。故判决自 2022 年 5 月 27 日起，吴某 1、吴某 2、吴某 3 的监护人由乐平市民政局担任。

（四）《民法典》条文指引

第二十七条第一款　父母是未成年子女的监护人。

第三十六条　监护人有下列情形之一的，人民法院根据有关个人或者组织的申请，撤销其监护人资格，安排必要的临时监护措施，并按照最有利于被监护人的原则依法指定监护人：

（一）实施严重损害被监护人身心健康的行为；

（二）怠于履行监护职责，或者无法履行监护职责且拒绝将监护职责部分或者全部委托给他人，导致被监护人处于危困状态；

（三）实施严重侵害被监护人合法权益的其他行为。

本条规定的有关个人、组织包括：其他依法具有监护资格的人，居民委员会、村民委员会、学校、医疗机构、妇女联合会、残疾人联合会、未成年人保护组织、依法设立的老年人组织、民政部门等。

前款规定的个人和民政部门以外的组织未及时向人民法院申请撤销监护人资格的，民政部门应当向人民法院申请。

二、李某良、钟某梅诉吴某闲等生命权纠纷案

（一）典型意义

见义勇为是中华民族的传统美德，是社会主义核心价值观的内在要求。"一人兴善，万人可激"，新时代新征程，更需要榜样的力量、榜样的激励。本案中，李某林在突发情况下毫不犹豫跳水救人后不幸溺亡，其英勇救人的行为值得肯定、褒扬和尊重。

审理法院适用民法典"见义勇为损害救济规则"，肯定李某林的见义勇为精神，通过以案释法树立是非标杆，积极倡导了崇德向善的社会风尚。

（二）基本案情

2020年6月2日晚，李某林与吴某闲等四人一同就餐后，前往重庆市江津区几江长江大桥下江边码头散步。因琐事发生争执，吴某闲跳入长江，李某林跳江施救，此后吴某闲抓住岸上连接船只的钢丝线后获救，李某林不幸溺亡。吴某闲垫付打捞尸体费用6 000元。后李某林的父母李某良、钟某梅以吴某闲等人为被告诉至法院，请求判令吴某闲等赔偿因李某林死亡产生的各项赔偿款800 000元。

（三）裁判结果

生效裁判认为，因保护他人民事权益使自己受到损害，没有侵权人、侵权人逃逸或者无力承担民事责任，受害人请求补偿的，受益人应当给予适当补偿。本案中，李某林在没有法定或者约定义务的前提下，下水救助吴某闲而不幸溺亡，属于见义勇为。吴某闲系因发生争执情绪激动主动跳水，本案没有侵权人，吴某闲作为受益人应当给予适当补偿。遂综合考虑李某林救助行为及所起作用、原告受损情况等，判令吴某闲补偿李某良、钟某梅40 000元，吴某闲垫付的打捞尸体费用亦作为吴某闲的补偿费用，不再进行抵扣。

（四）《民法典》条文指引

第一百八十三条　因保护他人民事权益使自己受到损害的，由侵权人承担民事责任，受益人可以给予适当补偿。没有侵权人、侵权人逃逸或者无力承担民事责任，受害人请求补偿的，受益人应当给予适当补偿。

三、杭州市临平区人民检察院诉陈某英雄烈士保护民事公益诉讼案

（一）典型意义

习近平总书记指出，一切民族英雄都是中华民族的脊梁，他们的事迹和精神都是激励我们前行的强大力量。英烈不容诋毁，法律不容挑衅。民法典第一百八十五条"英烈条款"的核心要义是保护英雄烈士的人格利益，维护社会公共利益，弘扬尊崇英烈、扬善抑恶的精神风气。肖思远烈士为国戍边守土，遭敌围攻壮烈牺牲，其英雄事迹必将为人民群众缅怀铭记。该案适用民法典规定，认定陈某的行为侵害肖思远烈士的名誉、荣誉，损害了社会公共利益，鲜明表达了人民法院严厉打击和制裁抹黑英雄烈士形象行为的坚定立场，向全社会传递了热爱英雄、崇尚英雄、捍卫英雄的强烈态度。

（二）基本案情

2020年6月15日，戍边烈士肖思远在边境冲突中誓死捍卫祖国领土，突围后又义无反顾返回营救战友，遭敌围攻壮烈牺牲，于2021年2月被中央军委追记一等功。2021年2月至4月间，陈某在人民日报、央视新闻、头条新闻等微博账号发布的纪念、缅怀肖思远烈士的文章下，发表针对肖思远烈士的不当评论内容共计20条，诋毁其形象和荣誉。公益诉讼起诉人认为，陈某的行为侵害戍边烈士肖思远的名誉和荣誉，损害社会公共利益，故向人民法院提起民事公益诉讼，请求判令陈某在全国性的新闻媒体上公开赔礼道歉、消除影响。

（三）裁判结果

生效裁判认为，民法典第一百八十五条侧重保护的是已经成为社会公共利益重要组成部分的英雄烈士的人格利益。英雄烈士是中华民族最优秀群体的代表，英雄烈士和他们所体现的爱国主义、英雄主义精神，是我们党魂、国魂、军魂、民族魂的不竭源泉和重要支撑，是中华民族精神的集中反映。英雄烈士的事迹和精神是中华民族的共同记忆，是社会主义核心价值观的重要体现。抹黑英雄烈士，既是对社会主义核心价值观的否定和瓦解，也容易对人民群众的价值观念造成恶劣影响。陈某在互联网空间多次公开发表针对肖思远烈士名誉、荣誉的严重侮辱、诋毁、贬损、亵渎言论，伤害了国民的共同情感和民族精神，污染了社会风气，不利于民族共同记忆的赓续、传承，更是对社会主义核心价值观的严重背离，已构成对社会公共利益的侵害。故判决陈某在全国性的新闻媒体上向社会公众公开赔礼道歉、消除影响。

（四）《民法典》条文指引

第一百八十五条　侵害英雄烈士等的姓名、肖像、名誉、荣誉，损害社会公共利益的，应当承担民事责任。

四、某金属表面处理公司与某铁塔公司破产债权确认纠纷案

（一）典型意义

民法典新增添附制度，明确规定添附物所有权归属的认定方式，以及因此造成当事人损害的赔偿或补偿规则，使我国有关产权保护的法律规则体系更加完备。本案中，审理法院依法认定添附物的所有权优先按合同约定确定归属，同时妥善解决因确定添附物归属造成当事人损害的赔偿问题，有效维护了物的归属和利用关系，有利于保障诚信、公平的市场交易秩序。

（二）基本案情

2019年8月，某金属表面处理公司向某铁塔公司租赁厂房及生产线，租赁期限为十年，同时约定某金属表面处理公司经某铁塔公司同意可以对厂房、设备等进行扩建、改造，但其投资建设的一切固定设施、建筑物均归某铁塔公司所有。之后，某金属表面处理公司使用租赁厂房和生产线进行生产经营，并投入大量资金对厂房、生产线进行改造。2020年7月，某铁塔公司进入破产清算程序，人民法院依法指定管理人接管某铁塔公司。2020年9月，管理人通知某金属表面处理公司解除前述租赁合同。某金属表面处理公司诉至法院，请求确认其购买设备及改造车间费用、遣散工人费用、部分停产停业损失为某铁塔公司的共益债务。

（三）裁判结果

生效裁判认为，本案纠纷虽然发生在民法典施行前，但根据《最高人民法院关于适用〈中华人民共和国民法典〉时间效力的若干规定》第三条，本案可以适用民法典关于添附制度的新规定。租赁合同解除后，某金属表面处理公司对租赁标的物所作配套投入形成的添附物所有权依约归某铁塔公司所有。因某铁塔公司进入破产程序而提前解除合同，添附物归属于某铁塔公司导致某金属表面处理公司存在一定损失，依照民法典第三百二十二条"因一方当事人的过错或者确定物的归属造成另一方当事人损害的，应当给予赔偿或者补偿"的规定精神，某铁塔公司应对某金属表面处理公司的损失承担赔偿责任。由于某铁塔公司对某金属表面处理公司所负赔偿责任并非破产程

序开始后为了全体债权人的共同利益而负担的债务，不能认定为共益债务。故判决确认某金属表面处理公司对某铁塔公司享有普通债权334.3万元。

（四）《民法典》条文指引

第三百二十二条　因加工、附合、混合而产生的物的归属，有约定的，按照约定；没有约定或者约定不明确的，依照法律规定；法律没有规定的，按照充分发挥物的效用以及保护无过错当事人的原则确定。因一方当事人的过错或者确定物的归属造成另一方当事人损害的，应当给予赔偿或者补偿。

五、邹某玲诉某医院医疗服务合同纠纷案

（一）典型意义

本案是依照民法典和《妇女权益保障法》相关规定的精神，保护丧偶妇女辅助生育权益的典型案例。审理法院结合案情和《人类辅助生殖技术规范》《人类辅助生殖技术和人类精子库伦理原则》有关"禁止给单身妇女实施人类辅助生殖技术"的规范目的，依法认定本案原告丧偶后与上述规定中的"单身妇女"有本质不同，从而确认了"丧偶妇女"继续实施人类辅助生殖技术的正当性。本案是依法保护女性生育权益的具体实践，体现了司法对妇女合法权益的有效维护，具有积极的导向意义。

（二）基本案情

2020年，邹某玲与丈夫陈某平因生育障碍问题，为实施试管婴儿辅助生育手术到被告湖南省某医院处进行助孕治疗，并于2020年10月1日签署了《助孕治疗情况及配子、胚胎处理知情同意书》等材料。因邹某玲的身体原因暂不宜实施胚胎移植手术，被告对符合冷冻条件的4枚胚胎于当日进行冷冻保存。2021年5月29日，陈某平死亡。后邹某玲要求被告继续为其实施胚胎移植手术，但被告以不能够为单身妇女实施辅助生殖术为由拒绝。

（三）裁判结果

生效裁判认为，有关行政规范性文件规定"禁止给单身妇女实施人类辅助生殖技术"，但原告是否属于条文中的"单身妇女"需要结合规范目的及本案的案情综合看待。"单身妇女"应当指未有配偶者到医院实施人类辅助生殖技术的情形，原告是已实施完胚胎培育后丧偶的妇女，与上述规定所指实施胚胎移植手术的单身妇女有本质区别。目前对于丧偶妇女要求继续移植与丈夫已受精完成的胚胎进行生育，法律并无禁止性规定。原告欲继续实施人类辅助生殖，既是为了寄托对丈夫的哀思，也是为人母的责任与担当的体现，符合人之常情和社会公众一般认知，不违背公序良俗。故判决湖南省某医院继续履行与原告的医疗服务合同。

（四）《民法典》条文指引

第三条　民事主体的人身权利、财产权利以及其他合法权益受法律保护，任何组织或者个人不得侵犯。

第八条　民事主体从事民事活动，不得违反法律，不得违背公序良俗。

六、蔡某勤诉姚某、杨某昊买卖合同纠纷案

（一）典型意义

本案是适用民法典债务加入规则的典型案例。民法典总结民商事审判经验，回应

民商事实践发展需要，以立法形式对债务加入作出规定，赋予民事主体更加多元的选择，对于贯彻自愿原则、保障债权安全、优化营商环境具有重要意义。本案中，审理法院结合具体案情，依法认定被告向原告作出的还款意思表示不属于债务转移，而是构成债务加入，是人民法院适用民法典新增制度规则的一次生动实践。

（二）基本案情

2020年春节后新冠疫情暴发期间，蔡某勤与姚某协商订购200支额温枪，并支付77 000元货款，姚某收款后与杨某昊联系订购150支额温枪，并付款42 000元。后姚某、杨某昊均未能交付货物，经蔡某勤催要，姚某退还蔡某勤15 000元。杨某昊向蔡某勤出具承诺，表示其因被他人诈骗不能交付货物，如2020年6月3日前不能退赃退赔，愿意直接退还蔡某勤42 000元。后姚某、杨某昊均未退还货款，蔡某勤遂提起诉讼，要求姚某对62 000元及利息承担还款责任，杨某昊对其中42 000元及利息承担连带责任。

（三）裁判结果

生效裁判认为，蔡某勤、杨某昊均未明示同意免除姚某的还款责任，双方的诉讼主张也表明双方均未同意免除姚某的还款责任，故本案不属于债务转移，姚某应对62000元货款承担还款责任。杨某昊自愿向蔡某勤作出承担42 000元债务的意思表示，其行为构成债务加入。民法典之前的法律对债务加入未作规定，根据《最高人民法院关于适用〈中华人民共和国民法典〉时间效力的若干规定》第三条，本案可以适用民法典关于债务加入的规定。故判决由姚某对62 000元及利息承担还款责任，杨某昊对其中42 000元及利息承担连带责任。

（四）《民法典》条文指引

第五百五十二条　第三人与债务人约定加入债务并通知债权人，或者第三人向债权人表示愿意加入债务，债权人未在合理期限内明确拒绝的，债权人可以请求第三人在其愿意承担的债务范围内和债务人承担连带债务。

七、北京某旅游公司诉北京某村民委员会等合同纠纷案

（一）典型意义

本案是人民法院准确适用民法典关于合同权利义务关系终止和违约责任承担等制度，依法妥善化解民事纠纷的典型案例。审理法院根据案件具体情况认定所涉案件事实不构成情势变更，防止市场主体随意以构成情势变更为由逃避合同规定的义务，同时考虑到合同已经丧失继续履行的现实可行性，依法终止合同权利义务关系。本案裁判有利于指引市场主体遵循诚信原则依法行使权利、履行义务，对于维护市场交易秩序、弘扬诚实守信的社会主义核心价值观具有积极意义。

（二）基本案情

2019年2月26日，北京某村民委员会、北京某经济合作社、北京某旅游公司就北京某村域范围内旅游资源开发建设签订经营协议，经营面积595.88公顷，经营范围内有河沟、山谷、民宅等旅游资源，经营期限50年。北京某旅游公司交纳合作费用300万元。2018年年中，区水务局开始进行城市蓝线规划工作，至2019年年底形成正式稿，将涉案经营范围内河沟两侧划定为城市蓝线。2019年11月左右，北京某旅游公司得知河沟两侧被划定为城市蓝线，于2020年5月11日通知要求解除相关协议，后北京

某旅游公司撤场。区水务局提供的城市蓝线图显示，城市蓝线沿着河沟两侧划定，大部分村民旧宅在城市蓝线范围外。区水务局陈述，城市蓝线是根据标准不同以及河道防洪等级不同划定的，开发建设必须保证不影响防洪，如果影响，需要对河道进行治理，治理验收合格后则能正常开发建设。庭审中，北京某旅游公司未提交证据证明其对经营范围内区域进行旅游开发时，曾按照政策要求报请相关审批手续，也未提交证据证明因城市蓝线的划定相关政府部门向其出具禁止开展任何活动的通知。

（三）裁判结果

生效裁判认为，本案中城市蓝线的划定不属于情势变更。城市蓝线划定不属于无法预见的重大变化，不会导致一方当事人无法履约。经营协议确定的绝大部分经营区域并不在城市蓝线范围内，对于在城市蓝线范围内的经营区域，北京某旅游公司亦可在履行相应行政审批手续、符合政策文件具体要求的情况下继续进行开发活动，城市蓝线政策不必然导致其履约困难。北京某村民委员会、北京某经济合作社并不存在违约行为，北京某旅游公司明确表示不再对经营范围进行民宿及旅游资源开发，属于违约一方，不享有合同的法定解除权。本案中，北京某旅游公司已撤场，且明确表示不再对经营范围进行民宿及旅游资源开发，要求解除或终止合同，而北京某村民委员会不同意解除或终止合同，要求北京某旅游公司继续履行合同。双方签订的经营协议系具有合作性质的长期性合同，北京某旅游公司是否对民宿及旅游资源进行开发建设必将影响北京某村民委员会的后期收益，北京某旅游公司的开发建设既属权利，也系义务，该不履行属"不履行非金钱债务"情形，且该债务不适合强制履行。同时，长期性合作合同须以双方自愿且相互信赖为前提，在涉案经营协议已丧失继续履行的现实可行性情形下，如不允许双方权利义务终止，既不利于充分发挥土地等资源的价值，又不利于双方利益的平衡保护。因此，涉案经营协议履行已陷入僵局，故对于当事人依据民法典第五百八十条请求终止合同权利义务关系的主张，人民法院予以支持。本案中，旅游开发建设未实际开展，合同权利义务关系终止后，产生恢复原状的法律后果，但合同权利义务关系终止不影响违约责任的承担。综合考虑北京某村民委员会前期费用支出、双方合同权利义务约定、北京某旅游公司的违约情形、合同实际履行期间等因素，酌定北京某村民委员会、北京某经济合作社退还北京某旅游公司部分合作费 120 万元。

（四）《民法典》条文指引

第七条　民事主体从事民事活动，应当遵循诚信原则，秉持诚实，恪守承诺。

第五百三十三条　合同成立后，合同的基础条件发生了当事人在订立合同时无法预见的、不属于商业风险的重大变化，继续履行合同对于当事人一方明显不公平的，受不利影响的当事人可以与对方重新协商；在合理期限内协商不成的，当事人可以请求人民法院或者仲裁机构变更或者解除合同。

人民法院或者仲裁机构应当结合案件的实际情况，根据公平原则变更或者解除合同。

第五百八十条　当事人一方不履行非金钱债务或者履行非金钱债务不符合约定的，对方可以请求履行，但是有下列情形之一的除外：

（一）法律上或者事实上不能履行；

（二）债务的标的不适于强制履行或者履行费用过高；

有前款规定的除外情形之一，致使不能实现合同目的的，人民法院或者仲裁机构可以根据当事人的请求终止合同权利义务关系，但是不影响违约责任的承担。

八、安徽某医疗科技公司诉安徽某健康科技公司名誉权纠纷案

（一）典型意义

党的二十大报告强调要优化民营企业发展环境，依法保护民营企业产权和企业家权益，促进民营经济发展壮大。企业名誉是企业赖以生存和发展的重要基础，依法保护企业名誉权是构建法治化营商环境的应有之义。民法典第一百一十条确认了法人、非法人组织享有名誉权，第一千零二十四条规定任何组织和个人不得以侮辱、诽谤等方式侵害他人名誉权。本案中，安徽某健康科技公司未经核实，采取投诉、公开发布指责声明的方式，侵犯同行业安徽某医疗科技公司名誉，致使其商业信誉降低，构成侵犯企业名誉权。人民法院依法判决安徽某健康科技公司停止侵害、删除发布在网站上的不实信息并登报赔礼道歉，既保护了被侵权企业的合法权益，也有利于维护市场竞争秩序，促进行业在良性竞争中发展。

（二）基本案情

原告安徽某医疗科技公司与被告安徽某健康科技公司均生产防护口罩。2021年7月，安徽某健康科技公司向安徽省商务厅投诉称，安徽某医疗科技公司盗取其公司防护口罩的产品图片等宣传资料，并冒用其公司名义在国际电商平台上公开销售产品。随后，安徽某医疗科技公司收到安徽省商务厅的约谈通知。与此同时，该公司不断接到客户电话反映称，安徽某健康科技公司在公司官网、微信公众号上发布指责其盗用防护口罩名称、包装的文章，被各大网络平台转载。经查，涉案国际电商平台设立在东南亚某国，安徽某医疗科技公司从未在该平台上注册企业用户信息，也不是该平台的卖家商户，虽然平台上确有安徽某健康科技公司防护口罩的产品信息，但网页配图中安徽某医疗科技公司的厂房和车间图片系被盗用和嫁接。为了维护自身合法权益，安徽某医疗科技公司诉至法院，请求判令安徽某健康科技公司立即停止侵犯名誉权行为并赔礼道歉。安徽某健康科技公司提起反诉，要求安徽某医疗科技公司立即停止在国际电商平台销售和宣传侵权产品，并赔礼道歉。

（三）裁判结果

生效裁判认为，涉案国际电商平台上涉及两家公司的商品信息均为网站用户在其个人终端上自主上传的，安徽某医疗科技公司没有在该平台上注册过企业用户信息，不具备在该电商平台上销售产品的前提条件，网页配图系被他人盗用。安徽某健康科技公司发现平台用户存在侵权行为后，应当第一时间向该电商平台要求采取删除、屏蔽、断开链接等必要措施，并查清实际侵权人。但安徽某健康科技公司未核实信息来源，仅凭配发的安徽某医疗科技公司图片即向有关部门投诉。在投诉尚无结论时，安徽某健康科技公司即在公司官网及微信公众号发布不实言论，主观认定安徽某医疗科技公司假冒、仿冒其公司产品，文章和声明被各大网络平台大量转载和传播，足以引导阅读者对安徽某医疗科技公司产生误解，致使公司的商业信誉降低，社会评价下降。安徽某健康科技公司的行为严重侵犯安徽某医疗科技公司的企业名誉，构成侵权，应当承担相应的民事责任。据此，依法判决安徽某健康科技公司停止侵害、删除发布在

网站上的不实信息并登报赔礼道歉，驳回安徽某健康科技公司的反诉。

（四）《民法典》条文指引

第一百一十条　自然人享有生命权、身体权、健康权、姓名权、肖像权、名誉权、荣誉权、隐私权、婚姻自主权等权利。

法人、非法人组织享有名称权、名誉权和荣誉权。

第一百七十九条　承担民事责任的方式主要有：

（一）停止侵害；

（二）排除妨碍；

（三）消除危险；

（四）返还财产；

（五）恢复原状；

（六）修理、重作、更换；

（七）继续履行；

（八）赔偿损失；

（九）支付违约金；

（十）消除影响、恢复名誉；

（十一）赔礼道歉。

法律规定惩罚性赔偿的，依照其规定。

本条规定的承担民事责任的方式，可以单独适用，也可以合并适用。

第一千零二十四条　民事主体享有名誉权。任何组织和个人不得以侮辱、诽谤等方式侵害他人名誉权。

名誉是对民事主体的品德、声望、才能、信用等的社会评价。

九、孙某燕与某通信公司某市分公司等隐私权、个人信息保护纠纷案

（一）典型意义

民法典在总则编和人格权编对隐私权和个人信息保护作出专门规定，丰富和完善了隐私权和个人信息保护的规则。特别是第一千零三十三条第一项对群众反映强烈的以电话、短信、即时通信工具、电子邮件等方式侵扰他人私人生活安宁的行为进行了严格规制，回应了社会关切。本案中，原告孙某燕使用被告某通信公司某市分公司提供的移动通信号码，并向其支付费用，故原被告之间存在电信服务合同关系。某通信公司某市分公司在孙某燕多次明确表示不接受电话推销业务后，仍继续向孙某燕进行电话推销，其行为构成对孙某燕隐私权的侵犯。本案虽系依据《民法总则》作出裁判，但也充分体现了民法典第一千零三十二条、第一千零三十三条第一项的规定精神，其裁判结果不仅维护了当事人的隐私权，更对当前群众反映强烈的问题作出了回应，亮明了司法态度。

（二）基本案情

2011年7月，原告孙某燕在被告某通信公司某市分公司处入网，办理了电话卡。2020年6月至12月，孙某燕持续收到营销人员以某通信公司某市分公司工作人员名义拨打的推销电话，以"搞活动""回馈老客户""赠送""升级"等为由数次向孙某燕推销套餐升级业务。其间，原告孙某燕两次拨打该通信公司客服电话进行投诉，该通

信公司客服在投诉回访中表示会将原告的手机号加入"营销免打扰",以后尽量避免再向原告推销。后原告孙某燕又接到了被告的推销电话,经拨打该通信公司客服电话反映沟通未得到回复,遂通过工业和信息化部政务平台"电信用户申诉受理平台"进行申诉。该平台回复"在处理过程中,双方未能达成一致意见,依据《电信用户申诉处理办法》第十七、十九、二十条等规定,因调解不成,故视为办结,建议依照国家有关法律规定就申诉事项向仲裁机构申请仲裁或者向人民法院提起诉讼"。原告孙某燕遂向人民法院提起诉讼,请求被告承担侵权责任。

（三）裁判结果

生效裁判认为,自然人的私人生活安宁不受侵扰和破坏。本案中,孙某燕与某通信公司某市分公司之间的电信服务合同依法成立生效。某通信公司某市分公司应当在服务期内为孙某燕提供合同约定的电信服务。孙某燕提交的证据能够证明某通信公司某市分公司擅自多次向孙某燕进行电话推销,侵扰了孙某燕的私人生活安宁,构成了对孙某燕隐私权的侵犯。故判决被告某通信公司某市分公司未经原告孙某燕的同意不得向其移动通信号码拨打营销电话,并赔偿原告孙某燕交通费用 782 元、精神损害抚慰金 3 000 元。

（四）《民法典》条文指引

第一百一十条　自然人享有生命权、身体权、健康权、姓名权、肖像权、名誉权、荣誉权、隐私权、婚姻自主权等权利。

法人、非法人组织享有名称权、名誉权和荣誉权。

第一千零三十二条　自然人享有隐私权。任何组织或者个人不得以刺探、侵扰、泄露、公开等方式侵害他人的隐私权。

隐私是自然人的私人生活安宁和不愿为他人知晓的私密空间、私密活动、私密信息。

第一千零三十三条　除法律另有规定或者权利人明确同意外,任何组织或者个人不得实施下列行为:

（一）以电话、短信、即时通信工具、电子邮件、传单等方式侵扰他人的私人生活安宁;

（二）进入、拍摄、窥视他人的住宅、宾馆房间等私密空间;

（三）拍摄、窥视、窃听、公开他人的私密活动;

（四）拍摄、窥视他人身体的私密部位;

（五）处理他人的私密信息;

（六）以其他方式侵害他人的隐私权。

十、林某诉张某撤销婚姻纠纷案

（一）典型意义

本案是依法适用民法典相关规定判决撤销婚姻的典型案例。对于一方患有重大疾病,未在结婚登记前如实告知另一方的情形,民法典明确另一方可以向人民法院请求撤销婚姻。本案中,人民法院依法适用民法典相关规定,判决撤销双方的婚姻关系,不仅有效保护了案件中无过错方的合法权益,也符合社会大众对公平正义、诚实信用的良好期待,弘扬了社会主义核心价值观。

（二）基本案情

林某和张某经人介绍相识，于 2020 年 6 月 28 日登记结婚。在登记之后，张某向林某坦白其患有艾滋病多年，并且长期吃药。2020 年 7 月，林某被迫人工终止妊娠。2020 年 10 月，林某提起诉讼要求宣告婚姻无效。诉讼中，林某明确若婚姻无效不能成立，则请求撤销婚姻，对此，张某亦无异议。

（三）裁判结果

生效裁判认为，自然人依法享有缔结婚姻等合法权益，张某虽患有艾滋病，但不属于婚姻无效的情形。林某又提出撤销婚姻的请求，张某对此亦无异议，为减少当事人讼累，人民法院一并予以处理。张某所患疾病对婚姻生活有重大影响，属于婚前应告知林某的重大疾病，但张某未在结婚登记前告知林某，显属不当。故依照民法典第一千零五十三条的规定，判决撤销林某与张某的婚姻关系。判决后，双方均未上诉。

（四）《民法典》条文指引

第一千零五十三条　一方患有重大疾病的，应当在结婚登记前如实告知另一方；不如实告知的，另一方可以向人民法院请求撤销婚姻。

请求撤销婚姻的，应当自知道或者应当知道撤销事由之日起一年内提出。

十一、马某臣、段某娥诉于某艳探望权纠纷案

（一）典型意义

近年来，（外）祖父母起诉要求探视（外）孙子女的案件不断增多，突出反映了社会生活对保障"隔代探望权"的司法需求。民法典虽未对隔代探望权作出规定，但民法典第十条明确了处理民事纠纷的依据。按照我国风俗习惯，隔代近亲属探望（外）孙子女符合社会广泛认可的人伦情理，不违背公序良俗。本案依法支持原告探望孙女的诉讼请求，符合民法典立法目的和弘扬社会主义核心价值观的要求，对保障未成年人身心健康成长和维护老年人合法权益具有积极意义。

（二）基本案情

原告马某臣、段某娥系马某豪父母。被告于某艳与马某豪原系夫妻关系，两人于 2018 年 2 月 14 日办理结婚登记，2019 年 6 月 30 日生育女儿马某。2019 年 8 月 14 日，马某豪在工作时因电击意外去世。目前，马某一直随被告于某艳共同生活。原告因探望孙女马某与被告发生矛盾，协商未果，现诉至法院，请求判令：每周五下午六点原告从被告处将马某接走，周日下午六点被告将马某从原告处接回；寒暑假由原告陪伴马某。

（三）裁判结果

生效裁判认为，马某臣、段某娥夫妇老年痛失独子，要求探望孙女是人之常情，符合民法典立法精神。马某臣、段某娥夫妇探望孙女，既可缓解老人丧子之痛，也能使孙女从老人处得到关爱，有利于其健康成长。我国祖孙三代之间的关系十分密切，一概否定（外）祖父母对（外）孙子女的探望权不符合公序良俗。因此，对于马某臣、段某娥要求探望孙女的诉求，人民法院予以支持。遵循有利于未成年人成长原则，综合考虑马某的年龄、居住情况及双方家庭关系等因素，判决：马某臣、段某娥对马某享有探望权，每月探望两次，每次不超过五个小时，于某艳可在场陪同或予以协助。

（四）《民法典》条文指引

第十条 处理民事纠纷，应当依照法律；法律没有规定的，可以适用习惯，但是不得违背公序良俗。

第一千零四十三条 家庭应当树立优良家风，弘扬家庭美德，重视家庭文明建设。

夫妻应当互相忠实，互相尊重，互相关爱；家庭成员应当敬老爱幼，互相帮助，维护平等、和睦、文明的婚姻家庭关系。

十二、曾某泉、曾某军、曾某、李某军与孙某学婚姻家庭纠纷案

（一）典型意义

习近平总书记强调："家风是一个家庭的精神内核，也是一个社会的价值缩影。"本案是人民法院弘扬新时代优良家风，维护尽到赡养义务的成年继子女权益的典型案例。民法典明确规定了有扶养关系的继子女与婚生子女、非婚生子女、养子女同属于子女范畴。审理法院依法认定对继父母尽到赡养义务的成年继子女属于有扶养关系的继子女，享有继父母死亡抚恤金分配权，同时确定年老患病的遗孀享有更多分配份额，为弘扬敬老爱老的传统美德，鼓励互助互爱的优良家风提供了现实样例。

（二）基本案情

曾某彬（男）与曾某泉、曾某军、曾某三人系父子关系，孙某学（女）与李某军系母子关系。2006 年，李某军 34 岁时，曾某彬与孙某学登记结婚。2019 年 11 月 4 日，曾某彬去世，其单位向孙某学发放一次性死亡抚恤金 163 536 元。曾某彬生前十余年一直与孙某学、李某军共同在李某军所有的房屋中居住生活。曾某彬患有矽肺，孙某学患有（直肠）腺癌，李某军对曾某彬履行了赡养义务。曾某泉三兄弟主张李某军在曾某彬与孙某学结婚时已经成年，双方未形成扶养关系，故李某军不具有上述死亡抚恤金的分配资格。

（三）裁判结果

生效裁判认为，一次性死亡抚恤金是针对死者近亲属的一种抚恤，应参照继承相关法律规范进行处理。本案应由曾某彬的配偶、子女参与分配，子女包括有扶养关系的继子女。成年继子女对继父母履行了赡养义务的，应认定为有扶养关系的继子女。本案中，曾某彬与孙某学再婚时，李某军虽已成年，但三人共同居住生活在李某军所有的房屋长达十余年，形成了民法典第一千零四十五条第三款规定的更为紧密的家庭成员关系，且曾某彬患有矽肺，孙某学患有癌症，二人均需家人照顾，根据案件事实可以认定李某军对曾某彬履行了赡养义务。考虑到孙某学年老患病且缺乏劳动能力，遂判决孙某学享有曾某彬一次性死亡抚恤金 40% 的份额，李某军与曾某泉三兄弟各享有 15% 的份额。

（四）《民法典》条文指引

第一千零四十三条 家庭应当树立优良家风，弘扬家庭美德，重视家庭文明建设。

夫妻应当互相忠实，互相尊重，互相关爱；家庭成员应当敬老爱幼，互相帮助，维护平等、和睦、文明的婚姻家庭关系。

第一千零四十五条 亲属包括配偶、血亲和姻亲。

配偶、父母、子女、兄弟姐妹、祖父母、外祖父母、孙子女、外孙子女为近亲属。

配偶、父母、子女和其他共同生活的近亲属为家庭成员。

第一千一百二十七条　遗产按照下列顺序继承：

（一）第一顺序：配偶、子女、父母；

（二）第二顺序：兄弟姐妹、祖父母、外祖父母。

继承开始后，由第一顺序继承人继承，第二顺序继承人不继承；没有第一顺序继承人继承的，由第二顺序继承人继承。

本编所称子女，包括婚生子女、非婚生子女、养子女和有扶养关系的继子女。

本编所称父母，包括生父母、养父母和有扶养关系的继父母。

本编所称兄弟姐妹，包括同父母的兄弟姐妹、同父异母或者同母异父的兄弟姐妹、养兄弟姐妹、有扶养关系的继兄弟姐妹。

第一千一百三十条　同一顺序继承人继承遗产的份额，一般应当均等。

对生活有特殊困难又缺乏劳动能力的继承人，分配遗产时，应当予以照顾。

对被继承人尽了主要扶养义务或者与被继承人共同生活的继承人，分配遗产时，可以多分。

有扶养能力和有扶养条件的继承人，不尽扶养义务的，分配遗产时，应当不分或者少分。

继承人协商同意的，也可以不均等。

十三、刘某起与刘某海、刘某霞、刘某华遗嘱继承纠纷案

（一）典型意义

民法典顺应时代的变化，回应人民群众的新需要，将打印遗嘱新增规定为法定遗嘱形式。本案依据打印遗嘱规则，准确认定打印遗嘱的成立和生效要件，明确打印人的不同不影响打印遗嘱的认定。打印遗嘱应当有两个以上见证人在场见证，否则不符合法律规定的形式要件，应认定打印遗嘱无效。本案有利于推动打印遗嘱规则在司法实践中的正确适用，有利于践行民法典的新增亮点规定，对于依法维护老年人的遗嘱权益，保障继承权的行使具有重要意义。

（二）基本案情

刘某海、刘某起系刘某与张某的子女。张某和刘某分别于 2010 年与 2018 年死亡。刘某起持有《遗嘱》一份，为打印件，加盖有立遗嘱人张某人名章和手印，另见证人处有律师祁某、陈某的署名文字。刘某起称该《遗嘱》系见证人根据张某意思在外打印。刘某起还提供视频录像对上述遗嘱订立过程予以佐证，但录像内容显示张某仅在一名见证人宣读遗嘱内容后，在该见证人协助下加盖人名章、捺手印。依刘某起申请，一审法院分别向两位见证人邮寄相关出庭材料，一份被退回，一份虽被签收但见证人未出庭作证。刘某海亦持有打印《遗嘱》一份，主张为刘某的见证遗嘱，落款处签署有"刘某"姓名及日期"2013 年 12 月 11 日"并捺印，另有见证律师李某、高某署名及日期。刘某订立遗嘱的过程有视频录像作为佐证。视频录像主要显示刘某在两名律师见证下签署了遗嘱。此外，作为见证人之一的律师高某出庭接受了质询，证明其与律师李某共同见证刘某订立遗嘱的过程。

（三）裁判结果

生效裁判认为，刘某起提交的《遗嘱》为打印形成，应认定为打印遗嘱而非代书遗嘱。在其他继承人对该遗嘱真实性有异议的情况下，刘某起提交的遗嘱上虽有两名

见证人署名，但相应录像视频并未反映见证过程全貌，且录像视频仅显示一名见证人，经法院多次释明及向《遗嘱》记载的两位见证人邮寄出庭通知书，见证人均未出庭证实《遗嘱》真实性，据此对该份《遗嘱》的效力不予认定。刘某海提交的《遗嘱》符合打印遗嘱的形式要件，亦有证据证明见证人全程在场见证，应认定为有效。

（四）《民法典》条文指引

第一千一百三十六条　打印遗嘱应当有两个以上见证人在场见证。遗嘱人和见证人应当在遗嘱每一页签名，注明年、月、日。

十四、柳某诉张某莲、某物业公司健康权纠纷案

（一）典型意义

与邻为善、邻里互助是中华民族优秀传统美德，是社会主义核心价值观在社会生活领域的重要体现。本案适用民法典侵权责任编的相关规定，严格审查行为与后果之间的因果关系，坚守法律底线，不因有人受伤而扩大赔偿主体范围，明确自愿为小区购买游乐设施的业主不承担赔偿责任。本案的裁判贯彻了社会主义核心价值观的要求，依法保护无过错方权益，为善行正名、为义举护航，就对与错、赔与不赔等是非问题予以明确回应，不让好人无端担责或受委屈，维护了人民群众心中的公平正义，表明了司法的态度和温度，弘扬了时代新风新貌。

（二）基本案情

被告张某莲系江苏省江阴市某小区业主，因所在小区游乐设施较少，在征得小区物业公司同意后，自费购置一套儿童滑梯（含配套脚垫）放置在小区公共区域，供儿童免费玩耍。该区域的卫生清洁管理等工作由小区物业公司负责。2020年11月，原告柳某途经此处时，踩到湿滑的脚垫而滑倒摔伤，造成十级伤残。后柳某将张某莲和小区物业公司诉至法院，要求共同赔偿医疗费、护理费、残疾赔偿金、精神损害抚慰金等各项损失近20万元。

（三）裁判结果

生效裁判认为，民法典第一千一百六十五条规定，行为人因过错侵害他人民事权益造成损害的，应当承担侵权责任。本案中，张某莲自费为小区添置儿童游乐设施，在法律上并无过错，也与本案事故的发生无因果关系，依法无需承担赔偿责任。相反，张某莲的行为丰富了小区业主生活，增进了邻里友谊，符合与人为善、与邻为善的传统美德，应予以肯定性的评价。某物业公司作为小区物业服务人，应在同意张某莲放置游乐设施后承担日常维护、管理和安全防范等义务。某物业公司未及时有效清理、未设置警示标志，存在过错，致使滑梯脚垫湿滑，是导致事故发生的主要原因。柳某作为成年公民，未能及时查明路况，对损害的发生亦存在一定过错，依法可适当减轻某物业公司的赔偿责任。一审法院判决某物业公司赔偿柳某因本案事故所受损失的80%，共计12万余元。

（四）《民法典》条文指引

第一千一百六十五条第一款　行为人因过错侵害他人民事权益造成损害的，应当承担侵权责任。

第一千一百七十三条　被侵权人对同一损害的发生或者扩大有过错的，可以减轻侵权人的责任。

十五、稳健股份公司诉苏州稳健公司、某包装公司、滑某侵害商标权及不正当竞争纠纷案

（一）典型意义

《知识产权强国建设纲要（2021-2035）》提出，要建设支撑国际一流营商环境的知识产权保护体系。知识产权司法保护作为知识产权保护体系的重要力量，发挥着不可或缺的重要作用。本案是人民法院依法保护企业字号和商标权益，服务保障疫情防控和经济社会发展的典型案例。本案中，稳健股份公司是知名医用卫生材料生产企业，商标及企业字号在业内知名度较高。侵权人故意以该字号为名称注册企业，生产销售口罩产品，有组织、有分工地实施严重的商标侵权及不正当竞争行为。对此，审理法院判决通过适用惩罚性赔偿、加大赔偿力度、认定共同侵权、责令停止使用字号等方式予以严厉惩治，有力保护了权利人的知识产权和相关权利，诠释了人民法院全面加强知识产权司法保护、维护公平竞争秩序的基本理念，实现了政治效果、法律效果和社会效果有机统一。

（二）基本案情

稳健股份公司成立于2000年，业务覆盖医用敷料、手术耗材、医用卫生材料及家庭卫生护理用品等领域，在口罩等多个商品上注册有""""等诸多商标。稳健股份公司在业内具有较高的知名度和影响力，为我国疫情防控工作作出了重要贡献。苏州稳健公司成立于2020年，在生产销售的口罩产品图片、参数、详情、包装箱、合格证、价签、包装袋以及经营环境、公众号、网站等处使用""""以及"品牌：苏稳、品牌：稳健、品牌：Winner/稳健、生产企业：苏州稳健医疗用品有限公司""稳健医疗、SW苏稳、WJ稳健医疗、苏州稳健医疗""苏州稳健公司""苏州稳健医疗用品有限公司"等字样，对其产品、公司及经营进行宣传介绍。滑某分别持有苏州稳健公司、某包装公司99%、91.6667%股份。苏州稳健公司办公地址位于某包装工业园内，销售的口罩包装袋上标注某包装公司官网地址，出具的销售收据加盖某包装公司公章。某包装公司官网大篇幅介绍苏州稳健公司产品及企业信息，网店销售苏州稳健公司口罩，并自称"自有工厂""源头厂家"。滑某将某包装公司网店销售口罩的收入纳入个人账户。稳健股份公司认为上述行为侵害其商标权，并构成不正当竞争，某包装公司、滑某实施共同侵权，故要求苏州稳健公司停止侵权并赔偿损失，某包装公司、滑某承担连带责任。

（三）裁判结果

生效裁判认为，涉案注册商标及企业字号知名度较高。苏州稳健公司在口罩产品和公司网站、网店、公众号上使用与涉案注册商标相同或近似的标识，擅自注册、使用"稳健"字号及企业名称，开展相同经营活动，具有明显攀附稳健股份公司商誉的目的，造成混淆误认，构成商标侵权及不正当竞争。苏州稳健公司、某包装公司高度关联，滑某为两公司绝对控股股东，个人与公司财产混同。在滑某策划与控制下，两公司分工合作，共同实施侵权行为，三者应当承担连带责任。苏州稳健公司、某包装公司、滑某明知涉案商标及字号在业内知名度极高，使用侵权字号注册公司，有组织、有分工地实施上述行为，且在稳健股份公司两次举报后仍继续实施侵权行为，并向市场监管部门进行不实陈述，严重违背诚信原则和商业道德。同时，本案侵权商品为疫

情防控物资，价格低廉，未经正规检验程序即向公众销售，质量堪忧，极大损害稳健股份公司商誉，严重危及公众健康，对疫情防控工作造成不利影响。本案侵权渠道多样，包括线上官网、网店、线下销售，线上覆盖了微信、抖音、淘宝、1688 等，而且侵权规模较大、时间跨度长，当事人拒绝根据法院要求提交财务账册等证据。因此，法院认为苏州稳健公司、某包装公司、滑某侵权情节严重，主观故意明显，对于可以查明的侵权获利部分，依法适用四倍惩罚性赔偿；对于无法查明具体销量的部分，综合考虑严重侵权情节，适用法定赔偿确定赔偿额。据此判决苏州稳健公司、某包装公司、滑某立即停止侵害商标专用权行为及不正当竞争行为，苏州稳健公司立即停止使用现有企业名称，三者共同赔偿稳健股份公司损失及维权合理费用 1 021 655 元。

（四）《民法典》条文指引

第一百七十九条　承担民事责任的方式主要有：

（一）停止侵害；

（二）排除妨碍；

（三）消除危险；

（四）返还财产；

（五）恢复原状；

（六）修理、重作、更换；

（七）继续履行；

（八）赔偿损失；

（九）支付违约金；

（十）消除影响、恢复名誉；

（十一）赔礼道歉。

法律规定惩罚性赔偿的，依照其规定。

本条规定的承担民事责任的方式，可以单独适用，也可以合并适用。

第一千一百六十八条　二人以上共同实施侵权行为，造成他人损害的，应当承担连带责任。

十六、上海市奉贤区生态环境局与张某新、童某勇、王某平生态环境损害赔偿诉讼案

（一）典型意义

习近平总书记多次强调，要像保护眼睛一样保护生态环境。本案系人民法院践行习近平生态文明思想，适用民法典相关规定判决由国家规定的机关委托修复生态环境，所需费用由侵权人负担的典型案例。本案依法认定生态修复刻不容缓而侵权人客观上无法履行修复义务的，行政机关有权委托他人进行修复，并可根据民法典第一千二百三十四条直接主张费用赔偿，既有力推动了生态环境修复，又为民法典施行前发生的环境污染纠纷案件准确适用法律提供了参考借鉴。

（二）基本案情

2018 年 4 月始，张某新、童某勇合伙进行电镀作业，含镍废液直接排入厂房内渗坑。后王某平向张某新承租涉案场地部分厂房，亦进行电镀作业，含镍废液也直接排入渗坑。2018 年 12 月左右，两家电镀作坊雇人在厂房内挖了一口渗井后，含镍废液均

通过渗井排放。2019年4月，上海市奉贤区环境监测站检测发现渗井内镍浓度超标，严重污染环境。奉城镇人民政府遂委托他人对镍污染河水和涉案场地电镀废液进行应急处置，并开展环境损害的鉴定评估、生态环境修复、环境监理、修复后效果评估等工作。相关刑事判决以污染环境罪分别判处张某新、童某勇及案外人宋某军有期徒刑，王某平在逃。经奉贤区人民政府指定，奉贤区生态环境局启动本案的生态环境损害索赔工作。因与被告磋商无果，奉贤区生态环境局提起生态环境损害赔偿诉讼，请求判令三被告共同承担应急处置费、环境损害鉴定评估费、招标代理费、修复工程费、环境监理费、修复效果评估费等费用共计6 712 571元。上海市人民检察院第三分院支持起诉。

（三）裁判结果

生效裁判认为，民法典第一千二百三十四条规定，国家规定的机关可以自行或者委托他人进行修复，所需费用由侵权人负担。涉案侵权行为发生在民法典实施之前，根据《最高人民法院关于适用〈中华人民共和国民法典〉时间效力的若干规定》第三条规定的空白溯及原则，本案可以适用民法典第一千二百三十四条。法院判决三被告共赔偿原告奉贤区生态环境局应急处置费、环境损害鉴定评估费、招标代理费、修复工程费、环境监理费、修复效果评估费等费用共计6 712 571元，其中张某新、童某勇连带赔偿上述金额的50%，王某平赔偿上述金额的50%。

（四）《民法典》条文指引

第一千二百三十四条　违反国家规定造成生态环境损害，生态环境能够修复的，国家规定的机关或者法律规定的组织有权请求侵权人在合理期限内承担修复责任。侵权人在期限内未修复的，国家规定的机关或者法律规定的组织可以自行或者委托他人进行修复，所需费用由侵权人负担。

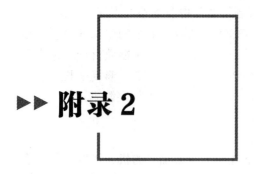

►► 附录 2

附录 2-1：

山东省高级人民法院
关于民事诉前调解程序的若干规定（试行）

第一章　目的任务

第一条　为进一步深化完善多元化纠纷解决机制，满足人民群众多元解纷需求，规范诉前调解程序，根据《中华人民共和国民事诉讼法》《中华人民共和国人民调解法》《最高人民法院关于人民法院特邀调解的规定》《山东省多元化解纠纷促进条例》及其他相关法律规定和司法解释，结合实际，制定本规定。

第二条　适用诉前调解程序应当遵循自愿合法、调解优先、诚实信用、便捷高效、规范有序的原则。

第二章　纠纷分流

第三条　人民法院应当对来诉案件进行诉讼风险评估，告知并引导当事人选择适当的非诉讼方式解决纠纷。

第四条　当事人同意诉前调解的，转入诉前调解程序；不同意的，填写《不同意调解确认书》，转登记立案。

第五条　下列纠纷在立案前应当进行诉前调解：

（一）家事纠纷；

（二）劳动争议纠纷；

（三）交通事故损害赔偿纠纷；

（四）医疗损害赔偿纠纷；

（五）消费者权益保护纠纷；

（六）宅基地和相邻关系纠纷；

（七）土地承包经营权纠纷；

（八）建筑物区分所有权纠纷；

（九）商品房买卖合同纠纷；

（十）数额较小的民间借贷、买卖、借用纠纷；

（十一）物业、电信服务合同纠纷；

（十二）水、电、气供用合同纠纷

（十三）其他适宜诉前调解的纠纷。

第六条　各级法院应当安装使用人民法院"分调裁"平台，对诉前调解案件编立"诉前调"字号，统一管理。

第七条　在诉前调解阶段，应当指导当事人填写《送达地址确认书》。

第三章　调解流程

第八条　对进入诉前调解程序的纠纷，人民法院应当及时将委派手续、诉状副本和证据等案件材料移交相关调解组织（调解员）。

第九条　调解组织（调解员）收到案件材料后，应当向相关当事人发送《调解通知书》、诉状副本和证据复印件。

第十条　对方当事人同意调解的，调解组织（调解员）应当在五个工作日内确定调解时间、地点通知各方当事人；不同意调解的，应当填写《不同意调解确认书》，拒绝填写的，调解员在《调解情况登记表》上注明情况，将案件移交立案部门处理。

第十一条　人民法院应当对诉前调解程序的各个环节给予指导、规范和监督，必要时可以参与调解。

第十二条　调解员在调解过程中应当制作调查笔录和调解笔录，固定当事人的诉求、事实证据，整理争议焦点，在平等协商、互谅互让的基础上提出纠纷解决方案，帮助当事人自愿达成调解协议。

第十三条　经诉前调解程序达成调解协议的，按照以下情形处理：

（一）符合申请司法确认条件的，可依据法律及最高法院关于特邀调解的规定，立案后依法审查确认；

（二）申请出具调解书的，立案后依法审查并制作调解书；

（三）具有给付内容的调解协议，债务人不适当履行的，债权人可以向有管辖权的人民法院申请支付令；

（四）即时履行完毕或有其他情形的，当事人不申请司法确认或出具调解书的，填写《调解情况登记表》备案。

上述（一）（二）（三）项人民法院制作的司法文书送达生效后，当事人均可依法申请强制执行。

第十四条　诉前调解不成的，调解员填写《调解情况登记表》后转诉讼程序，并根据案件情况，进行繁简分流。

第十五条　诉前调解程序终结时，当事人未达成调解协议的，调解员在征得各方当事人同意后，应当用书面形式记载调解过程中没有争议的事实，并由当事人签字确认。根据最高法院有关规定，在诉讼程序中，除涉及国家利益、社会公共利益和他人合法权益的外，当事人无需对调解过程中已确认的无争议事实举证。

第十六条　诉前调解期限为30日，自调解组织（调解员）接收法院移交材料之日起算，法律有规定的情形，按照法律规定。双方当事人书面同意延长的，不受上述期限的限制。

第四章　促进调解

第十七条　人民法院在医疗卫生、不动产、建筑工程、知识产权、环境保护等领域建立中立评估机制，聘请相关专业领域的专家担任中立评估员。当事人可以选择中立评估员，评估员针对评估事项出具专业技术评估报告，为当事人提供参考，促进和解。

第十八条　下列案件可以在诉前调解阶段进行司法鉴定：

（一）机动车交通事故责任纠纷；

（二）医疗损害赔偿纠纷；

（三）雇员受害赔偿纠纷；

（四）保险合同纠纷；

（五）产品质量纠纷；

（六）建设工程施工（承包）合同纠纷；

（七）其他涉及身体权、财产权损害赔偿的案件。

对进行司法鉴定的案件应当向双方当事人发出《诉前鉴定通知书》，依照诉讼案件的司法鉴定程序进行。

第五章　调解保障

第十九条　诉前调解程序中应当充分保障当事人权利义务：

（一）诉讼时效从当事人向法院提交起诉状之日起中断，起诉时间作为处理先诉管辖争议的依据；

（二）诉前调解阶段送达的起诉状及证据副本，适用于诉讼阶段；

（三）诉前调解阶段，可依法进行诉前保全，起诉时间从当事人向法院提交起诉状之日起算。

第二十条　诉前调解阶段免交诉讼费。当事人申请司法确认的，依法不收取诉讼费。当事人申请法院出具调解书的，在诉讼费标准减半的基础上再按缓减免规定办理。当事人拒绝调解的，在庭审中针对《不同意调解确认书》载明的事由进一步调查，如查明后认定属于无正当理由的情形，可以在判决书诉讼费分担部分判决先行负担50%以内诉讼费，剩余部分依法分担。

第二十一条　人民法院应当根据工作实际，为诉前调解工作配备相应调解团队、人员及场所。

第二十二条　诉前调解过程中，调解员发现案件存在虚假诉讼可能的，应当及时中止调解，并向人民法院报告。

第二十三条　诉前调解成功的案件，应当随案生成电子卷宗，单独立卷归档；调解不成的，应当将相关材料移交人民法院。

第二十四条　人民法院应当将诉前调解程序处理的案件，统一纳入绩效考评。调解成功案件计入调撤率。

第二十五条　本规定由本院审判委员会负责解释。

第二十六条　本规定自下发之日起施行。

山东省高级人民法院
关于民事速裁程序的若干规定（试行）

第一条 为推进案件繁简分流、轻重分离、快慢分道，构建简案快审的速裁程序，根据《中华人民共和国民事诉讼法》《最高人民法院关于进一步推进案件繁简分流优化司法资源配置的若干意见》《最高人民法院关于民商事案件繁简分流和调解速裁操作规程（试行）》及其他法律规定和司法解释，结合实际，制定本规定。

第二条 适用速裁程序应当遵循科学分流、调裁一体、简案快审的工作原则。

第三条 下列案件应当适用速裁程序：

（一）事实清楚、权利义务关系明确、争议不大的案件；

（二）不予受理、驳回起诉、准予撤诉等程序性案件；

（三）适用实现担保物权、督促程序、小额诉讼等程序的案件；

（四）其他适宜速裁的案件。

第四条 设立与速裁案件数量相适应的速裁团队，可根据法官的姓名进行命名，也可根据法官办理案件的特长设置类型化速裁团队，并配备审判辅助人员和调解员。

第五条 人民法院应当通过人民法院"分调裁"平台对案件进行繁简智能识别，将适宜速裁的案件分流至速裁团队，电子卷宗随案推送。

第六条 适用速裁程序审理的案件，人民法院可以采取电话、短信、微信、电子邮件等灵活、简便的方式通知诉讼参加人参与诉讼，送达相关法律文书。

第七条 适用速裁程序审理的案件，当事人表示不需要答辩期、举证期的或诉前调解程序已经送达起诉状的，可以径行开庭。当事人要求给予答辩期、举证期的，可以由当事人协商确定；无法协商一致的，人民法院可以根据案件需要指定不超过 7 日的答辩期和举证期限。

第八条 适用速裁程序公开审理的案件，可以不受开庭 3 日前公布当事人姓名、案由、开庭时间和地点规定的限制。

第九条 对经诉前调解程序、庭前会议等前期程序确认的无争议事实及证据，可在后续诉讼程序中直接适用。对事实已基本查清、权利义务基本明确的案件，一般不再进行法庭辩论。

第十条 对于系列性、群体性或关联性案件，可选取个别或少数代表性案件先行示范诉讼，形成判例，作为同类案件的裁判依据。

第十一条 速裁案件的法律文书应当规范、简洁，可根据案件的不同情况适用要素式、令状式和表格式裁判文书，推行裁判文书模板，提高文书制作效率。

第十二条 适用速裁程序审理的案件，出现以下情形之一的，应当在三日内将案件退回，并说明情况和理由：

（一）原告增加、变更诉讼请求致案情复杂；

（二）被告提起反诉；

（三）被告提出管辖权异议；

（四）追加当事人；

（五）当事人申请鉴定评估；

（六）其他不适宜速裁的情形。

对退回的案件，转普通程序审理。

第十三条　适用速裁程序审理的案件，应当自立案之日起三十日内审结。

第十四条　适用速裁程序审理的案件，人民法院可以采用巡回审判、远程视频审判、互联网审判等新型审判方式审理。

第十五条　对事实清楚、法律关系简单，没有新的事实及证据的二审、申请再审案件，也可以适用速裁程序。

第十六条　本规定由本院审判委员会负责解释。

第十七条　本规定自下发之日起施行。

附录 2-3：

夫妻共同所有财产的确定方式

时间限定：婚姻关系存续期间取得的财产

方式一：夫妻共同财产＝约定共同财产＋法定的共同财产

方式二：法定夫妻共同财产＝工资＋奖金＋劳务报酬＋生产、经营、投资的收益＋知识产权的收益＋未确定由特定一方继承或受赠予所得的财产＋住房补贴＋住房公积金＋养老保险金＋破产安置补偿费＋购置的财产＋取得的债权＋复员费（如果是退伍军人的话）＋军人自主择业费（如果是退伍军人的话）＋其他应当归共同所有的财产

其中：

1. 工资、奖金和劳务报酬的计算方式

工资、奖金和劳务报酬＝工资＋奖金＋红包＋红利＋津贴＋互助金＋餐补＋服装费＋劳务报酬

2. 生产、经费、投资的收益计算方式

生产、经营、投资的效益＝劳动收入＋资本收益（如股票债券收入、经营个体工商户的收益、经营企业的收益、入股收益等，包括股份，股权等）

3. 知识产权的收益计算方式

知识产权的收益＝已得收益＋已经明确可以取得的财产性收益

4. 继承或赠予所得的财产计算方式

遗嘱或赠予合同中没有明确只归夫或妻一方的财产（继承权是在婚姻关系存续期间取得或接受赠予是在婚姻关系存续期间）

5. 复员费、转业费、军人自主择业费（部分）计算方式

复员费、转业费、军人自主择业费（部分）＝夫妻婚姻关系存续年限×年平均值

其中，年平均值＝复员费、转业费、自主择业费总额÷（70-军人入伍时实际年龄）

6. 其他应当归共同所有的财产计算方式

其他应当归共同所有的财产＝一方以个人财产投资取得的收益＋男女双方实际取得或应当取得的养老保险金＋破产安置补偿费＋住房补贴＋住房公积金＋共同财产购买的房产＋购置的财产＋其他

附录2-4：

夫妻个人所有财产的确定方式

方式一：夫妻个人所有的财产=约定的个人所有的财产+法定夫妻个人所有的财产

方式二：法定夫妻个人所有的财产=一方的婚前财产+一方因受到人身损害获得的赔偿或补偿+遗嘱或赠予合同中确定只归一方的财产+一方专用的生活用品+其他应当归一方的财产

一方的婚前财产计算要点：

一方婚前的财产不因婚姻关系的延续而转化为夫妻共同财产，但当事人另有约定的除外。

一方因受到人身损害获得赔偿和补偿：

一方因受到人身损害获得的赔偿和补偿=医疗费+残疾人生活补偿费+精神抚慰金+一次性工伤伤残补助金+交通补助费+营养补助费+住院饮食补助费+护理费+假肢安装费+军人的伤亡保险+军人伤残补助金+军人医药生活补助费+其他一方因受到人身损害而获得的赔偿和补偿。

附录2-5：

集体土地征收补偿标准

一、征地补偿费用计算公式

征地补偿费用=土地补偿费+安置补偿费+农村村民住宅、其他土地附着物和青苗费等补偿费+被征地农民社会保障费用

二、各项目计算标准

1. 农民用地土地补偿、安置补助标准

标准：由各省、自治区、直辖市制定，根据区片综合地价确定，应当综合考虑土地原用途、土地资源条件、土地产值、土地区位、土地供求关系、人口以及经济社会发展水平等。

时间调整：至少每三年调整或重新公布。

2. 农用地以外的其他土地补偿标准。标准由各省、自治区、直辖市制定。

农村村民住宅补偿标准

一、农村村民住宅补偿标准

由各省、自治区、直辖市制定，应当按照先补偿后搬迁、居住条件有改善的原则，尊重农村村民意愿，采用重新安排宅基地建房、提供安置房或者货币补偿等方式给予公平、合理的补偿，并对因征收造成的搬迁、临时安置等费用予以补偿，保障农村村民居住的权利和合法的住房财产权益。

二、其他地上附着物，青苗等补偿

标准：由各省、自治区、直辖市制定。

被征地农民保障社会保障费用

县级以上地方人民政府应当将被征地农民纳入相应的养老等社会保障体系。被征地农民的社会保障费用主要用于符合条件的被征地农民的养老保险等社会保险缴纳补贴。被征地农民社会保障费用的筹集、管理和使用办法，由省、自治区、直辖市制定。

国有土地上房屋征收补偿标准及计算公式

一、房屋被征收后，被征收人能够获得货币补偿的金额

房屋征收货币补偿金额＝被征收房屋经由评估机构确定的市场价格（包括房屋装饰装修商定或者评估的补偿金额）＋搬迁费用＋加临时安置费用＋营业性房屋的停产停业损失（非营业性房屋无此项补偿）＋补助和奖励。

二、采取房屋置换方式补偿的差价金额

房屋征收调换产权补偿差价金额＝被征收房屋的评估价价格＋房屋装修商定或者评估的补偿金额－获得的调换产权的房屋的评估价格。

三、搬迁费用

搬迁费用＝搬迁发生的实际费用或者双方商定的一定数额的搬迁补偿费。

四、临时安置费用

临时安置费用＝没有提供周转房情况下的临时安费＋超出过渡期限的临时安置费。

五、停产停业损失的计算方法

根据房屋被征收前的收益、停产停业的期限等因素确定，具体计算方法由各省、自治区、直辖市制定，主要方法有以下几种：

1. 根据被征收房屋的总体价值的一定比例计算，预先由双方协商约定；

2. 根据房屋的面积、按照单位面积补偿一定金额来计算；

3. 根据营利性房屋的前几年的年平均经营收入和利润等指标×停产停业的期限来计算；

4. 由评估机构对其进行评估确定；

5. 根据实际损失补偿计算，协商确定。

六、补偿和奖励

由市、县级人民政府制定补偿和奖励办法。

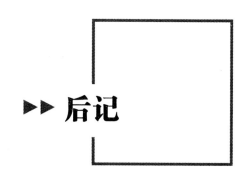

▶▶ 后记

　　《荀子·修身》中说"道虽迩，不行不至；事虽小，不为不成"。我从着手写作到成稿，进行了精心雕琢。因在教学的过程中发现法学院的学生们不会办案，不会写法律文书，但有限的课堂并不能达到教会他们系统代理案件及学习写作的效果，为此，我萌生了通过课外指导的方式教授学生，使其能独自处理纠纷，并能运用法律文书完成委托的想法，但是，这样做的目标性不强，学生们也不一定能集中精力完成。为增强学生们的实践性，学校开设了"民法案例研习"课程，而我具有十八年"民事诉讼法学"的教学经验及十五年的律师办案经验，其间代理了大量的民事案件，处理过大量的民商事纠纷，且近年法学院急需具备理论和实践经验的"双师型"教师充实到实践教学的队伍中，于是，我得到了讲授"民法案例研习"课程的机会。而以服务地方建设为办学宗旨的德州学院正在积极完成教育部的第三次评估，无论是学校还是法学院，均在积极鼓励并大力支持教师们编写教材，从事教学研究活动，又恰逢《民法典》颁行不久，急需适应其体例和适合课堂教学的典型案例研习教材。天时地利人和一应俱备，最终促成了本教材的问世。

　　本书的案例全部来源于我亲自代理的真实案例，从第一章到最后一章，均为自己编写，后经西南财经大学出版社的刘佳庆编辑做了细致的编辑，深表感谢！

　　本教材如有不当之处请批评指正。

徐丽红

2023 年 3 月 19 日